权威·前沿·原创

皮书系列为
"十二五""十三五""十四五"时期国家重点出版物出版专项规划项目

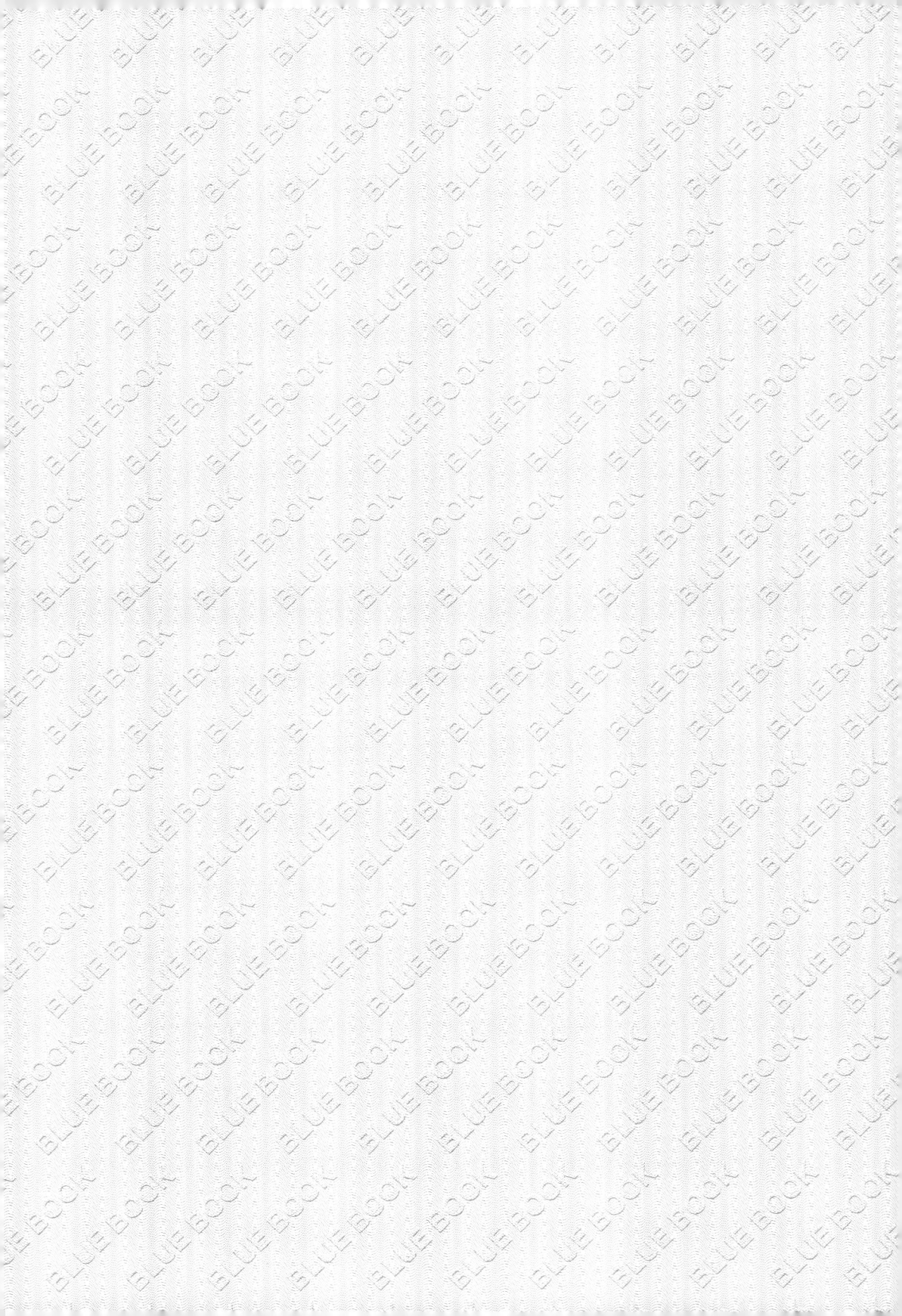

B

BLUE BOOK

智 库 成 果 出 版 与 传 播 平 台

中阿关系蓝皮书

BLUE BOOK OF
RELATIONS BETWEEN CHINA AND ARAB COUNTRIES

中国与海湾阿拉伯国家关系发展报告（2021）

DEVELOPMENT REPORT ON THE RELATIONS BETWEEN CHINA AND GULF ARAB COUNTRIES (2021)

组织编写／中山大学区域国别研究院
　　　　　复旦大学中东研究中心

荣誉主编／吴思科
主　　编／陈　杰　孙德刚
副 主 编／曾　记　马妍哲

社会科学文献出版社
SOCIAL SCIENCES ACADEMIC PRESS（CHINA）

图书在版编目（CIP）数据

中国与海湾阿拉伯国家关系发展报告. 2021 / 陈杰，
孙德刚主编. -- 北京：社会科学文献出版社，2024.3
（中阿关系蓝皮书）
ISBN 978 - 7 - 5228 - 2288 - 4

Ⅰ. ①中… Ⅱ. ①陈… ②孙… Ⅲ. ①中外关系 - 国
际关系史 - 研究报告 - 中东 - 2021 Ⅳ. ①D829.37

中国国家版本馆 CIP 数据核字（2023）第 256693 号

中阿关系蓝皮书
中国与海湾阿拉伯国家关系发展报告（2021）

荣誉主编／吴思科

主 编／陈 杰 孙德刚
副 主 编／曾 记 马妍哲

出 版 人／冀祥德
责任编辑／宋浩敏
责任印制／王京美

出 版／社会科学文献出版社 · 国别区域分社（010）59367078
 地址：北京市北三环中路甲 29 号院华龙大厦 邮编：100029
 网址：www.ssap.com.cn
发 行／社会科学文献出版社（010）59367028
印 装／天津千鹤文化传播有限公司

规 格／开 本：787mm × 1092mm 1/16
 印 张：19.75 字 数：295 千字
版 次／2024 年 3 月第 1 版 2024 年 3 月第 1 次印刷
书 号／ISBN 978 - 7 - 5228 - 2288 - 4
定 价／168.00 元

读者服务电话：4008918866

本项目由中山大学"一带一路"研究院资助

主要编撰者简介

吴思科 曾任外交部办公厅秘书，亚非司处长、副司长、司长。先后担任中国驻沙特阿拉伯大使、中国驻埃及大使兼驻阿拉伯国家联盟全权代表。后任全国政协委员、全国政协外事委员会委员。曾任中国政府中东问题特使。

陈　杰 文学博士，政治学博士后，中山大学区域国别研究院院长，国际翻译学院教授，博士生导师，博士后合作导师，中山大学"一带一路"研究院研究员，高校区域国别学人才培养与学科建设联盟秘书长。主要从事区域国别学、公共外交区域化、翻译学研究，在国内外发表50余篇论文，出版专著、教材和译著10余部，主持国家社科基金在内的各级项目10余项。

孙德刚 复旦大学国际问题研究院研究员，博士生导师，中国中东学会常务理事，上海市国际关系学会理事。曾入选"教育部新世纪优秀人才支持计划""上海市浦江人才""上海市曙光人才""上海市社科新人"等。先后赴香港大学、丹佛大学、特拉维夫大学、牛津大学、哈佛大学等访学、研修。近年来在国内外主流刊物发表论文80余篇。已出版学术专著6部，主编6部，译著1部（合），主持国家级和省部级课题10项，获省部级科研成果奖5项。

曾　记 博士，副教授，中山大学国际翻译学院英语系主任，中东研究中心负责人，中山大学"一带一路"研究院研究员。主要从事以色列研究、伊斯兰文明研究。

马妍哲　博士，副教授，中山大学国际翻译学院阿拉伯语系主任，中山大学"一带一路"研究院研究员。在约旦 AL-ALBET 大学获得硕士学位，在马来西亚 The National University of Malaysia 获得博士学位。主要研究领域为阿拉伯语语言文学、阿拉伯伊斯兰文化、中东研究等。担任科威特《批判与启迪》权威学术期刊顾问，另担任德国有关学术期刊顾问。出版专著 4 部，在国外发表论文 10 余篇。主持国家社科基金项目 1 项、省部级项目 4 项。

序

吴思科*

海湾地区在不少人眼里总有几分神秘感，像是披着一层面纱。作为伊斯兰教的发祥地，这里不仅以其拥有的沟通东西方的显著区位优势和巨大的油气资源优势，在世界地理版图和经济版图上占有重要地位，更是世界文明版图上的重要组成部分。

近年来，海湾地区处于巨大的"异动"状态。地区国家不但高度介入中东地区层面的一系列重大事件，而且作为一个重要的次区域板块，自身就是一个风云变幻的舞台，上演了很多具有改变地区发展进程意义的事件。从2017年6月沙特、阿联酋、巴林等国与同为海合会成员国的卡塔尔断交，给海湾一体化进程造成了巨大冲击，到2020年8月阿联酋成为阿拉伯国家中第三个、海湾国家中第一个与以色列实现关系全面正常化的国家，随后巴林加入与以色列关系正常化的队伍——这些热点事件纷繁复杂，驱动因素内外交织。曾经被视为动荡中东一座"安全岛"的海湾地区，如今也让人感到这里正成为充满不稳定性和不确定性的地区。

尽管如此，当我们拨开迷雾时，可以看到海湾阿拉伯国家自身也具有强大的变革图强的需求。中东变局发生后，尤其是世界进入低油价时代后，海湾阿拉伯国家纷纷加快了转型步伐，推出了一系列雄心勃勃的远景规划，如沙特推出"2030愿景"、卡塔尔推出"2030国家愿景"。这些愿景不但承载了海湾阿拉伯国家领导人对国家发展的承诺，是"海湾梦"的集中体现，也是海湾阿拉伯国家与世界各国尤其是世界大国交往，实现发展战略对接的

---

* 中国政府前中东问题特使，前驻沙特、驻埃及大使，第十一届全国政协委员。

重要"接口"。

从中国与海湾地区的关系发展来看,既要看到这一地区的矛盾与冲突,更要看到这一地区对中国可持续发展的战略意义。回首中阿之间的历史交往,可谓源远流长。无论是古代的陆上丝绸之路还是海上丝绸之路,都将双方紧紧地连接在一起。中阿双方彼此间实现贸易交往、文明交往,更将东方的文明成果传播到更远的西方,促进了世界范围内东西方文明之间的交流互鉴,共同为人类思想文化的进步发挥了巨大的推动作用。

"一带一路"倡议甫一提出,位于交汇地带的海湾阿拉伯国家便积极响应,成为共建"一带一路"的重要天然伙伴。战略对接成为双方领导人会晤时的重要话语,形成了高层共识。在操作层面,"五通"领域的合作深入推进,一些标志性项目顺利开展。即便在当前中美战略博弈加剧的背景下,海湾阿拉伯国家在属于中国核心利益的涉疆、5G 等关键问题上,都给予了中国坚定的支持。双方良好的合作意愿和合作氛围没有因个别霸权国家"做手脚"而受到破坏。在新冠肺炎疫情蔓延的艰难时刻,中阿更是守望相助、携手抗疫,这也是双方命运与共的生动写照。沙特国王萨勒曼是疫情发生后首个给中国国家主席习近平打电话表达慰问和支持的外国元首,其他海湾阿拉伯国家也都以实际行动为中方抗疫提供了巨大支持,中方也把自己的抗疫经验作为公共产品无私地分享给海湾阿拉伯国家,包括派遣抗疫医疗专家组,深入一线帮助海湾地区的人民。不可否认,新冠肺炎疫情给中国与海湾阿拉伯国家的互联互通形成了暂时困难,但在世界百年未有之大变局中经历重大危机考验的中海关系①将愈加可贵,未来中海合作也将愈加密切。

作为一部新生的聚焦海湾地区发展的蓝皮书,《中国与海湾阿拉伯国家关系发展报告》将通过对海湾阿拉伯国家的全方位深度观察,为中国决策者和学界了解这一次区域提供又一扇窗口。蓝皮书既有对中国与海湾地区国家双边关系发展的年度回眸,也有对一些重要议题较为深入的分析。从这部

---

① 本书中所称"中海"、"中海关系"和"中海合作"在不特别说明的情况下,分别指"中国与海湾阿拉伯国家"、"中国与海湾阿拉伯国家的关系"和"中国与海湾阿拉伯国家的合作"。

报告里面，不但可以读到写作团队对中海现状的描述与分析，更能体会到他们从中阿友好大局出发对未来中海关系发展提出建言的用心。

作为这部皮书的荣誉主编，我要衷心感谢中山大学中东研究中心和复旦大学中东研究中心的联袂付出。在皮书研创过程中，以陈杰教授和孙德刚教授为首的团队付出了很多心血。新冠肺炎疫情期间，我和他们多次相聚云端，交流地区局势的最新发展，探讨皮书写作的细节；在国内新冠肺炎疫情控制取得阶段性重大战略成果后，研创团队又邀请资深外交官和顶尖的中东问题研究专家相聚线下，为皮书初稿把脉问诊。专家们提出的许多中肯的宝贵建议令皮书增色不少。尤其值得一提的是，皮书研创过程也是一批年轻的海湾问题专家茁壮成长的过程。

开弓没有回头箭。《中国与海湾阿拉伯国家关系发展报告》的创作任重道远，其意义重大。我衷心期待中山大学中东研究中心和复旦大学中东研究中心能不断加强合作，通过提供智力支持和培养未来的"海湾通"，为中阿共建"一带一路"和构建中阿命运共同体的事业作出更大的贡献，展现新时代社科学者的责任和担当。

是为序。

2020 年 9 月 20 日

摘　要

《中国与海湾阿拉伯国家关系发展报告（2021）》对 2019～2020 年中国与海湾阿拉伯国家①的双边关系进行了整体梳理，并结合重点及专门领域开展了深入分析，构建了"经纬式"的分析框架，即以国别为"经"，以领域为"纬"。

本书指出，2019～2020 年，中国与海湾阿拉伯国家的关系在"一带一路"倡议与地区国别发展愿景对接的框架下，持续发展，稳步迈进。尽管其间受到新冠肺炎疫情全球蔓延的影响，双方在一些领域的合作一度按下"暂停键"，但总体来看，抗疫合作成为双方关系中新的亮点，夯实了双方的政治互信，为双方关系的发展按下"重启键"，继续深化多领域、多形式合作提供了宝贵的民心基础。值得一提的是，2020 年恰逢地区大国沙特建国 90 周年，也恰逢中沙建交 30 周年。30 年来，中沙两国超越意识形态差异，双边关系经历了能源合作伙伴、战略性友好伙伴和全面战略伙伴三个阶段，务实合作取得瞩目的成就。2019～2020 年，中国"一带一路"倡议与沙特"2030 愿景"目标进一步契合，既有能源合作和政治合作存量，又有安全合作与高科技合作增量，具有全球性与全面性的特征。此外，中国与阿联酋、卡塔尔等地区活跃国家之间的多领域合作也都取得了新的进展。即便是也门在国内政局动荡

---

① 中东海湾国家包括沙特、阿联酋、卡塔尔、科威特、阿曼、巴林六个海合会成员国以及伊拉克、也门和伊朗。这些国家也是我国外交部西亚北非司海湾处的业务覆盖国家。上述国家中，伊朗以波斯民族为主体，其余八个国家均为阿拉伯国家，阿拉伯民族为其主体民族，这八国构成的区域作为大中东的次区域，在地域、语言、文化和历史方面都有其独特性和相似性，内部联系密切，是本书的研究对象。此外，海湾阿拉伯国家近年来在中东事务中作用凸显，举世关注。中国与这八个国家关系快速提升，交往增多，各界期望更多深入了解。本书将海湾阿拉伯八国作为一个板块加以系统研究，有助于读者对该次区域的整体了解，为共建"一带一路"和构建"双循环"提供智力支持。

以及新冠肺炎疫情影响下经济发展愈发困难，中国与也门的经贸合作依旧实现了数量增长，中也人文交流则发展出了线上互动这一新形式。

在中国与海湾阿拉伯国家双边关系的重点领域方面，2019～2020 年，双方能源贸易保持着稳定的发展态势，签署了多项能源合作协议与项目，呈现合作领域多维度拓展、合作格局多元化走向等特征。在基础设施建设合作方面，基于中国基建外交的顶层设计日益成熟、海湾阿拉伯国家的发展规划与中国提出的"一带一路"倡议高度契合以及中国与地区组织形成多边合作机制，中国基建企业在该地区获得潜在发展机遇。在人文交流方面，双方依循官民并行的路径：官方机构根据顶层设计和整体规划，承担着推进政府间文化合作机制化、打造文化交流品牌、促进思想交流与对话、探索民心相通新路径等任务；民间力量依托多元主体开展的人文交流更具包容性和灵活性。在新冠肺炎疫情的背景下，推动构建中阿卫生健康共同体和"健康丝绸之路"正成为中国与海湾阿拉伯国家人文交流的新任务。此外，形式多样、内容丰富的媒体交流合作是中国人民同海湾阿拉伯国家人民相互了解的重要窗口，夯实了中阿友好合作、构建中阿命运共同体的社会基础。

2019 年，全球经济放缓，海湾阿拉伯国家除阿联酋外，实际 GDP 增长率均出现不同程度下降。然而，大部分海湾阿拉伯国家的营商环境在 2019 年有不同程度的提升，其中最明显的是沙特。进入 2020 年后，新冠肺炎疫情肆虐与石油价格走低给海湾阿拉伯国家经济带来双重冲击，宽松的财政政策导致一些国家出现财政压力风险。此外，海湾地区的安全风险依然存在，热点事件频发，美国因素始终是其中的关键不确定性和不稳定性。中国在进入高质量发展阶段以及构建"国内大循环为主体、国内国际双循环相互促进"的新发展格局过程中，在发展与海湾阿拉伯国家的关系时，应对此区域的总体动向有所注意，整体把握，趋利避害，以促进地区和平、推动共同发展为根本宗旨。

关键词：海湾阿拉伯国家　双边关系　领域合作　中阿战略伙伴关系　抗疫合作

目　录

Ⅳ 国别报告

附　录

皮书数据库阅读**使用指南**

总 报 告

General Report

B.1

中国与海湾阿拉伯国家关系：
疫情背景下稳步发展

陈 杰　孙德刚　曾 记*

摘　要： 2019～2020年，中国与海湾阿拉伯国家的关系稳步发展，双方发展战略对接走深走实，"五通"持续推进，既有标志性合作项目进展顺利。在新冠肺炎疫情全球蔓延的背景下，双方尽管在一些的领域的合作遭遇暂时性障碍，但在全球公共卫生等关键议题上的合作成效卓著，这进一步夯实了双方合

---

* 陈杰，阿拉伯语言文学博士，政治学博士后，中山大学区域国别研究院院长，国际翻译学院教授，博士生导师，中山大学"一带一路"研究院研究员；孙德刚，复旦大学国际问题研究院研究员，博士生导师，中东研究中心主任；曾记，博士，副教授，中山大学国际翻译学院英语系主任，中东研究中心负责人。

作的政治和民心基础。当然，也须看到双方合作中的挑战性因素，如地缘政治危机形成巨大不确定性不稳定性，海合会国家断交事件增加了中国与海湾阿拉伯国家合作的协调难度，全球经济下行给"一带一路"项目蒙上阴影。未来，中国将推动构建更紧密的中国与海湾阿拉伯国家命运共同体，进一步密切双方在国际和地区事务中的协调与合作，拓宽交流领域，创新合作模式，同时让文明交流互鉴成为双方合作的强大支撑力。

关键词： 海湾阿拉伯国家　中国与海湾阿拉伯国家合作　人类命运共同体　中阿关系

海湾阿拉伯国家主要包括阿联酋、阿曼、巴林、卡塔尔、科威特、沙特阿拉伯、也门和伊拉克 8 个国家，其中除也门与伊拉克，其他六国均为海湾阿拉伯国家合作委员会（Gulf Cooperation Council，简称"海湾合作委员会"或"海合会"）正式成员国。也门于 2001 年 12 月加入海合会卫生、教育、劳工和社会事务部长理事会等机构。海湾地区处于全球重要战略位置，享有丰富资源，具备充足的人力、物力、财力，具有相对成熟的发展环境和营商环境，不仅成为沟通中西方经贸往来的稳定桥梁，同时也是向世界提供能源、人力与市场等资源的重要地区，具有较大发展潜力。

中国与海湾阿拉伯国家关系源远流长，近年来与各国始终保持良好双边关系。中华人民共和国成立后，也门、伊拉克于 20 世纪 50 年代同新中国建交，其他海湾阿拉伯国家自 20 世纪 70 年代起陆续同新中国建交，双边关系稳步发展。同时，自海合会 1981 年 5 月 25 日成立之日起，中国即同其建立了联系。在长期友好交往过程中，中国与海湾阿拉伯国家分别在政治、经贸、能源、环境保护和气候变化、文化、教育、卫生、体育等领域进行了广泛且充分的合作。

整体而言，2019～2020年，中国与海湾阿拉伯国家之间的关系保持着良好的发展势头，即便是遭遇了新冠肺炎疫情蔓延这一全球重大公共卫生危机，中海关系也没有受到不可恢复的冲击，而是显现巨大的韧性，甚至预示了更加美好的未来。

一 中国与海湾阿拉伯国家合作机遇凸显

在2018年7月召开的中阿合作论坛第八届部长级会议上，习近平主席宣布中阿建立全面合作、共同发展、面向未来的战略伙伴关系，并提出打造中阿命运共同体的构想。新时代，中国同包括海湾阿拉伯国家在内的所有阿拉伯国家正致力于构建日益紧密的人类命运共同体，加强互利合作，共创美好未来。

（一）战略对接存在巨大空间，"五通"领域深入推进

中国与海湾阿拉伯国家加强政策沟通。政策沟通是开展中国与海湾阿拉伯国家务实合作的基础，是共建"一带一路"的重要保障。中国与海湾阿拉伯国家用发展战略对接奠定共赢基础。长期以来，中国与海湾阿拉伯国家双边政治互信不断增加，高层领导人互访频繁，习近平、汪洋、王岐山等国家领导人分别访问沙特、阿联酋、阿曼等海湾阿拉伯国家；沙特国王、沙特王储、阿联酋阿布扎比王储、科威特埃米尔、卡塔尔埃米尔等海湾阿拉伯国家领导人到访中国。同时，中国与海湾阿拉伯国家双方能源合作稳定，经贸合作趋于活跃，高科技合作全面开展，安全合作成果丰硕，海湾阿拉伯国家积极支持和响应"一带一路"倡议，中国同沙特、伊拉克、阿曼、卡塔尔、科威特等海湾阿拉伯国家签署了"一带一路"合作文件，同阿联酋、沙特等国家签署了产能合作文件，阿联酋、沙特、阿曼、卡塔尔、科威特成为亚洲基础设施投资银行创始成员国。海湾阿拉伯国家纷纷将自身的发展战略与"一带一路"倡议相对接，如沙特"2030愿景"、卡塔尔"2030国家愿景"、巴林"2030经济愿景"、科威特"2035愿景"、阿曼"2040愿景"等。中

国与海湾阿拉伯国家人文交流不断丰富，双方依循官民并行的路径开展人文交流：官方机构根据顶层设计和整体规划，承担着推进政府间文化合作机制化、打造文化交流品牌、促进思想交流与对话、探索民心相通新路径等任务；民间力量依托多元主体开展的人文交流更具包容性和灵活性。从发展趋势来看，青年交流比重上升，海湾"中文热"持续升温，以联合考古复现古代丝绸之路文明印记、推动人文交流向数字化转向，正成为双方人文交流与合作的新趋势。

中国始终对加强与海湾阿拉伯国家各领域关系给予高度重视与支持。自2010 年 6 月，中国－海合会建立战略对话机制并在北京举行首轮对话，签署了中国—海合会战略对话谅解备忘录。随后分别于 2011 年和 2014 年举行第二、第三轮战略对话。第三轮战略对话期间，习近平主席集体会见海合会代表团。2019 年 9 月，国务委员兼外长王毅在联大期间集体会见海合会时任轮值主席国阿曼外交大臣阿拉维、候任轮值主席国阿联酋外交国务部长卡尔卡什、海合会秘书长扎耶尼以及科威特副首相兼外交大臣萨巴赫、沙特常驻联合国代表穆阿利米、卡塔尔外交部海合会司长穆罕默德。总体上，中国与海湾阿拉伯国家双方发展战略对接稳步开展，为下一阶段扩大合作提供了巨大潜力。

中国与海湾阿拉伯国家共建基础设施联通。海湾阿拉伯国家是全球最大的工程承包市场，也是中国较早开拓的海外基建市场之一，是中国开展国际基建合作的重点地区之一，是当前共建"一带一路"国家和地区中基础设施发展潜力最大的市场之一。新时代，从海湾阿拉伯国家入手，在"一带一路"框架下推动中国与该地区各国基础设施合作的提质升级，是当前中国开展经济外交的重要任务。2019 年 2 月，沙特王储穆罕默德访华，双方在能源、海运等领域签订多项合作协议。2019 年 4 月，中联部副部长李军率中共代表团访问伊拉克，双方代表就深化"一带一路"合作交换意见。

中国与海湾阿拉伯国家保持双边贸易畅通。2004 年，中国同海合会启动自贸区谈判，到 2020 年双方能源小组对话已举行 4 轮。2012 年 3 月，中国同海合会国家首届经贸联委会在沙特利雅得召开。能源合作是双边关系的重要组成部分，是"一带一路"倡议下的重点合作领域，双边能源合作呈现多元化格局，其中沙特、伊拉克是中国石油合作的重点对象，卡塔尔是中国天然气合作的重要伙伴。2019年中国与海湾阿拉伯国家签署多项能源合作协议与项目，加强双边能源合作的优势，深化双边能源合作的态势。

中国与海湾阿拉伯国家深化经济资金融通。资金融通是"一带一路"建设的重要支撑。沙特加入亚洲基础设施投资银行，也带动其他阿拉伯国家陆续加入。中沙、中卡等互设银行代表处。事实上加入亚投行不仅是资金合作的选择，也体现了成员之间共建"一带一路"的政策性战略合作。2015年多哈人民币清算中心正式启动标志着中国首次向中东国家开放国内资本市场。海湾阿拉伯国家纷纷表示将进一步深化双方在贸易结算、债券发行和监管协作等方面的合作。

中国与海湾阿拉伯国家致力促进人文民心相通。中国与海湾阿拉伯国家的人文交流是中阿开展集体合作和发展双边关系的重要内容，也是双方各领域合作与交流的推动力量。以人文交流塑造的政治互信，构成了双方之间长期稳定的合作关系的前提和基础，带动了中国与伊斯兰国家在次区域、区域和跨区域层面的整体合作。

媒体领域的合作与交流作为中阿人文交流的重要内涵之一，为促进中阿文明的对话交流、互学互鉴，推动双边关系良性发展发挥着重要作用。目前，中国同海湾阿拉伯国家开展了不同层次、形式多样的媒体合作。其中，中国同海湾阿拉伯国家媒体交流机制逐步成熟与完善。双方合作机制主要依托中阿合作论坛框架下的中阿新闻合作论坛与中阿广播电视合作论坛，以及"一带一路"新闻合作联盟、各类媒体人士短期研修班等。双方除了通过传统纸媒加强合作及时传递正向认知外，还通过其他方式加强媒体合作，如2019年中阿合资创办卫视，阿联酋"中国剧场"播放中国国产影视剧，海湾阿拉伯国家媒体人士积极访华参与中国研修培训，等等。同时，海湾阿拉伯国家的"中文热"也为媒体合作提供了更多机遇和可能性。

（二）中国与海湾阿拉伯国家合作的标志性项目进展顺利

项目是实施战略与规划的最基本的单元和载体。在中国与海湾阿拉伯国家的全方位合作中，能源合作、经贸交流、基础设施建设成为合作主线。2019 年，双方合作的标志性项目有序推进，如中国沙特吉赞产业聚集区及科威特丝绸新城、五岛建设项目等。此外，中国的 5G 等高科技领域的高新技术也在助力双边合作，尤其是与各海湾阿拉伯国家提出的国家发展愿景建设目标相对接。这些国家提出的数字政府、电子政务、智慧城市等项目均需要成熟的技术支持，目前阿联酋、沙特、科威特、阿曼和巴林等国多家电信公司与华为签署 5G 技术协议。另外也可看到，中国作为联合国宪章的坚定支持者和积极参与者，极尽所能帮助伊拉克的国家重建，涉及经济、能源、电力、通信、基础设施建设等多方面，并为伊拉克、也门提供国际人道主义援助，在多个领域作出杰出贡献，发挥了表率作用。

（三）关键议题合作成效初显

面对新冠肺炎疫情的挑战，中阿加深了在卫生领域的合作。2019 年第二届中阿卫生合作论坛在京举办，论坛通过了《中国－阿拉伯国家卫生合作2019 北京倡议》。2020 年在疫情肆虐之下中阿合作论坛第九届部长级会议以视频方式举行，通过了《中国和阿拉伯国家团结抗击新冠肺炎疫情联合声明》《安曼宣言》《中国－阿拉伯国家合作论坛 2020 年至 2022 年行动执行计划》三份成果文件，深化了中国与海湾阿拉伯国家在公共卫生、传统医药、卫生政策研究、健康产业等方面的合作。

疾风知劲草。海湾阿拉伯国家历经转型与变革，各国人民探索符合各自国情的发展道路，中国与海湾阿拉伯国家关系经受了各种考验，不断升级。双方同属发展中国家，在维护国家主权、安全和利益方面始终相互支持，成为互学互鉴的好伙伴。中国愿意与海湾阿拉伯国家分享改革开放、经济特区、对口支援、减贫脱贫、防沙治沙等治国理政经验，也愿意学习海湾阿拉伯国家包括自贸区建设、智慧城在内的先进经验。

近年来，随着中国同海湾阿拉伯国家合作范围的不断扩大和成果的不断积累，双方已超越以往的"能源共同体"（在能源供需上形成相互依存关系）和"利益共同体"（在贸易领域形成相互依存关系），朝着构建"命运共同体"（形成相互依存的共同利益观、可持续发展观和包括全球卫生治理在内的全球治理观）的方向前进。习近平主席指出："当前形势下，中阿双方比以往任何时候都更需要加强合作、共克时艰、携手前行。"① 可见，无论是应对疫情，还是恢复经济，人类命运共同体的理念正愈发凸显重要意义。中国与海湾阿拉伯国家应以更宽广的国际视野把握双方关系的战略走向，以更紧迫的历史自觉推进双方的战略合作，为建设中阿命运共同体做出不懈努力。

二　中国与海湾阿拉伯国家合作亦面临挑战

（一）地缘政治危机形成巨大不确定性不稳定性

中东地区地缘政治剧烈变动成为中国与海湾阿拉伯国家合作的安全动因。海湾国家地处能源战略要地，是世界主要力量博弈的重点地区。近年来，中东地区地缘政治剧烈变动，海湾地区的陆海冲突时有发生，如也门冲突方对过往船只的威胁，阿曼水域油轮遇袭起火，沙特油田受无人机袭击，等等。地区国家的内部变化也对海湾地区发展产生了重要的推动作用，经济转型、国家身份再定位以及领导人代际变化，都推动了海湾的再塑造。2020年，巴勒斯坦问题被进一步边缘化，阿联酋与巴林相继宣布同以色列外交关系正常化，中东局势的未来走向颇不明朗。地区大国间的竞争与博弈将影响海湾地区的发展及走向，地区秩序处于深刻调整之中。同时，海湾阿拉伯国

---

① 《心手相连，习近平为中阿战略伙伴关系注入新动力》，人民网，2020 年 7 月 7 日，https：//baijiahao. baidu. com/s? id = 1671546693541971588 & wfr = spider & for = pc，访问日期：2020 年 8 月 10 日。

家经济处在转型阶段，对中阿互信合作关系形成一定冲击，影响区域经济金融合作，制约了经济社会发展及吸引投资能力，给中国金融机构和企业拓展国际业务带来较大风险和不确定性。

（二）海合会国家断交事件增加中国与海湾阿拉伯国家合作协调难度

2017 年 6 月的海湾断交危机成为该地区近年来最严重的外交危机，其影响大幅外溢，导致阿拉伯世界的再次分裂和分化，同时，也显示出海合会缺乏有效的争端解决机制，无法作为统一协调机制和发挥联动平台的作用。当争端发生时，成员国之间无法通过有效的平台进行对话，从而对地区安全产生不利影响。海湾地区作为"丝绸之路经济带"和"21 世纪海上丝绸之路"的交汇枢纽，是"一带一路"建设的重要能源通道和关键交通要塞。由断交事件引发的地区动荡，直接影响中国与海湾阿拉伯国家合作项目的开发进展，尤其是中国与海合会的自贸区谈判与建设，影响中阿共建"一带一路"深度推进，给双方合作带来挑战。

（三）国际经济下行给"一带一路"合作项目蒙上阴影

2019 年全球经济增速放缓，海湾阿拉伯国家除阿联酋外，实际国内生产总值（GDP）增长率均出现不同程度下降。阿联酋 2019 年实际 GDP 增长 1.7%，是海湾各国唯一增长率高于 2018 年的国家。2020 年，新冠肺炎疫情使全球经济遭受重创，外部需求收缩、供应链受到影响。作为全球主要石油输出国，石油价格暴跌重创产油国财政收入，全球评级机构表示，继油价暴跌和新冠肺炎疫情危机之后，阿拉伯海湾国家将在 2020 ~ 2023 年累积多达 4900 亿美元的政府赤字。新冠肺炎疫情给全球经济带来前所未有的冲击，且越是经济结构单一的国家，问题就暴露得越加明显。近年来多个海湾阿拉伯国家开始推行的经济多元化战略对保持其经济韧性发挥了一定作用，但在疫情冲击下，国家转型计划的主要领域金融、旅游、酒店、会展、航空业都遭受重创，项目基于各种原因而搁置，这确实对中国与其开展的合作构成了障碍，但随着疫情到达拐点与疫苗研发工作的成功推进，各国已相继开启复工复产进程，疫情之下被抑制的需求将会集中释放，因此这种障碍与影响是暂时的。

（四）新冠肺炎疫情构成中国与海湾阿拉伯国家合作的暂时性障碍

新冠肺炎疫情的肆虐导致全球经济衰退和次生灾害频发，对国际政治和经济格局产生深远影响。世界经济发展中的不稳定不确定因素明显增多，对高质量推进"一带一路"建设带来新挑战。新冠肺炎疫情对海湾阿拉伯国家冲击明显，各国面临经济衰退、失业人数骤增、民生困难等多重挑战。随着疫情蔓延，极端组织利用全球忙于应对疫情之机，频繁发动恐怖袭击活动，为中国与海湾阿拉伯国家合作发展与整体建设带来一些负面影响。

但是，可以看到挑战背后，中国与海湾阿拉伯国家秉持"中阿命运共同体"理念相互合作相互支持，使得挑战成为加深双方关系的新机遇。新冠肺炎疫情发生以来，中国与海湾阿拉伯国家同舟共济、并肩抗疫，积极探索建立联防联控机制，开展药物、疫苗研发等科学防疫合作，打造健康领域中阿命运共同体。疫情下海湾阿拉伯国家政府与民间层面均对中国进行抗疫援助和支持，中国则以"投之以桃，报之以李"的传统理念，向海湾阿拉伯国家提供全方位的支援与帮助，不仅提供抗疫物资、派遣医疗专家组、召开抗疫视频专家会议，还同沙特、阿联酋、巴林等海湾国家开展病毒检测和医疗技术合作，与海湾阿拉伯国家携手应对新冠肺炎疫情，进行多层次抗疫合作，丰富了中阿集体合作的内涵与实践。可以看到，疫情对中国与海湾阿拉伯国家合作的影响是暂时的和局部的。

三 中国与海湾阿拉伯国家合作路径与展望

中国与海湾阿拉伯国家关系建立在互相尊重、合作共赢的基础上，合作范围涵盖贸易、投资、能源、文化、教育、科研、环境、卫生等多个领域，并且各领域的合作均取得了丰硕成果。疫情下，中国继续秉持开放、合作、团结、共赢的信念，坚定不移全面扩大开放，以更有效率地实现内外市场联通、要素资源共享，让中国市场成为世界的市场、共享的市场、大家的市场，为国际社会注入更多正能量。中国与海湾阿拉伯国家在"一带一路"、中阿合作论坛、中阿政治战略对话等机制下持续开展全方位合作，共同应对风险挑战，共同加强合作沟通，共建美好大家庭，共创美好新未来。

（一）深化团结协作，推动构建更紧密的中国与海湾阿拉伯国家命运共同体

当前世界，单边主义、贸易保护主义抬头，逆全球化浪潮涌动，全球性问题层出不穷，有些问题甚至达到危及人类发展和人类整体利益的程度。在这样的背景下，世界各国应携手构建荣辱与共、利益与共、命运与共的共同体，因为在任何重大危机面前，没有一个国家可以独善其身，在任何一个全球挑战面前，没有一个国家可以独自应对。中国和海湾阿拉伯国家应做携手共进的典范。通过更加密切的合作，不断评估合作进展，实现合作机制升级，双边关系百尺竿头更进一步。

新冠肺炎疫情发生后，中国与海湾阿拉伯国家风雨同舟、守望相助，相互支持，密切合作。正如2020年7月习近平主席致中阿合作论坛第九届部长级会议的贺信中指出的，中阿携手抗击疫情成为"中阿命运与共的生动写照"。可以看到，在新冠肺炎疫情期间，中阿卫生健康共同体和"健康丝绸之路"构建的第一步已经扎实迈出，更成为中国与海湾阿拉伯国家合作的新内容。

（二）进一步密切中国与海湾阿拉伯国家在国际和地区事务中的协调与合作

中东海湾地区战略地位十分重要，保持地区长期政治稳定是海湾地区各国及国际社会的共同愿望，也是海湾地区实现经济稳定发展的重要前提，维护该地区的和平稳定符合地区国家和国际社会的共同利益。中国赞赏海合会国家为维护地区安全稳定所做的努力，支持海合会国家继续在促进地区的发展与稳定方面发挥重要作用。中国在中东海湾地区问题上发挥着重要作用，中国

应进一步密切中海在国际和地区事务中的协调与合作，以加深中国和海合会国家的相互理解。同时，中国将继续参与伊拉克、也门重建，将伊拉克、也门经济重建与"一带一路"倡议相结合，帮助伊拉克与也门实现经济持续发展，帮助两国早日恢复和平稳定，实现合作共赢，造福各国人民。

（三）拓宽交流领域，创新合作模式

当前，以信息技术为代表的新一轮科技和产业革命方兴未艾，中国始终高度重视，近年来大力实施信息化发展战略、国家大数据战略、"互联网＋"行动计划等。习近平主席多次强调要推动数字经济发展，培育新的增长动能，为世界经济开辟新道路，拓展新边界。加强此方面的交流合作，成为中阿关系的新的发展方向。例如在数字经济上，沙特阿拉伯作为电子商务发展前十大国家，在人工智能与大数据上与中国有着共同的经济利益，与中国共享数字化经济成果。近几年，"数字丝绸之路"逐渐从理念转化为行动，数字经济已成为推动社会经济可持续发展的重要部分。越来越多的国家开始通过共建"数字丝绸之路"，加强产业和经济的合作。海湾阿拉伯国家可与中国共同制订人工智能发展计划，共同培养人工智能人才，加强人才库建设，还可以通过签署协议的方式共同建设智慧城市、开发人工智能技术等。同时，中阿共建电子图书馆，打造文明交流互鉴的数字化平台，成为数字时代中阿文明沟通与发展的桥梁。总体上，加强国际合作是中国与海湾阿拉伯国家发展数字经济和人工智能的重要方式。

（四）文明交流互鉴为加强中国与海湾阿拉伯国家合作提供强大支撑

"国之交在于民相亲，民相亲在于心相通。"与经贸相比，人文交流更能促进人们相互了解、相互欣赏、相互尊重，民心相通有利于从根本上增进国家间政治互信和经贸合作。文化交流与互鉴是中阿关系的基石。因此，中国与海湾阿拉伯国家应继续搭建中阿双向沟通桥梁，开拓中阿文明互鉴新领域。共同整合文化优势资源，形成共建共享的良性发展格局。通过多渠道推

动中国人民与阿拉伯人民的文化交流，实现民心相通。

在中阿合作论坛第九届部长级会议上，国务委员兼外长王毅对新时期的中阿战略伙伴关系提出了五点具体建议，即"加强团结协作，携手战胜疫情"、"坚定相互支持，捍卫公平正义"、"坚持多边主义，完善全球治理"、"共建'一带一路'，携手实现复兴"以及"推动政治对话，促进中东安全"，这成为当前和下一阶段中国同海湾阿拉伯国家合作的新机遇与新亮点。展望未来，中国将与海湾阿拉伯国家共享"一带一路"建设的新机遇和新成果，开启中阿共建命运共同体的新时期。

2019～2020年，世界百年未有之大变局与百年未有之大疫情相互叠加，海湾阿拉伯国家和平、稳定与发展面临各种内外部挑战。中国与海湾阿拉伯国家守望相助，加强抗疫合作，在逆境中拓展合作领域，夯实战略伙伴关系，为构建中阿命运共同体而共同努力。

分　报　告

Topical Reports

B.2
中国与海湾阿拉伯国家能源合作进展*

苏　欣**

摘　要： 海湾阿拉伯国家是中国油气进口的重要来源地，中国是海湾阿拉伯国家主要的能源出口市场。2019～2020年，中国与海湾阿拉伯国家的能源贸易保持着稳定的发展态势，签署了多项能源合作协议与项目，双边能源合作呈现合作领域多维度拓展、合作格局多元化走向等特征。在未来很长一段时间内，持续动荡的地区局势、美国等域外大国干扰等因素是中国与海湾阿拉伯国家能源合作面临的直接挑战。继续强化双边对话机制与平台、提升可再生能源领域的创新合作、加强政治

---

* 本文系陕西省教育厅专项科研计划项目"美国和伊朗的制裁与反制裁斗争研究"（批准号：22JK0159）的阶段性成果。

** 苏欣，博士，西安外国语大学国际关系学院讲师、南亚研究中心研究员，研究领域为中东政治与外交。

人文领域的交流、抓住时代机遇是构建持久、安全、互利共赢的中国与海湾阿拉伯国家能源合作关系的必由之路。

关键词： 中国　海湾阿拉伯国家　石油　天然气　能源合作

能源合作是中国与海湾阿拉伯国家双方关系的重要组成部分，是"一带一路"倡议下的重点合作领域。中国与海湾阿拉伯国家的能源合作对双方社会经济的可持续发展、国家的能源安全、全球能源体系的平稳运行都发挥着举足轻重的作用。2014 年，习近平总书记在中央财经领导小组第六次会议上提出"四个革命、一个合作"的能源安全新战略，要求在主要立足国内的前提条件下，加强能源生产和消费革命等全方位的国际合作，有效利用国际资源，实现开放条件下的能源安全。这一能源安全新战略成为新时代指导中国能源转型发展的行动纲领。基于此，本报告主要探究中国与海湾阿拉伯国家能源合作的基础、2019～2020 年双边能源合作的状况和特征，以及双边能源合作的挑战与前景。

一　中国与海湾阿拉伯国家能源合作的基础

（一）海湾阿拉伯国家丰富的油气资源

海湾阿拉伯国家油气资源十分丰富。2020 年《BP 世界能源统计年鉴》数据显示（见表1），截至 2019 年底，伊拉克、沙特阿拉伯、阿联酋、科威特、卡塔尔、阿曼、也门 7 个主要的海湾阿拉伯国家已探明石油储量 6755 亿桶，约占全球石油总储量的 39.1%，其中沙特的已探明石油储量仅次于委内瑞拉，排名世界第二。2019 年上述 7 国的石油产量为 26557 千桶/日，约占全球石油产量的 27.8%，其中沙特阿拉伯、伊拉克、科威特、阿联酋的石油产量均居全球前十。除阿曼、卡塔尔和巴林之外，其余 5 个海湾阿拉伯国家的石油储采比均在 60 年以上。

表 1　2019 年海湾阿拉伯国家石油探明储量及产量状况

类别	伊拉克	科威特	沙特	阿联酋	阿曼	卡塔尔	也门
探明储量(十亿桶)	145.0	101.5	297.6	97.8	5.4	25.2	3.0
占全球比重(%)	8.4	5.9	17.2	5.6	0.3	1.5	0.2
石油产量(千桶/日)	4779	2996	11832	3998	971	1883	98
占全球比重(%)	5.0	3.1	12.4	4.2	1.0	2.0	0.1
储采比*(年)	83.1	92.8	68.9	67.0	15.2	36.7	84.2

资料来源：*BP Statistical Review of World Energy 2020*, June 2020, https：//www.bp.com/content/dam/bp/business－sites/en/global/corporate/pdfs/energy－economics/statistical－review/bp－stats－review－2020－full－report.pdf, pp.14, 16。

*储采比（R/P ratio）指石油、天然气、煤炭等矿物能源的保有储量（或剩余可采储量）与年开采量之比值，即按照当前生产水平所预估的能源尚可开采的年数。

截至 2019 年底（见表 2），伊拉克、沙特阿拉伯、阿联酋、科威特、卡塔尔、阿曼、也门、巴林的天然气已探明储量 42.9 万亿立方米，占世界探明天然气总储量的 21.5%，其中卡塔尔的天然气探明储量排名世界第三，仅次于俄罗斯和伊朗，卡塔尔和沙特阿拉伯的天然气产量居世界第四位和第九位。

表 2　2019 年海湾阿拉伯国家天然气探明储量及产量状况

类别	伊拉克	科威特	沙特	阿联酋	阿曼	卡塔尔	巴林	也门
探明储量(十亿立方米)	3500	1700	6000	5900	700	24700	100	300
占全球比重(%)	1.8	0.9	3.0	3.0	0.3	12.4	—	0.1
天然气产量(十亿立方米)	10.8	18.4	113.6	62.5	36.3	178.1	16.9	0.6
占全球比重(%)	0.3	0.5	2.8	1.6	0.9	4.5	0.4	—
储采比(年)	328.7	92.1	52.7	95.0	18.3	138.6	4.6	458.2

资料来源：*BP Statistical Review of World Energy 2020*, June 2020, https：//www.bp.com/content/dam/bp/business－sites/en/global/corporate/pdfs/energy－economics/statistical－review/bp－stats－review－2020－full－report.pdf, pp.32, 34。

海湾阿拉伯国家丰富的油气资源、较长的储采比年限，以及相对低廉的开采成本，使其油气产量和出口能力远甚于世界其他地区，成为世界石油贸易的中心地区和天然气开发的新兴地区。

（二）中国巨大的能源市场需求

中国能源市场需求巨大。2020 年《BP 世界能源统计年鉴》显示，2019 年中国一次能源消费量为 141.7 埃焦耳（EJ），同比增长 4.4%，占世界能源总消耗量的 24.3%，位居世界第一。在中国一次能源消费结构中，石油消费量为 27.91 埃焦耳，仅次于美国，居世界第二位，天然气消费量为 11.06 埃焦耳，位列世界第三。[①] 2009 年以来（见图 1），中国石油消费量逐年递增，至 2019 年占世界石油总消费量的 14.3%，这与基本保持不变的国内石油产量形成巨大反差。2009～2019 年（见图 2），中国天然气消费量从 902 亿立方米增加至 3073 亿立方米，从占世界总消费量的 3% 增长至 8%，天然气产量从 859 亿立方米增至 1776 亿立方米，占世界的 3%～4.5%，产量和消费量的差距在逐年扩大。

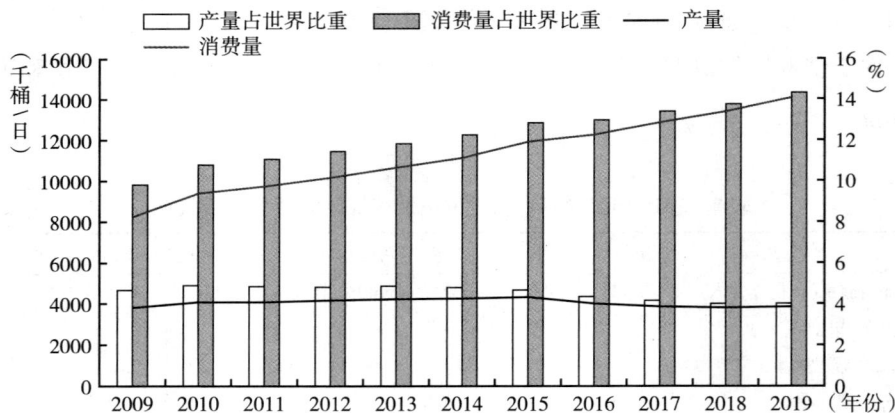

图 1　2009～2019 年中国石油产量和消费量状况

资料来源：*BP Statistical Review of World Energy 2020*，June 2020，https：//www. bp. com/content/dam/bp/business－sites/en/global/corporate/pdfs/energy－economics/statistical－review/bp-stats-review－2020－full-report. pdf，pp. 16，21。

---

① *BP Statistical Review of World Energy 2020*，June 2020，https：//www. bp. com/content/dam/bp/business－sites/en/global/corporate/pdfs/energy－economics/statistical－review/bp－stats－review－2020－full－report. pdf，pp. 8－9.

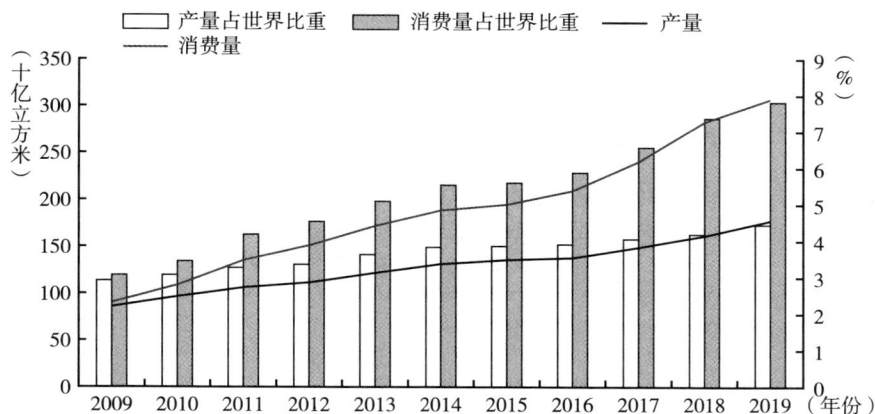

图2　2009～2019年中国天然气产量和消费量状况

资料来源：*BP Statistical Review of World Energy 2020*，June 2020，https：//www. bp. com/content/dam/bp/business – sites/en/global/corporate/pdfs/energy – economics/statistical – review/bp – stats – review – 2020 – full – report. pdf，pp. 34，36。

中国作为世界第一大能源消费国和最大的发展中国家，对石油和天然气的需求十分巨大，但当前国内产量远不能满足能源消费需求，油气进口成为必由之路。2009 年以来（见表3），中国石油进口量增加到2 倍有余，2019 年约占世界总进口量的 16.7%；液化天然气（Liquefied National Gas，LNG）进口量增加到 10 倍之多，从占世界总进口量的 3.2% 提升至 2019 年的 17.5%。

表3　2009～2019年中国石油、液化天然气（LNG）进口量及占世界的比重

年份	石油进口量（千桶/日）	占世界比重（%）	液化天然气进口量（十亿立方米）	占世界比重（%）
2009 年	5100	9.4	8.0	3.2
2010 年	5886	10.6	13.0	4.3
2011 年	6295	11.2	16.9	5.1
2012 年	6675	11.8	20.1	6.2
2013 年	6978	11.9	25.1	7.7
2014 年	7398	12.5	27.3	8.2
2015 年	8333	13.3	27.0	8.0
2016 年	9214	13.9	36.8	10.3

年份	石油进口量 （千桶/日）	占世界比重（%）	液化天然气进口量 （十亿立方米）	占世界比重（%）
2017 年	10241	14.7	52.9	13.5
2018 年	11024	15.5	73.5	17.1
2019 年	11825	16.7	84.8	17.5

资料来源：*BP Statistical Review of World Energy 2020*，June 2020，https：//www.bp.com/content/dam/bp/business‐sites/en/global/corporate/pdfs/energy‐economics/statistical‐review/bp‐stats‐review‐2020‐full‐report.pdf，pp.30，41。

二　中国与海湾阿拉伯国家能源合作的现状与特征

（一）2019 年中国与海湾阿拉伯国家双边贸易的发展

海湾阿拉伯国家是中国重要的经贸合作伙伴。近年来，中国与海湾阿拉伯国家的进出口贸易额逐年增长。中国海关总署统计数据显示（见图 3），2019 年中国和沙特、阿联酋、伊拉克等海湾阿拉伯国家的总贸易额为

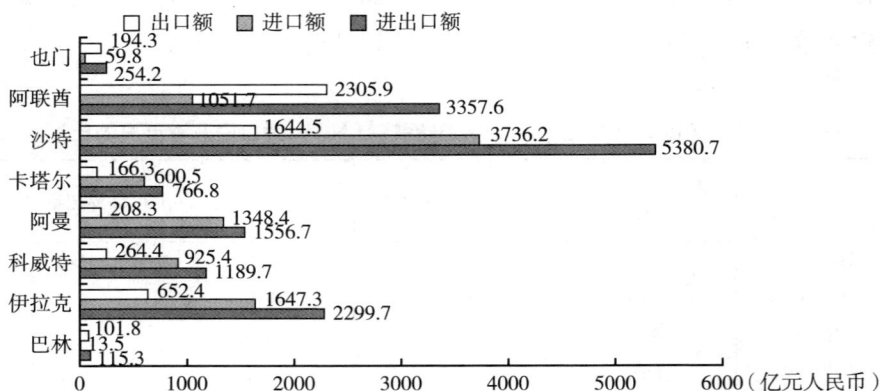

图 3　2019 年中国与海湾阿拉伯国家进出口贸易额

资料来源：中国海关总署《2019 年 12 月进出口商品国别（地区）总值表》，http：//www.customs.gov.cn/customs/302249/302274/302277/302276/2851260/index.html，访问日期：2020 年 8 月 25 日。

14920.7 亿元，同比增长 13.44%，中国从海湾阿拉伯国家进口货物总额约为 9383 亿元，同比增长 9.33%。中国从海湾阿拉伯国家进口的商品主要为石油和石化产品、天然气，占双方贸易总额的比例高达 60% 以上。

2020 年受疫情蔓延的影响，中国与海湾阿拉伯国家的双边贸易遭受重创，上半年双边贸易总额同比下降约 9.4%，中国向海湾阿拉伯国家的出口额下降约 9.9%，中国从海湾阿拉伯国家的进口额下降约 8.9%。表 4 为 2020 年 1～7 月中国与海湾阿拉伯国家进出口贸易额及同比增长情况。

表 4　2020 年 1～7 月中国与海湾阿拉伯国家进出口贸易额及同比增长情况

单位：亿元人民币

	巴林	伊拉克	科威特	阿曼	卡塔尔	沙特	阿联酋	也门
进口额 同比增长 ±（%）	5.4 2.4	884.4 1.9	436.1 −20.4	628.3 −12.5	287.9 −12.5	1601.2 −22.4	634.5 0.9	28.3 −3.3
出口额 同比增长 ±（%）	47.5 −24.5	405.5 10.8	137.4 −10.6	106.2 −9.0	96.9 11	1060.6 15.2	1201.1 −2.8	115.4 4.1
进出口额 同比增长 ±（%）	52.9 −22.4	1289.9 4.6	573.5 −18.3	734.5 −12	384.8 −7.6	2661.8 −10.8	1835.6 0.9	143.7 2.6

资料来源：中国海关总署《2020 年 7 月进出口商品国别（地区）总值表》，http：//www. customs. gov. cn/customs/302249/302274/302277/302276/3253892/index. html，访问日期：2020 年 8 月 25 日。

（二）2019 年中国与海湾阿拉伯国家能源贸易状况

中国是海湾阿拉伯国家第一大原油进口国。根据 2020 年《BP 世界能源统计年鉴》的数据（见表 5 和表 6），中国从沙特、科威特和阿联酋等海湾阿拉伯国家进口原油总量为 1.2 亿吨，分别占上述三国原油出口总量的 23.2%、22.9% 和 11.0%，约占中国原油总进口量的 21.2%。海湾阿拉伯国家因受技术条件等限制，石油产品出口到中国的数量较少（合计约 0.1 亿吨），原油为其对华出口贸易的核心组成部分。

表5 2019 年中国从海湾阿拉伯国家进口原油情况

类别	沙特	科威特	阿联酋
进口量（百万吨）	83.3	22.7	15.3
占该国原油总出口量的比重（%）	23.2	22.9	11.0
占中国原油总进口量的比重（%）	16.4	4.5	0.3

资料来源：*BP Statistical Review of World Energy 2020*，June 2020，https：//www. bp. com/content/dam/bp/business – sites/en/global/corporate/pdfs/energy – economics/statistical – review/bp – stats – review – 2020 – full – report. pdf，p. 30。

表6 2019 年中国从海湾阿拉伯国家进口石油产品情况

类别	沙特	科威特	阿联酋
进口量（百万吨）	3.5	2.4	6.6
占该国石油产品总出口量的比重（%）	6.1	9.4	8.6
占中国石油产品总进口量的比重（%）	4.5	3.1	8.4

资料来源：*BP Statistical Review of World Energy 2020*，June 2020，https：//www. bp. com/content/dam/bp/business – sites/en/global/corporate/pdfs/energy – economics/statistical – review/bp – stats – review – 2020 – full – report. pdf，p. 30。

2020 年《BP 世界能源统计年鉴》的数据显示，卡塔尔是中国的第二大天然气来源国。2019 年中国从卡塔尔进口的液化天然气总量为 114 亿立方米（见表7）。与石油贸易相比，中国从海湾阿拉伯国家进口的天然气总量较小，进口来源国相对有限。

表7 2019 年中国从海湾阿拉伯国家进口液化天然气（LNG）情况

单位：十亿立方米，%

类别	卡塔尔	阿曼	阿联酋
进口量	11.4	1.5	0.2
占该国液化天然气总出口量的比重	10.7	10.6	2.6
占中国液化天然气总进口量的比重	13.4	1.8	0.2

资料来源：*BP Statistical Review of World Energy 2020*，June 2020，https：//www. bp. com/content/dam/bp/business – sites/en/global/corporate/pdfs/energy – economics/statistical – review/bp – stats – review – 2020 – full – report. pdf，p. 42。

（三）2019年中国与海湾阿拉伯国家能源合作协议与项目

1. 中国与沙特

2019年2月22日，沙特王储穆罕默德访华期间签署了一项价值100亿美元的炼油和石化综合项目协议。该项目包括日产能30万桶的炼油厂及年产能150万吨的乙烯裂解装置，预计于2024年开始运营，沙特国家石油公司（阿美）将为该项目提供70%的原油原料。同时，沙特国家石油公司与浙江石化签署长期供油协议，收购后者炼厂约9%的股份，表示双方将继续扩大浙江自贸区下游领域的合作机会。[1]

2019年9月5日，中国浙江省省长袁家军会见沙特国家石油公司（阿美）总裁纳赛尔，随后共同见签《浙江自贸区与沙特阿美石化产业投资合作谅解备忘录》。该备忘录旨在推动落实沙特王储访华期间签署的阿美收购浙江炼化一体化项目9%的股份、相关长期原油供应协议及阿美对浙江石化大型油库使用权等事宜，这将持续推动双边在浙江自贸区内石化炼化、油气存储、成品油分销等全产业链合作。[2]

2020年5月12日，沙特AcwaPower公司宣布与中国丝绸之路基金共同出资成立"AcwaPower可再生能源控股有限公司"，中方和沙方持股比例分别为49%和51%。该公司的成立旨在加强中沙在中东、非洲以及中亚地区可再生能源领域的业务拓展。[3]

2. 中国与阿联酋

2019年3月4日，阿联酋阿布扎比酋长国能源局局长阿维尔·穆尔氏

---

[1] 《沙特与中国签署100亿美元项目协议》，中华人民共和国驻沙特阿拉伯王国大使馆经济商务处，2019年2月25日，http://sa.mofcom.gov.cn/article/jmxw/201902/20190202837675.shtml，访问日期：2020年8月27日。

[2] 《浙江自贸区与沙特阿美签署石化产业投资合作谅解备忘录》，中华人民共和国驻沙特阿拉伯王国大使馆经济商务处，2019年9月5日，http://sa.mofcom.gov.cn/article/i/201910/2019100 2905783.shtml，访问日期：2020年8月27日。

[3] 《AcwaPower与丝路基金完成第三次可再生能源合作》，中华人民共和国驻沙特阿拉伯王国大使馆经济商务处，2020年5月12日，http://sa.mofcom.gov.cn/article/i/202005/2020050 2965846.shtml，访问日期：2020年8月27日。

德·穆尔率代表团访问中国，中阿双方确立进一步深化在油气、可再生能源等领域的合作，拓展在光核能、储能等领域的合作，同意研究起草并尽快签署中阿能源合作行动计划。①

2019年7月22日，阿联酋阿布扎比王储穆罕默德·本·扎耶德·阿勒纳哈扬访华期间，中国海洋石油集团有限公司和阿布扎比国家石油公司在京正式交换战略框架协议，双方将携手探索在上游勘探开发、炼化产业和液化天然气等领域的合作机遇，改进油田和油藏开发规划，共享最新的专业技术和实践经验，扩大合作伙伴关系和联合投资机会。②

2019年9月5~8日，阿联酋经济部次长阿卜杜拉·萨利赫在"第四届中国－阿拉伯国家博览会"上发表演讲，指出了中阿关注的、能创造投资和发展机遇的重点领域，其中特别强调传统能源、可再生资源、清洁能源领域的合作。

3. 中国与伊拉克

2019年9月底，伊拉克总理阿卜杜勒－迈赫迪访华期间，积极提议与中国扩大合作关系，并表示伊拉克即将与埃克森美孚及中国石油天然气股份有限公司签订一项530亿美元（约合3588亿元人民币）的30年能源协议，该协议涉及伊拉克南部超大型油田的开发以及产能的提升。

4. 中国与卡塔尔

2019年4月，卡塔尔国能源部长、卡塔尔石油公司总裁兼首席执行官萨阿德·谢里达·阿尔卡比参加在上海召开的第十九届国际液化天然气会议，其间表示，中国和印度将成为全球液化天然气需求增长的中心，在能源结构转型优化上，中国绿色发展取得的成就最为瞩目，并再次强调将进一步落实2018年中石油与卡塔尔天然气签署22年液化天然气

---

① 《章建华会见阿联酋阿布扎比酋长国能源局局长》，国家能源局，2019年3月12日，http：//www.nea.gov.cn/2019－03/12/c_137888751.htm，访问日期：2020年8月27日。

② 《中国海油与阿布扎比国家石油公司签署战略框架协议》，新华网，2019年7月23日，http：//www.xinhuanet.com/energy/2019－07/23/c_1124785892.htm，访问日期：2020年8月27日。

（LNG）供应协议。

5. 中国与科威特

2019 年 3 月，中国民企东方集团联合能源正式收购科威特能源公司（KEC），总收购金额达近 10 亿美元。科威特能源公司为中东地区独立型油气公司，按估计储量是该地区最大型的独立原油及天然气公司之一，主要从事上游石油天然气勘探与生产开发运营等业务，资产优质，遍及伊拉克、埃及等多个国家，在多个国家拥有油气区块资产，储量规模巨大。东方集团的收购项目是中国企业参与中东油气市场的重要举措。

（四）2019年中国与海湾阿拉伯国家能源合作的特征

第一，海湾阿拉伯国家和中国在油气方面具有极强的互补性。前者具有丰富且优质的油气资源，后者不仅能源需求巨大，且在技术、经验、资本、人才、管理等方面具有无可比拟的优势，这一互补性决定了中国和海湾阿拉伯国家能源合作的稳定性和可持续性。

第二，石油进出口贸易仍然是中国与海湾阿拉伯国家能源合作的重中之重，但同时合作领域呈现多维度拓展的态势。中国是海湾阿拉伯国家最重要的石油出口地，海湾地区是中国最大的石油来源地。目前双边合作以传统能源贸易为根基，逐步向油气勘探、开采、生产、提炼等上下游，尤其是新型可再生能源领域扩展，从能源进出口贸易向投资、科技、基础设施、金融等领域延伸。

第三，中国和海湾阿拉伯国家能源合作呈现多元化格局，但重点国家突出。具体而言，中国和巴林、科威特、卡塔尔、阿曼等国家均有能源合作，但沙特、阿联酋、科威特仍然是中国石油合作的重点对象，卡塔尔是中国天然气合作的重要伙伴。

第四，中国和海湾阿拉伯国家的能源投资、项目开发合作保持良好的发展势头。海湾阿拉伯国家政府首脑访华之际，多次见证了双边能源合作、备忘录的签署，力争强调双边能源合作的优势，力求深化双边能源合作的态势。

三　中国与海湾阿拉伯国家能源合作的挑战与前景

鉴于中国－海湾阿拉伯国家能源合作对中国能源安全具有重要的战略意义，新时期，有必要在充分探究双方能源合作现状的基础上，对面临的挑战和未来的发展前景开展进一步的思考。

（一）中国与海湾阿拉伯国家能源合作面临的挑战

第一，海湾地区持续动荡的局势。2019 年以来，海湾地区出现持续紧张局势，主要面临以下问题：其一，海合会内部呈分裂化态势，主要表现在卡塔尔与沙特、阿联酋和巴林等国仍处于断交状态；其二，美伊持续交恶将海湾阿拉伯国家卷入其中，使得海湾地区局势难以预判；其三，海湾阿拉伯国家的领导人继承问题将是未来重要的不确定因素。目前来看，上述问题难以在短期内得到解决，因此海湾仍将是紧张与动荡并存的地区。这一方面影响能源的稳定供应，另一方面可能导致油价的持续波动，从而直接对中国和海湾阿拉伯国家的能源合作产生消极影响。

第二，美国政府的长期干涉。特朗普出任美国总统以来，通过发起经贸摩擦等方式对中国进行打压和制衡。在海湾地区，特朗普政府更是通过外交手段迫使部分阿拉伯国家改变对中国的友好政策，以捞取国内政治资本。近年来，部分西方媒体大肆渲染"中国能源威胁论"，指责中国在所谓的人权、知识产权、环境保护和劳工方面的不足之处，破坏中国与海湾阿拉伯国家的能源合作。

第三，如何平衡中国与海湾阿拉伯国家、伊朗之间的关系。伊朗与海湾阿拉伯国家关系错综复杂，作为中东地区重要的支柱国家和能源大国，沙特和伊朗是中国在该地区的重要战略合作伙伴，处理好与沙特、伊朗的关系是中国与海湾阿拉伯国家开展能源合作的重要保障。

（二）中国与海湾阿拉伯国家能源合作的前景展望

第一，继续强化双边对话机制与平台作用。中国-阿拉伯国家合作论坛、中阿能源大会、中国和海合会战略对话机制、亚洲能源部长会议、国际能源会议与"一带一路"倡议等都为中国与海湾阿拉伯国家的交往与合作提供了重要平台，其中均不同程度地涉及石油、天然气等能源合作，强调双方及多边应加强能源勘探和利用、市场开发、环境保护等领域的合作与对话。目前，中国与阿联酋、沙特、巴林、科威特、卡塔尔等国在上述平台的推动下签署了一系列协议。未来，双方应进一步强化上述平台的积极作用，同时可开发中国-海湾阿拉伯国家能源对话会等新型合作平台。

第二，加强新型、可再生能源领域的创新合作。目前，油气领域依然是中国与海湾阿拉伯国家能源合作的重要领域，但随着全球新型能源的逐步开发与普及，未来中阿双方可在电力、清洁能源、光热能源、太阳能开发等可再生能源领域加强合作。阿盟主管经济事务的助理秘书长卡迈勒·哈桑·阿里表示："长久以来，阿拉伯各国作为世界石油、天然气的主要输出地区之一，与中国的合作关系尤为紧密，'一带一路'倡议为我们提供了广泛的投资合作机会，在其框架下的中阿能源合作将传统意义的油气合作延伸至光伏、电力等可再生能源领域。我们希望在未来通过更广泛地交流经验和借鉴，推动中阿能源合作不断深化，并将这种友好合作关系推广到其他领域。"[1] 中方在中阿合作论坛第十六次高官会成果文件中也强调"加强在可再生能源领域的合作，以实现全球可持续发展目标"。[2] 如沙特"2030愿景"中特别强调对可再生能源的投入，沙特王储穆罕默德2019年访华期

---

[1] 《第六届中阿能源合作大会签署联合公报双方达成广泛共识》，中央广电总台国际在线，2018年11月8日，http://news.cri.cn/20181108/399cd256-4251-a4ca-40be-83bc3110aa8f.html，访问日期：2020年8月29日。

[2] 《中阿合作论坛第十六次高官会成果文件》，中阿合作论坛，2019年12月27日，http://www.chinaarabcf.org/chn/lthyjwx/gghs/t1728227.htm，访问日期：2020年8月27日。

间与中国签署的多项经济合作协议中就包括《可再生能源投资备忘录》；阿联酋"2030增长战略"则提出可持续发展计划，该国气候变化与环境部长泽尤迪在纽约参加联合国大会时表示，阿联酋的目标是到2050年该国50%的能源来自可再生能源。[①] 中国在可再生能源技术方面具有极大的优势，这将积极地推动双方在新型能源领域的合作，进一步对接"一带一路"倡议与海湾阿拉伯国家的"愿景"，构建能源合作命运共同体。

第三，加强与海湾阿拉伯国家政治、人文等领域的交流。中国与海湾阿拉伯国家的友好交往源远流长，自1956年起，中国逐步与多个海湾阿拉伯国家建立了外交关系，高层交往互动频繁。近年来，中国相继与沙特（2016）、阿联酋（2018）建立全面战略伙伴关系，中国和卡塔尔（2014）、伊拉克（2015）、阿曼（2018）、科威特（2018）等国先后建立战略伙伴关系。[②] 2016年中国政府制定了首份对阿拉伯国家政策文件，规划中阿互利合作蓝图，这将中国与海湾阿拉伯国家的关系推向了更高水平。中方应通过加强政治和人文等领域的合作来促进和深化政治互信，进而为双边能源合作助力，确保中国能源进口的稳定与安全。

第四，新冠肺炎疫情背景下加强双边合作。自疫情冲击海湾阿拉伯国家以来，沙特、阿联酋、科威特、卡塔尔等国均受到较大程度的影响，石油、天然气出口量大幅下降，国家经济呈下滑趋势。国际能源署（IEA）发布的石油报告指出，随着新冠肺炎疫情在全球蔓延，旅行和更广泛的经济活动受到限制，预计2020年全球石油需求将下降。[③] 在这种情况下，中国可一方面加强从海湾阿拉伯国家的石油、天然气等资源进口，另一方面加大光伏等新能源设备制造方面的合作。这不仅能够刺激中国国内能源行业发

---

① 《阿联酋设定到2050年可再生能源占50%的目标》，中华人民共和国驻阿拉伯联合酋长国大使馆经济商务处，2019年10月8日，http：//ae. mofcom. gov. cn/article/jmxw/201910/20191002901685. shtml，访问日期：2020年8月27日。

② 孙德刚：《论21世纪中国对中东国家的伙伴外交》，《世界经济与政治》2019年第7期，第124页。

③ 《新冠肺炎疫情对全球能源行业影响如何？》，《中国能源报》2020年4月8日，http：//www.cspplaza.com/article – 17713 – 1. html，访问日期：2020年8月27日。

展，而且有利于促进海湾阿拉伯国家的经济复苏。

中国与海湾阿拉伯国家的能源合作应与双边政治、经济、文化、安全、外交等友好关系发展相协调、相适应，弘扬人类命运共同体的理念，坚持能源安全新战略的指导思想，推动双边能源合作走向更高层次。

B.3
中国与海湾阿拉伯国家基础
设施合作进展

张楚楚*

摘　要： 海湾阿拉伯国家是中国较早开拓的海外基建市场之一，也是
当前共建"一带一路"合作中基础设施发展潜力最大的市场
之一。经过40年的探索与开拓，中国基建企业在该地区积累
了丰富的经验，打造了诸多高质量的中国基建品牌。目前，
在中国基建外交的顶层设计日益成熟、海湾阿拉伯国家的发
展规划与中国提出的"一带一路"倡议高度契合及中国与海
湾地区组织形成多边合作机制的背景下，中国基建企业将在
该地区获得新的发展机遇。新形势下，从海湾阿拉伯国家入
手，在"一带一路"框架下推动中国与该地区各国基础设施
合作的提质升级，是当前中国开展经济外交的重要任务。

关键词： 基础设施　海湾阿拉伯国家　"一带一路"

　　开展海外基础设施建设合作是中国企业"走出去"的重要方式，也是
"一带一路"国际合作的关键领域。2014年11月6日，习近平总书记在中
央财经领导小组第八次会议上指出，"推进'一带一路'建设，要抓住关键
的标志性工程，力争尽早开花结果。要帮助有关沿线国家开展本国和区域间

＊ 张楚楚，博士，复旦大学国际关系与公共事务学院副研究员，硕士生导师，研究领域为中东
政治与外交、"一带一路"与区域治理。

交通、电力、通信等基础设施规划……要高度重视和建设一批有利于沿线国家民生改善的项目"。① 2013~2018年，中国在共建"一带一路"国家完成对外承包工程的营业额超过4000亿美元。②

海湾阿拉伯国家是全球最大的工程承包市场之一，也是中国开展国际基建合作的重点地区之一。经过几十年的探索和实践，中国基建企业在海湾阿拉伯国家积累了丰富的国际合作经验，中方企业承接的著名大型基建工程包括阿布扎比原油管道项目、沙特吉赞电解铝项目、伊拉克苏维拉污水处理项目、科威特大学城项目等。海湾阿拉伯国家是海上丝绸之路的重要枢纽，随着"一带一路"倡议由谋篇布局的"大写意"进入精雕细刻的"工笔画"阶段，中国与海湾阿拉伯国家的基建合作方式不断创新，机制愈加完善。

一　中国与海湾阿拉伯国家基础设施合作的现状

改革开放以来，海湾地区是中国较早开拓的海外基建市场之一。1979年，中国公路桥梁工程公司中标伊拉克摩苏尔四桥项目，合同额达到3000万美元，成为该年度中资企业签订的最大工程承包项目，也开启了中国参与海湾阿拉伯国家基础设施建设的序幕。2004年1月，旨在促进中阿关系全面发展的中国－阿拉伯国家合作论坛（中阿合作论坛）正式启动。2010年6月，中国－海合会建立战略对话机制并在北京举行首轮对话。在此类合作机制的引领下，中国与海湾阿拉伯国家在农业、建筑、交通运输、能源动力、邮电通信、环保水利等领域的经济合作硕果累累。

美国企业研究所（American Enterprise Institute）开发的中国全球投资数据库（China Global Investment Tracker）是有关中国在全球投资和建设的公

---

① 《习近平谈"一带一路"》，党建网，2017年5月19日，http：//www. dangjian. cn/shouye/toutiao/202006/t20200601_ 5649007. shtml，访问日期：2020年8月1日。

② 《共绘"一带一路"工笔画——吸引国际私有资本参与沿线国家基础设施建设》，https：//assets. kpmg/content/dam/kpmg/cn/pdf/zh/2019/05/charting－the－course－of－belt－and－road－cooperation－together. pdf，第14页，访问日期：2020年8月1日。

开数据库，包含了 2005 年以来中国在全球参与、项目金额超过 1 亿美元的大中型投资与基建项目。笔者从该数据库中甄选出中国在海湾阿拉伯国家参与的基建项目，结合新闻报道对数据进行比对与校正，绘制图 1。如图 1 所示，在工程数量方面，尽管中国与海湾阿拉伯国家的基建合作项目在一些年份存在小幅波动，但总体上呈现递增趋势。从 2005 年至 2019 年，中国参与该地区的大中型基建项目增长了将近 6 倍。中国提出"一带一路"倡议后，尤其是在 2016 年初习近平主席访问沙特、中国政府发布首份《中国对阿拉伯国家政策文件》的背景下，中国参与海湾阿拉伯国家的基础设施建设进入快速增长期。目前，中国在海湾阿拉伯国家开展的基础设施建设大体上可以划分为两个类型。其一是支持海湾阿拉伯各国国内发展的工程项目，其二是旨在促进海湾地区互联互通的基建项目。第一类项目包括卡塔尔卢赛尔体育场项目，沙特延布燃油电站项目，阿联酋迪拜运动城商住楼项目、穆罕默德·本·拉希德·阿勒·马克图姆太阳能公园光伏电站项目与独立发电项目等。第二类项目包括阿联酋哈里发工业区扩建项目、中国－阿曼（杜库姆）产业园、中国沙特（吉赞）产业园、阿联酋阿布扎比哈里发港二期集装箱码头项目等。

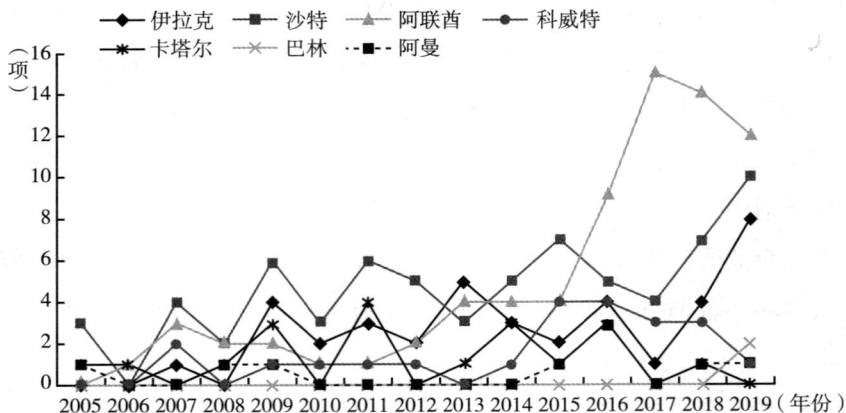

图 1　2005～2019 年中国参与海湾阿拉伯各国大中型基建项目的数量

资料来源：笔者根据中国全球投资数据库数据绘制。

在空间分布方面，如图 2 所示，中国在该地区的大中型基建项目市场主
要是阿联酋、沙特与伊拉克，分别占中国在海湾阿拉伯国家总基建项目的
31%、29% 与 17%。相比之下，与中国基建合作较为有限的国家为巴林和
阿曼。这一方面是上述两国发展性资金相较于阿联酋、卡塔尔等周边国家较
为欠缺，因而两国所占地区市场份额较小，另一方面是两国市场开放程度较
高且推崇西方的产品与技术，致使中国基建企业作为后来者面临较大的行业
竞争压力与较高的市场准入壁垒。

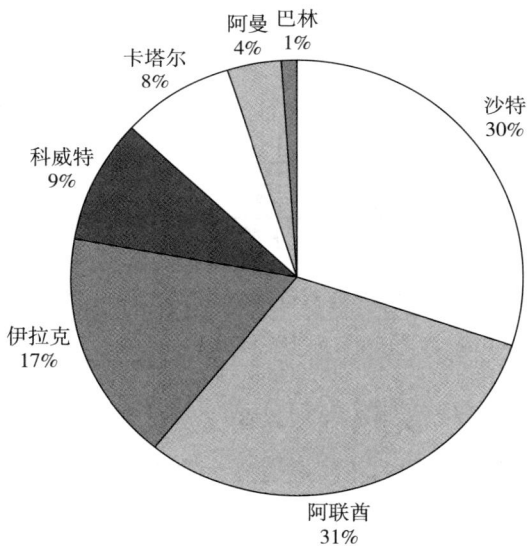

图 2　2005～2019 年中国参与海湾阿拉伯各国大中型基建项目的比例

资料来源：笔者根据中国全球投资数据库数据绘制。

在项目类别方面，如图 3 所示，中国在海湾阿拉伯国家开展的大中型基
建项目总体上以建筑类、能源动力类和交通运输类项目为主。值得注意的
是，中国在与海湾阿拉伯国家开展基建合作的过程中，从各国的国情与实际
需求出发，在各国承接的项目有着不同的侧重。比如阿联酋试图通过经济结
构调整，促进旅游业、金融业等非石油部门的发展，因而中国在阿联酋承接
的大中型基建项目以酒店、商场等商业建筑为主。又如阿曼在致力于开展能

源转型的同时，也面临较为突出的环境污染问题，所以污水处理等环保水利工程是中国参与该国基建的重要领域。中国根据海湾阿拉伯各国的现实需要开展基建惠民工程，体现中国作为发展中的大国，在开展海外基建合作的过程中坚持互利共赢的原则，以提升对象国的民生福祉为优先方向。

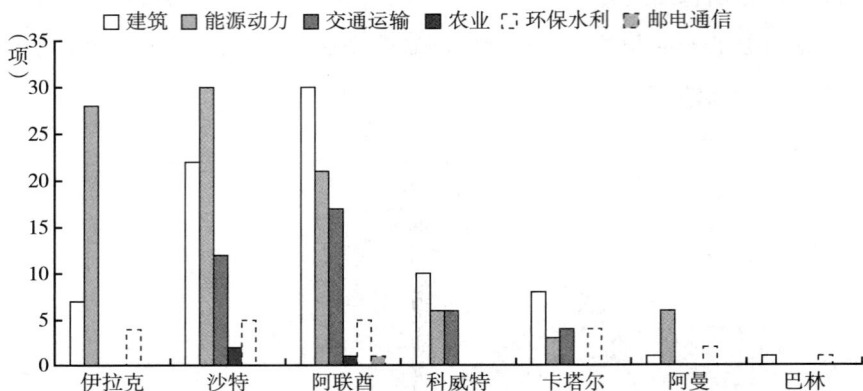

图3　2005～2019年中国参与海湾阿拉伯各国大中型基建项目的类别

资料来源：笔者根据中国全球投资数据库数据绘制。

笔者基于对中国商务部合作司发布的《承包工程市场国别报告》、各大中国基建企业的年报及相关的新闻报道统计发现中国在海湾阿拉伯国家开展工程项目承包的方式不断升级换代。早期中国与海湾阿拉伯国家的基建合作方式主要以从事工程分包为主。随着中国基建技术的不断提升及对象国对中国基建企业信任度的增强，中国基建企业逐渐实现了从分包到总包，从传统设计—施工总承包（Engineering Procurement Construction，EPC）向建设—经营—移交（Build-Operate-Transfer，BOT）、建设—拥有—运行（Building-Owning-Operation，BOO）及投融资＋设计—施工总承包的蜕变。同时，中国与海湾阿拉伯国家基建合作的融资形式呈现多元化倾向。传统上，以国家开发银行为代表的中国金融机构与经济实力雄厚的中国国有企业为中国在海湾地区投资基建项目的主要出资方。自"一带一路"倡议提出以来，中资银团抱团出资及中外合资等融资形式显著增多。同时，以亚洲基础设施投资银行为代表的国际多边开发金融机构及以丝路基金为代表的政府引导型投资合作基金，拓宽了中外基建合作的融资渠道。2018 年 8 月，丝路基金、哈尔滨电气集团有限公司与阿联酋的金融机构共同投资迪拜哈斯彦清洁燃煤电站，这是丝路基金首次在海湾地区投资，为中国与海湾阿拉伯国家的基建合作迈向新阶段奠定了基础。

二 中国与海湾阿拉伯国家基础设施合作的机遇

尽管中国基建企业在海湾阿拉伯国家的承包工程市场上活跃度显著增强，但相比于欧美跨国企业，中资企业进入当地市场的时间较晚，在当地的市场份额仍然有限。不过，随着共建"一带一路"国际合作的稳步推进，海湾阿拉伯国家建设与改造基础设施的意愿不断增强，以及中国与沙特、阿联酋等国家伙伴关系的迅速提升，中国与海湾阿拉伯国家的基建合作正在面临新的机遇窗口。

其一，在"一带一路"框架下，中国基建外交的顶层设计日益成熟。基础设施是"一带一路"倡议的关键领域，也是中国开展中国特色经济外交的重要组成部分。中国领导人不断完善基建外交的顶层设计，通过统一整合各政府部门的职能，以提升外交关系带动基建合作，使基建外交服务于中国政治经济发展与外交利益。一方面，中国高层领导在海湾阿拉伯国家开展国事访问及其他外事活动中积极为中资企业创造商机，并努力为中资企业改善营商环境。如表 1 所示，中资企业在海湾阿拉伯国家开展的超过 10 亿美元的大型基建项目有许多是由中国与对象国外交关系深化而带动的。

表 1　中国外交促进中资企业承接海湾阿拉伯国家大型基建项目一览

年份	对象国	中国外交推动	中国基建公司	基建工程	合同额
2009 年	沙特	2009 年 2 月，胡锦涛访问沙特	东方电气/山东电建	拉比格 2 × 660MW 燃油电厂项目	16.5 亿美元

年份	对象国	中国外交推动	中国基建公司	基建工程	合同额
2016 年	阿曼	2016 年 6 月,俞正声在北京会见阿曼协商会议主席马阿瓦利,双方一致同意在"一带一路"建设框架内推进各领域合作	山东电建	益贝利和苏赫项目	23 亿美元
2017 年	沙特	2017 年 3 月,沙特国王萨勒曼访华,双方签订基础设施建设等多项合作协议	山东电建	延布发电和海水淡化联合厂项目Ⅲ期工程	13.7 亿美元
2018 年	科威特	2018 年 4 月,习近平主席特别代表、中共中央政治局委员杨洁篪在科威特城会见科威特国埃米尔萨巴赫;7 月,科威特国埃米尔萨巴赫访华,双方一致决定建立战略伙伴关系	中国石化	科威特 20 台钻机项目	10.6 亿美元
2018 年	阿联酋	2018 年 7 月,习近平访问阿联酋,中阿建立全面战略伙伴关系	中国石油	海上和陆上三维采集项目	16 亿美元
2019 年	沙特	2019 年 2 月,沙特王储穆罕默德访华,双方在能源、海运等领域签订多项合作协议	国家电网	智能电表项目	11 亿美元
2019 年	伊拉克	2019 年 4 月,中联部副部长李军率中共代表团访问伊拉克,双方代表就深化"一带一路"合作交换意见	中国能建	米桑油气电站项目	12 亿美元

资料来源:笔者根据收集整理的数据绘制。

　　另一方面,中国政府各部委与海湾阿拉伯国家相关部门加强信息共享与双边执法合作,增强领事保护能力,保障了该地区中国基建企业与中方员工的安全与权益,展现了大国责任与担当。1991 年海湾战争与 2003 年伊拉克战争期间,中国外交部、公安部、交通运输部等部门在国务院的领导下组成协调小组与应急机制,为中国在海湾地区领事保护机制的完善奠定了基础。2014 年,恐怖组织"伊斯兰国"与伊拉克政府之间的战争日益扩大,中国外交部、驻外使领馆与中资企业相互配合,与伊拉克及其周边国家的军方、内政部和警察部积极交涉,开展撤侨与保护侨民的行动,为维护中资企业的海外利益与确保从事铁路、港口、通信、能源等行业的中资企业人员的人身安全作出巨大贡献，从而为中资企业和员工参与海湾阿拉伯国家的基建工程提供了有力后盾。

其二，海湾阿拉伯国家的发展规划与中国提出的"一带一路"倡议高度契合。如表2所示，根据世界银行2019年公布的物流绩效指数（Logistics Performance Index），在海湾地区，既有基础设施较为发达的海合会国家，也有因长期冲突与战乱致使基础设施遭到严重破坏的伊拉克等。尽管海湾阿拉伯国家的基础设施发展水平参差不齐，但近年来，基建成为各国发展的战略性任务。海湾阿拉伯国家多为产油国，在较长的历史时期凭借丰厚的石油出口收入，维持经济发展与社会福利体系。然而，2014年以来，随着国际油价持续低迷，地租经济模式的负效应不断显现。在此背景下，该地区各国纷纷提出以摆脱单一石油经济体制为核心的战略规划，包括沙特"2030愿景"、阿联酋"2050能源战略"、阿曼"2040愿景"、科威特"2035愿景"、巴林"2030经济愿景"、卡塔尔"2030国家愿景"与海湾多国发布的"2050年能源战略"等。此类战略在发展理念、发展领域、发展模式上与"一带一路"倡议有许多契合之处。在发展理念上，海湾阿拉伯国家试图实现从单一发展石油经济向经济多元化的产业升级，从而增强经济发展动力，创造就业机会，改善民生福祉。这与"一带一路"倡议试图促进经济要素的自由流动、增进贸易投资的自由化与便利化，从而推动共建"一带一路"国家与地区的经济融合与共同发展，为世界经济的转型与升级拓展空间等理念高度吻合。在发展领域上，以沙特"2030愿景"为代表的海湾阿拉伯国家发展战略鼓励外国投资者和私营机构以公私营合作和私有化方式参与海湾阿拉伯国家的能源、环境、水利和农业、通信、交通运输等领域。[①] 上述领域与"一带一路"倡议通过促使相关国家和地区深化在能源对接、工程承包、信息通信、技术服务等领域的务实合作，实现共建"一带一路"国家

---

① Saudi Gazette，"Full Text of Saudi Arabia's Vision 2030，" https：//saudigazette.com.sa/article/153680，April 26，2016，访问日期：2020年8月1日。

的基础设施互联互通，构建能源供应与服务保障体系的目标密切相符。在发展模式上，沙特、阿曼、巴林等国家的发展战略旨在根据本国国情与历史文化传统构建具有本土特色的发展模式，从而促进国家转型与提升本国的国际地位。此种理念与"一带一路"倡议通过经济合作，打造探索国家治理与全球治理模式的新平台，以改善世界经济发展模式的思路颇为一致。近年来，中国与沙特、阿联酋、阿曼等海湾阿拉伯国家的双边与多边交往中，各国均表达了将本国发展战略与中国提出的"一带一路"倡议有效对接的强烈意愿。例如，2016 年 8 月沙特王储穆罕默德·本·萨勒曼访问北京期间表示，"'一带一路'是沙特 2030 年愿景的主要支柱之一，该愿景旨在使中国成为沙特最大的经济伙伴之一"。[1] 又如 2017 年科威特驻华大使赛米赫·伊萨·焦哈尔·哈亚特（Sameeh Johar Hayat）指出，"与中国开展'一带一路'合作符合科威特的利益，有助于科威特实现 2035 年发展愿景"，[2] 这为中沙、中科在"一带一路"的框架下深化双边务实合作奠定了基础。

由于常年战乱动荡与恐怖主义猖獗，伊拉克虽然与其他海湾阿拉伯国家一样同为产油国，但在基础设施水平方面差距巨大。20 世纪 90 年代初海湾战争中，伊拉克的基础设施损失达到 2320 亿美元。[3] 进入 21 世纪，经过伊拉克战争与伊拉克内战的蹂躏，伊拉克的基础设施再遭摧毁。据世界银行估算，当前伊拉克的水利、通信、交通、能源与电力设施的恢复各需 2.1 亿美元、6.4 亿美元、39.2 亿美元、71.4 亿美元与 90 亿美元。[4] 2018 年，伊拉克政府

① Arab News, "Fusing Vision 2030 with Belt Road Initiative," http：//www. arabnews. com/node/ 979346/saudi－arabia, September 3, 2016, 访问日期：2020 年 8 月 1 日。

② Kuwait Times, "Kuwait, China Share Enthusiasm on 'Belt and Road' Economic Initiative," http：//news. kuwaittimes. net/website/kuwait－china－share－enthusiasm－belt－road－ economic－initiative/, May 13, 2017, 访问日期：2020 年 8 月 1 日。

③ Abbas S. Mehdi, "The Iraqi Economy under Saddam Hussein：Development or Decline," *Middle East Policy*, Vol. 10, No. 2, p. 140.

④ World Bank Group, "Iraq：Reconstruction and Investment, Part 2：Damage and Needs Assessment of Affected Governorates," January 2018, http：//documents1. worldbank. org/curated/en/ 600181520000498420/pdf/123631－REVISED－Iraq－Reconstruction－and－Investment－Part－ 2－Damage－and－Needs－Assessment－of－Affected－Governorates. pdf, p. IV, 访问日期： 2020 年 8 月 1 日。

制定了《重建与发展框架》，阐述了政府在经济社会复苏、基础设施建设等方面的重建计划，[①] 而中国提出的"一带一路"国际合作倡议则为伊拉克重建带来了新的机遇。目前，中资企业在"一带一路"的框架下，承接了伊拉克油田、电站、水泥厂、海水淡化厂、污水处理厂等基建项目，为伊拉克重建作出了贡献。随着中国出台的"以产业振兴带动经济发展重建专项计划"等支持阿拉伯国家重建计划的不断推进，未来中海产业对接与基建合作将会有更大的空间和潜力。

表 2　海湾阿拉伯国家基础设施的发展情况（2018 年）

国家	基础设施得分	全球排名（位）	国家	基础设施得分	全球排名（位）
阿联酋	4.02	10	科威特	3.02	45
卡塔尔	3.38	27	巴林	2.72	68
阿曼	3.16	39	伊拉克	2.03	140
沙特	3.11	43			

资料来源：笔者根据世界银行 2019 年物流绩效指数绘制。

其三，中国与海湾地区组织乃至阿拉伯地区组织制订的合作计划为中国与海湾国家的基建合作提供了制度保障。在深化与海湾阿拉伯国家的务实合作的过程中，中国积极发挥中阿合作论坛、中国－海湾合作委员会战略对话、两湾合作论坛（中国环渤海地区和阿拉伯海湾地区的合作论坛）等多边合作机制的作用，在论坛层面达成共识后，借助多边合作机制推动与各国的双边互动，深化中国与海湾阿拉伯诸国在特定领域的基建合作。《中国－阿拉伯国家合作论坛 2018 年至 2020 年行动执行计划》（简称《行动执行计划》）指出，"加强双方在港口、海事管理部门、机场、陆路运输站场、物流中心、铁路经营管理方面的合作；支持中资企业参与阿拉伯国家铁路、机

[①] Iraq-Business News，"Iraq Reconstruction & Development Framework（January 2018），" February 22，2018，https：//www. iraq－businessnews. com/reports/iraq－reconstruction－development－framework－january－2018/#：~：text＝Iraq% E2% 80% 99s% 20Reconstruction% 20% 26% 20Development% 20Framework% 20is% 20the% 20government% E2% 80% 99s，structured% 20framework% 20how% 20to% 20build% 20it% 20back% 20better，访问日期：2020 年 8 月 1 日。

场、港口、公路、能源、电力、电信、水务等领域基础设施建设"。^① 就在《行动执行计划》公布数日后，习近平主席在阿联酋《联邦报》《国民报》等媒体发表文章，强调中国将深化与阿联酋在能源、产能与高新领域的合作，并特别提及哈利法港二期集装箱码头项目、迪拜700兆瓦光热发电项目、哈斯彦清洁煤电站等重要基建项目。^② 2018年7月20日，中国国家主席习近平与阿联酋副总统兼总理穆罕默德·本·拉希德·阿勒·马克图姆（Sheikha Mohammed bin Rashid Al Maktoum）在阿布扎比就深化能源合作与设施互通等问题举行会谈。

三 中国与海湾阿拉伯国家基础设施合作的前景

自20世纪70年代末进入海湾阿拉伯国家基建市场以来，中资企业在该地区积累了丰富的经验，也取得了丰硕的成果，但目前中资企业进一步挖掘该地区的基建市场潜力还面临不少风险，值得引起关注。第一，中国基建企业面临一定的法律与政治风险。根据世界银行2019年营商环境报告，尽管多数海湾阿拉伯国家的营商环境高于世界平均水平，但由于海湾阿拉伯国家与中国的政治与法律环境存在较大差异，不够了解当地法律法规的中国基建企业或将面临较高的制度性成本与法律风险。同时，随着海湾地区大国的战略竞争不断升级，地区国家间的对峙冲突变得更加复杂，涉及该地区多国的跨国基建项目会面临新的挑战。第二，中国基建企业面临的行业竞争日益加剧。相比较早进入海湾阿拉伯国家基建市场的欧美企业，中资企业作为后来者，在开拓当地基建市场的过程中面临较大的难度。此外，近年来，进入海湾阿拉伯国家工程承包市场的发展中国家基建企业显著增加，但该地区的市

---

① 《中国-阿拉伯国家合作论坛2018年至2020年行动执行计划》，中阿合作论坛网，2018年7月13日，http://www.chinaarabcf.org/chn/lthyjwx/bzjhy/dbjbzjhy/t1577009.htm，访问日期：2020年8月1日。

② 习近平：《携手前行，共创未来》，人民网，2018年7月19日，http://politics.people.com.cn/n1/2018/0719/c1024-30156330.html，访问日期：2020年8月1日。

场份额并未同比增加，致使中国基建企业面临的竞争压力与日俱增。第三，中国基建企业的传统优势有所弱化。传统上，中国基建企业的重要优势在于融资能力雄厚、技术水平先进、产业链完整、施工效率极高、建造价格低廉。然而，由于海湾阿拉伯国家自然条件恶劣，夏季气候干燥炎热，每年适宜施工的时间较短，且严重缺水，给中国基建企业缩短工期带来较大的难度。同时，中国劳动力成本与物价上升及海湾阿拉伯国家的工程承包项目大多采用欧美的设计标准和技术规范要求，导致中国基建企业的价格优势逐渐萎缩。第四，中资企业面临西方媒体虚假报道引起的负面效应。由于西方国家在国际话语体系中处于优势地位，刻意歪曲与误读中国海外基建合作的报道不仅在西方甚嚣尘上，而且影响到包括海湾阿拉伯国家在内的亚非拉地区国家。随着"债务陷阱论""中国争霸论""中国利己论"等不实论调不断涌现，中国基建"走出去"或将面临由被政治化与标签化引起的阻力。

在习近平外交思想的指引下，中国需要注意以下方面入手，应对与海湾阿拉伯国家开展基建合作中面临的风险。

首先，拓展中国基建企业的新竞争优势，摆脱对传统优势的依赖。鉴于当前中国基建企业难以依靠低成本与高效率等传统优势在海湾阿拉伯国家的基建市场获得新的发展动能，中资企业需要创新发展思路，从融资能力、质量保障、新技术应用等方面形成新的竞争优势，从而实现中国对外基建工程的转型升级。

其次，增强中资企业的风险评估预警能力，完善风险缓释机制。目前大多数国际评级机构以大尺度与传统问卷调查等手段开展风险评估，得出的评估结果往往存在精度较低、适用性不强等问题。未来在项目落地前，中资企业有必要采用大数据等新技术手段在微观层次上对基建对象国开展小尺度分类风险识别，提高风险评估的精确度、适用性与参考价值。此外，中资企业宜通过与对象国联合竞标、利用主权担保等方式建立风险的分担与缓释机制，从而降低参与海外基础设施投资与建设的风险损失。

最后，探索中国与海湾阿拉伯国家基建双向合作模式，鼓励海湾国家为中国国内的基建事业添砖加瓦。在创造条件推动中资企业走进海湾阿拉伯国家基建市场的同时，中国有必要邀请沙特、阿联酋等该地区经济基础较为雄厚的国家投资和参与中国国内的基建项目，通过基础设施建设"走出去"与"请进来"并举，使诸如"中国参与海外基建为单边利己活动"等荒谬论调消弭于无形。

此外，增强中国的国际传播力，促进中国与海湾阿拉伯国家之间的文化交流。为改善中资企业开展海外基建的国际舆论环境，中国应当在关注中资企业承包海外基建工程技术与能力的同时，提升国际传播策略与技巧，实现传统媒体与社交媒体传播并重、宏大叙事与人民日常相关联，经济、政治等硬议题与娱乐、体育等软话题相结合，并为双方民间往来与文化互鉴创造机会，从而通过民心相通促进基建互动。

总之，随着海湾阿拉伯国家在交通运输、邮电通信、环保水利、能源动力等方面的发展需求的不断释放，加上该地区诸国同中国友好关系的不断提升，海湾地区正成为中国需要重点拓展的海外基建市场。在此背景下，从海湾阿拉伯国家入手，在"一带一路"框架下推动中国与该地区诸国基础设施合作的提质升级，是新时期中国开展经济外交的重要任务。

B.4
中国与海湾阿拉伯国家人文交流进展*

包澄章**

摘　要：　中国与海湾阿拉伯国家以人文交流塑造的政治互信是双方之间长
期稳定的合作关系的前提和基础，带动了中国与伊斯兰国家在次
区域、区域和跨区域层面的整体合作。双方依循官民并行的路径
开展人文交流：官方机构根据顶层设计和整体规划，承担着推进
政府间文化合作机制化、打造文化交流品牌、促进思想交流与对
话、探索民心相通新路径等任务；民间力量依托多元主体开展的
人文交流更具包容性和灵活性。青年交流比重上升、海湾"中文
热"的持续升温、以联合考古复现古代丝绸之路文明印记、推动
人文交流的数字化转型，正成为双方人文交流与合作的新趋势。
当前，推动构建中阿卫生健康共同体和"健康丝绸之路"正在
成为中国与海湾阿拉伯国家人文交流的新任务。

关键词：　海湾阿拉伯国家　中阿关系　人文交流

中国已先后同沙特阿拉伯（2016年1月）和阿联酋（2018年7月）建
立了全面战略伙伴关系，与卡塔尔（2014年11月）、伊拉克（2015年12
月）、阿曼（2018年5月）和科威特（2018年7月）建立了战略伙伴关系。

* 本报告系2022年度国家社会科学基金项目"中东地区中等强国'东向'政策研究"
（22BGJ082）的阶段性成果。
** 包澄章，博士，上海外国语大学中东研究所副研究员，研究领域为中东国际关系、伊斯兰教
与中东政治。

双方战略伙伴关系的确立为中国与海湾阿拉伯国家超越传统的能源经贸合作，向更广泛领域拓展合作提供了新机遇。在战略伙伴关系的框架下，人文交流正成为中国与海湾阿拉伯国家合作的重点领域之一。

一 中国与海湾阿拉伯国家人文交流的战略意义

自 1993 年中国成为石油净进口国以来，能源合作长期是中国与海湾阿拉伯国家的首要合作领域。随着中国同除巴林和也门外的其他海湾阿拉伯国家建立不同层级的战略伙伴关系，海湾地区成为阿拉伯地区内部与中国建立战略伙伴关系的国家最密集的次区域，海湾阿拉伯国家在中国对阿拉伯地区整体合作中的战略价值不断上升。人文交流在推进中国与海湾阿拉伯国家其他领域合作、增进共识方面具有独特优势和重要的战略意义。

第一，人文交流塑造基于价值认同的政治互信是国家间建立长期稳定合作关系的前提和基础。人文交流是仅次于政治安全合作、经济贸易合作，推动国家间关系发展的重要动力。通过人员、思想和文化等不同层面及形式的互动与沟通，人文交流旨在实现增进各国民众间的相互认知与了解、塑造区域文化认同和价值认同、达成区域政治合法性的支持三大递进式目标。[①] 人文交流虽不必然导致政治互信的建立，但因其内容丰富、形式灵活，对拉近不同对象距离、增进相互理解具有难以替代的作用。[②] 作为"人与人沟通情感和心灵的桥梁""国与国加深理解和信任的纽带"，人文交流相较于政治与经贸等传统合作手段，在增进各国共识、推动区域发展方面更具"基础性、先导性、广泛性和持久性"，"比政治交流更久远"，"比经贸交流更深刻"，[③]与其他领域的合作相比独具优势。海湾阿拉伯国家与西方大国的亲疏关系，

---

① 许利平：《中国与周边国家的人文交流：路径与机制》，《新视野》2014 年第 5 期，第 119 页。

② 邢丽菊：《何以人文：中外人文交流的意义》，《世界知识》2017 年第 23 期，第 19~20 页。

③ 刘延东：《深化高等教育合作 开创亚洲人文交流新局面》，《世界教育信息》2010 年第 12 期，第 11 页。该讲话是时任中共中央政治局委员、国务委员刘延东在 2010 年 11 月 13 日召开的亚洲大学校长论坛开幕式上的致辞。

使得这些国家与中国开展合作持不同程度的疑虑与谨慎态度，而对中国制度与文化认知度、亲近度和欣赏水准的差异，也使得不同国家在与中国开展同一领域合作时利益诉求不尽相同，即使在同一个国家内部，不同部落、教派和政治势力也可能对与中国开展合作持不同立场。相较于单向的文化输出，人文交流更强调作为交流主体的"人"在互动过程中的价值观沟通。人文交流塑造的价值认同，既有对共同、共通价值观念的认同，也包括对异质文明具有个性和特殊内涵的价值取向的理解。人文交流塑造一国民众理解和基本认同另一国的政治体制、发展道路、价值观念及政策取向，[①] 这种基于理解和认同的信任关系即政治互信是中国与海湾阿拉伯国家之间建立长期、稳定、牢固的合作关系的前提和基础。

第二，中国与伊斯兰核心文化圈的人文交流有利于带动中国与伊斯兰世界和阿拉伯国家的整体合作。发端于阿拉伯半岛的伊斯兰教经过 1400 多年的发展，形成了覆盖西亚、北非、中亚、南亚和东南亚等地区既相互联系又各具特色的伊斯兰文化圈。历史上中国与位于伊斯兰文化圈核心地带的阿拉伯半岛国家之间的人文交流，为推动各自进步与繁荣留下了文明交往与文明互鉴的佳话。新中国成立后，以朝觐为主要形式的宗教交流在推动中国与沙特在政治领域的合作中发挥了积极作用。沙特凭借其坐拥伊斯兰教两大圣城，以及作为伊斯兰合作组织、伊斯兰世界联盟和世界穆斯林大会三大国际伊斯兰组织总部或秘书处所在国的优势，长期主导伊斯兰世界事务的话语权。通过人文交流奠定中国与沙特各领域合作的社会和民意基础，在海湾阿拉伯国家和伊斯兰核心文化圈形成区域辐射效应，对拓展中国与国际伊斯兰组织的政治合作、深化中国与其他伊斯兰国家的关系、实现中华文化圈同伊斯兰文化圈的互动交流，具有重要的现实意义。海湾阿拉伯国家是阿拉伯地区经济发展的引擎，中国和阿拉伯国家之间的人文交流整体上呈现"大多边带动小多边，小多边促进双边，双边推动大小多

---

① 刘延东：《深化高等教育合作 开创亚洲人文交流新局面》，《世界教育信息》2010 年第 12 期，第 19 页。

边"的态势，即中阿合作论坛集体合作框架的人文交流带动中国在次区域层面尤其是海湾地区与阿拉伯国家的互动与合作，以此推动中阿双边人文交流，双边人文交流反过来又可以促进中国和阿拉伯国家在次区域和区域层面的人文交流及其他领域的合作。① 中国与处于伊斯兰核心文化圈的海湾阿拉伯国家之间的人文交流，可以同时对西亚地区、阿拉伯地区和伊斯兰世界形成不同层次的辐射效应，带动中国与伊斯兰国家在次区域、区域和跨区域层面的整体合作。

第三，新冠肺炎疫情下双方在卫生领域的人文交流旨在反对将疫情政治化和提升合作的道义高度。新冠肺炎疫情的蔓延限制了国与国之间人员的自由流动，公共卫生危机下的社交隔离措施进一步阻碍了人文交流的正常开展。疫情在全球各地的持续蔓延凸显国际防疫合作的迫切性和必要性，卫生领域的人文交流因此展现强劲动能。在以疾病通过跨国传播对他国公共卫生构成风险为主要特征的突发公共卫生事件中，医疗卫生领域的人文交流构成了医疗外交的特殊形式。在疫情背景下的，医疗卫生领域的人文交流包括分享防控和救治经验、提供医疗物资和技术援助、联合开展疫苗研发和临床试验、声援他国抗疫等，其意义主要体现在以下几个方面。首先，疫情引发了部分国家将疫情政治化以转移国内防疫不力的"甩锅""推责"行为，以低政治的卫生人文交流对冲和弱化疫情的政治性，是一种有效化解合作中政治风险的手段。其次，医疗物资和技术援助展现援助国对受援助国民众的关爱和人道主义精神，有助于改善援助国国家形象和提升援助国的软实力，是一种具有道义高度、不求直接经济利益回报的利他性行为。再次，大国迥异的防疫理念、政策和成效，成为其他国家选择合作对象的重要考量，进而成为推动大国关系调整和国际格局变动的重要因素。疫情背景下的人文交流旨在夯实和巩固国与国之间的现有合作，维系和稳定疫情时期的合作，谋划未来合作的方向与重点，防止供应

① 包澄章：《中国与阿拉伯国家人文交流的现状、基础及挑战》，《西亚非洲》2019 年第 1 期，第 153～154 页。

链的断裂和"脱钩",对遏制技术民族主义和逆全球化思潮的抬头具有积极意义。最后,在疫情导致传统人文交流受限的情况下,线上防疫合作对人文交流数字化的先行先试,可为疫情结束后的人文交流的形式创新提供经验。

二 中国与海湾阿拉伯国家的人文交流（2019~2020）

2018 年 7 月,中国国家主席习近平在中阿合作论坛第八届部长级会议开幕式上宣布,中国和阿拉伯国家一致同意建立"全面合作、共同发展、面向未来"的中阿战略伙伴关系,并规划了未来三年人文交流的总体目标,即中方邀请阿拉伯国家邀请 100 名青年创新领袖、200 名青年科学家、300 名科技人员来华研讨,100 名宗教人士、600 名政党领导人访华,为阿拉伯国家提供 1 万个各类培训名额,向阿拉伯国家派遣 500 名医疗队员。① 中阿关系的提质升级和未来目标规划,为中国在次区域层面与海湾阿拉伯国家开展人文交流明确了方向。中国与海湾阿拉伯国家的人文交流涵盖文化、教育、卫生、科研、旅游、新闻、青年、体育、社会发展等领域,依循官民并行的路径开展相关活动,呈现"多点开花"的局面。

在官方层面,中国与海湾阿拉伯国家人文交流的主管部门和实践主体根据顶层设计不断推进政府间文化合作机制化,打造文化交流品牌,促进思想交流与对话,探索民心相通的新路径。

第一,双方人文交流相关领域的主管部门共同谋划搭建人文交流的多边机制与平台。中国同包括海湾阿拉伯国家在内的阿拉伯国家通过政策制定、机制和平台创设,对双方开展人文交流与合作、增强人文交流综合传播能力等进行整体规划。2019 年 8 月,由中华人民共和国国家卫生健康委员会与阿拉伯国家联盟联合举办的第二届中阿卫生合作论坛通

---

① 习近平:《携手推进新时代中阿战略伙伴关系——在中阿合作论坛第八届部长级会议开幕式上的讲话》,《人民日报》2018 年 7 月 11 日,第 2 版。

过《中国－阿拉伯国家卫生合作 2019 北京倡议》，提出以学术交流、搭建合作网络等形式，促进中国和阿拉伯国家加深对彼此健康发展战略、卫生体系、医疗卫生政策和法律法规的了解，促进战略对接和政策沟通，同时倡议建立"中国－阿拉伯国家医院合作网络"，共同提升医疗服务能力。[①] 2019 年 11 月，由中国文化和旅游部主办的中阿旅游合作论坛提出，中阿双方应建立政府间旅游合作机制、共建旅游市场合作平台、打造文旅融合产品、合作培养文旅融合人才，共同谋划中阿旅游合作的核心与发展方向。[②]

第二，推进人文交流和传播本国文化是双方使馆的重要任务。无论是中国驻海湾阿拉伯国家使馆，还是对方国家驻华使馆，都承担着推动政府间文化合作机制化、打造文化交流品牌、促进思想交流与对话、探索民心相通新路径等任务。中国驻海湾阿拉伯国家大使馆在推动"欢乐春节""中国文化周""中国电影周""中国艺术节""汉语桥"等人文交流品牌落地海湾阿拉伯国家，以及配合中国中东外交在当地国家组织学术研讨会等方面，扮演了重要角色；海湾阿拉伯国家驻华大使馆在协调"阿拉伯艺术节""意会中国——阿拉伯知名艺术家访华创作""青年汉学家研修计划"等品牌活动，以及推动阿拉伯学生来华留学和研修等方面，也发挥了积极作用。2020 年 1 月，中国驻卡塔尔大使馆和卡塔尔文化与体育部联合举办"欢乐春节"活动，中国艺术家通过武术、杂志、舞蹈等表演形式，展现了博大精深的中国传统文化和中原文化。同年 7 月，阿联酋驻华大使馆启动"阿联酋－中国文化周"，活动以线上直播的形式开展了"2020 年迪拜世博会和博物馆文化""文化差异与包容""人文交流""后疫情时代文化产业的未来"等多场活动。阿联酋驻华大使阿里·扎希里表示，"文化是双边关系和谐融

---

① 李亚南：《中阿卫生合作 2019 北京倡议：打造健康领域命运共同体》，中国新闻网，2019 年 8 月 16 日，http：//www.chinanews.com/gn/2019/08 - 16/8929182.shtml，访问日期：2020 年 7 月 8 日。

② 辛闻：《2019 中阿旅游合作论坛在京成功举办》，中国网，2019 年 11 月 20 日，http：//news.china.com.cn/2019 - 11/20/content_ 75427688.htm，访问日期：2020 年 8 月 28 日。

洽的催化剂，也是两国及两国人民沟通交流的载体。在以知识、创意、创新和数字化为驱动的未来经济中，文化合作将成为核心要素，发挥至关重要的作用"。①

第三，学术研讨会为中国与海湾阿拉伯国家关系发展提供了智力支持。学术研讨会属于学者、决策者层面的人文交流，是不同背景的精英交流思想、探讨政策的重要平台。中国与海湾阿拉伯国家之间的学术研讨和交流总体上具有较强的官方色彩，即便是高校和科研机构主办的学术研讨会，也多聚焦于地区局势、中国中东外交、"一带一路"与中阿合作等现实议题，这使得双方之间的学术交流呈现较强的政策导向性。这类具有官方或半官方背景的学术研讨虽具有一定的局限性，但在政策制定方面易凝聚各方共识。2019 年 4 月，第二届中国–阿拉伯国家改革发展论坛在上海召开，中国和阿拉伯国家外交界、政界、学界、媒体界和工商界的 140 余位参会代表，围绕"政策沟通：推进中阿发展战略对接""深化合作：以'一带一路'带动中阿关系发展""智库交流：为共建'一带一路'提供智力支持"三大议题进行深入探讨，互相交流中阿合作与改革发展的路径。

第四，推动构建中阿卫生健康共同体和"健康丝绸之路"成为疫情背景下中国与海湾阿拉伯国家人文交流的新任务。中国出现新冠肺炎疫情后，沙特国王萨勒曼第一时间与习近平主席通电话声援中国，沙特还是向中国提供援助物资最多的阿拉伯国家；阿联酋成为首个在地标建筑（迪拜哈利法塔）亮灯声援中国、首个与中国开展灭活疫苗临床试验的阿拉伯国家。中国也先后向伊拉克、沙特等海湾阿拉伯国家派出医疗队驰援抗疫和捐赠医疗物资，体现了双方守望相助、共克时艰的精神。中方医疗卫生专家还通过视频会议的形式，与阿方专家分享和交流防治经验。2020 年 7 月 6 日，受疫情影响，中阿合作论坛第九届部长级会议以视频连线方式举行，

① 刘旭：《阿联酋驻华大使馆启动"阿联酋—中国文化周"活动》，中新网，2020 年 7 月 5 日，http://www.chinanews.com/gn/2020/07–05/9229878.shtml，访问日期：2020 年 7 月 29 日。

会议通过《中国和阿拉伯国家团结抗击新冠肺炎疫情联合声明》《安曼宣言》《中国－阿拉伯国家合作论坛 2020 年至 2022 年行动执行计划》三份成果文件。在《中国和阿拉伯国家团结抗击新冠肺炎疫情联合声明》中，中阿双方强调团结合作是国际社会战胜疫情的最有力武器，呼吁增强人类命运共同体意识，在抗疫合作中打造中阿命运共同体和中阿卫生健康共同体；中方愿继续通过提供物资援助、召开专家视频会议、派遣医疗专家组等方式，向急需支持的阿拉伯国家提供力所能及的支持和帮助，共建"健康丝绸之路"。①

在民间层面，中国和海湾阿拉伯国家依托多元主体推进更具包容性和灵活性的人文交流。

第一，双方友好组织在推进民间外交、促进双方民众相互了解、夯实双边关系的友好基础等方面发挥着独特作用。民间外交具有稳定性、包容性和灵活性的特点。② 中国人民对外友好协会、中国阿拉伯友好协会、中国沙特友好协会等中方组织，阿拉伯－中国友好协会联合会、沙特中国友好协会、伊拉克中国友好协会、巴林中国友好协会、阿曼中国友好协会、科威特中国友好协会等阿方组织，不定期地组织相关活动，拓展民间沟通和交流渠道，夯实双边友好关系的民意基础。

第二，典籍互译和出版成为中阿文明互鉴、知识传播、思想交流和增进认知的重要手段。北京师范大学出版集团联合中国人民对外友好协会、中国阿拉伯友好协会、北京外国语大学阿拉伯学院联合打造的"扎耶德中心文库""中阿友好文库""'一带一路'友好合作文库"，已成为当前中国与海湾阿拉伯国家在出版和学术领域人文交流的品牌项目。2019 年 8 月第二十六届北京国际图书博览会期间，四家单位联合举办了"中沙经典和现当代作品互译出版项目""中阿友好文库"成果发布仪式

---

① 详见《中国和阿拉伯国家团结抗击新冠肺炎疫情联合声明》（2020 年 7 月 6 日），中阿合作论坛网站，访问日期：2020 年 8 月 20 日。
② 陈昊苏：《民间外交论》，中国人民对外友好协会网站，https://www.cpaffc.org.cn/index/news/detail/id/4318/lang/1.html，访问日期：2018 年 8 月 1 日。

暨"东方文明的对话"系列活动，发布了《夜行衣上的破洞》《牺牲的价值》《汗水与泥土》三部沙特文学作品的中译本。[①] 与此同时，《习近平谈治国理政》《平"语"近人——习近平总书记用典》《浦东奇迹》等一批介绍当代中国国家治理和改革开放经验、面向海湾阿拉伯国家精英界和普通读者的阿译版图书，先后在当地出版和发行。需要指出的是，与近年来阿拉伯国家涌现的大批介绍中国内政外交的学术著作阿拉伯文译本相比，被译介给中国读者的阿拉伯国家内政与外交主题的学术著作仍十分有限。[②]

第三，文旅融合成为中国与海湾阿拉伯国家人文交流的新模式。海湾阿拉伯国家经济转型的一个重要方向，是以旅游业带动服务业、提升本地就业率，促进经济的多元化发展。旅游是人文交流的重要组成部分，其亲善本质促进了游客与旅游目的国民众之间的文化互动。对两国普通民众而言，文学、电影等作品提供了关于对方国家的艺术化想象，为中阿旅游业注入了浪漫主义的动力。海湾阿拉伯国家为吸引更多的中国游客，近几年放宽旅游签证限制，不断探索文旅融合的人文交流新模式。以阿联酋为例，由阿联酋副总统兼总理、迪拜酋长穆罕默德倡议成立的"拥抱中国"（Hala China）计划，正成为中阿（联酋）人文交流的特色品牌。该计划为中国游客量身定制了住宿、购物、餐饮、游玩、探索、健康和礼宾服务 7 种不同的文旅套餐，并开通了中文服务热线。为庆祝中国与阿联酋建交 35 周年，2019 年"拥抱中国"计划推出了为期一整年的文化活动，包括美食节、时装秀、体育赛事、音乐节和文艺表演等活动，充分展现了迪拜多元、包容、开放、安全的现代化国际城市形象。2019 年，旅游业为阿联酋贡献了 11.5% 的 GDP；迪拜接待游客达到创纪

---

① 李耘：《春华秋实四十载风起扬帆破浪行——写在北京师范大学出版社成立 40 年之际》，《中国教育报》2020 年 9 月 10 日，第 12 版；《"中沙经典和现当代作品互译出版项目""中阿友好文库"成果发布仪式暨"东方文明的对话"系列活动在京举办》，人民网，2019 年 8 月 21 日，http：//world. people. com. cn/n1/2019/0821/c1002 –31309366. html，访问日期：2020 年 7 月 1 日。

② 包澄章：《中国与阿拉伯国家人文交流的现状、基础及挑战》，《西亚非洲》2019 年第 1 期，第 147 页。

录的 1673 万人次，增幅达 5.1%；赴迪拜旅游的中国游客数量达 98.9 万人次，同比增长 15.5%。①

三 中国与海湾阿拉伯国家人文交流的新趋势

中国同海湾阿拉伯国家的人文交流在巩固传统领域合作的同时，也在不断探索新的增长点。青年交流的兴起、"中文热"的升温、联合考古的尝试以及数字化转型，正成为双方人文交流的新趋势。

第一，青年交流在人文交流中的比重显著上升。从政策规划角度看，青年交流已被列入中国与阿拉伯国家开展人文交流的重点领域之一。2016 年发布的《中国对阿拉伯国家政策文件》强调，中国面向阿拉伯国家实施"杰出青年科学家来华计划"，鼓励双方青年科技人才交流；积极推动中阿青年交流，加强双方青年事务部门交往，增进双方各界青年杰出人才的接触与交流。② 青年人口膨胀是海湾阿拉伯国家面临的共同挑战，当地主要国家 25 岁以下群体的人口占比情况分别为：阿曼为 50%、沙特为 46%、科威特为 40%、巴林为 35%、阿联酋为 34% 和卡塔尔为 25%。对处于经济转型关键期的海湾阿拉伯国家而言，当前的人口结构既体现了其"人口红利"，也带来了社会经济问题和安全问题。③ 青年交流对于中国与海湾阿拉伯国家合作的意义体现在以下几个方面。一是通过青年视角理解海湾社会结构中的代际变迁、青年群体特点以及社会问题，可以为双方在社会领域的合作提供认知基础；二是青年群体成见相对较少，双方青年在共同关注的问题上交流观点，更易培育"共同认知"和消除当前中国与海湾阿拉伯国家相互间的认

---

① "Dubai Announces Record Tourism Arrivals in 2019," *The Arab Weekly*, https：//thearabweekly.com/dubai–announces–record–tourism–arrivals–2019，访问日期：2020 年 6 月 19 日。

② 《中国对阿拉伯国家政策文件》，新华网，2016 年 1 月 13 日，http：//www.xinhuanet.com/world/2016–01/13/c_1117766388.htm，访问日期：2020 年 8 月 19 日。

③ "Dubai Seeking to Meet Needs of GCC Youth Population," Oxford Business Group, https：//oxfordbusinessgroup.com/analysis/young–heart–meeting–needs–region%e2%80%99s–growing–youth–population，访问日期：2020 年 4 月 8 日。

知赤字；三是基于现实问题的青年交流有助于提升青年群体的社会责任意识和领导力，为双方交流合作提供人才储备；四是通过青年交流积累友好人脉和营造友好合作氛围，可为双方未来合作注入更多动力。

与土耳其、以色列、伊朗等非阿拉伯国家相比，除阿联酋外的其他海湾阿拉伯国家与中国的青年交流在频率、广度和深度方面仍有差距。由阿联酋阿布扎比王储办公厅主办的"阿联酋青年大使"项目，已连续数年派代表团赴中国进行访问交流。2019 年 10 月，该项目青年代表团来华参加第四届亚非青年联欢节，通过参加亚非青年创业论坛、亚非青年伙伴合作洽谈会、对话研讨、参观考察、联欢晚会等活动，与包括中国青年在内的亚非国家青年建立友谊、加深对万隆精神的理解。"阿联酋青年大使"项目也在探索建立低龄层次的中阿青少年交流机制。2019 年 12 月，由中国宋庆龄基金会和光大集团共同主办的"感知中国·美美与共"中国·阿联酋青少年文化交流周活动在北京举行，阿联酋青少年及亲子家庭与中方青少年代表近百人参加交流活动，身穿中国唐装出席活动的阿联酋驻华大使阿里·扎希里表示希望以此为契机，探索建立阿（联酋）中青少年交流的长效机制。①

第二，"中文热"在海湾阿拉伯国家持续升温。继 2018 年 7 月阿联酋宣布于次年起在该国 100 所学校开设中文教育后，沙特于 2019 年 2 月宣布将中文纳入该国所有教育阶段的课程；2019 年 9 月，阿联酋启动从幼儿园到高中阶段 60 所公立学校的中文教育课程，将中文纳入阿联酋的国民教育体系。阿联酋和沙特将中文教学纳入本国的国民教育体系，不仅折射出两国推行语言多元化教育的政策转变，也反映出在国际格局深刻变动背景下两国为未来拓展与中国的合作储备中文人才的战略考量。海湾阿拉伯国家从事中文教育的教学主体既有当地公立和私立高校的相关院系，也有中国国家汉办与当地高校合办的孔子学院，但当地的中文教育在课程体系设置、标准化方

---

① 刘旭：《"感知中国·美美与共"中国·阿联酋青少年文化交流周活动在京举办》，中国新闻网，2019 年 12 月 16 日，http://www.chinanews.com/cul/2019/12 – 16/9035450.shtml，访问日期：2020 年 3 月 4 日。

面仍有较大提升空间。①

第三，联合考古成为双方复现古代丝绸之路文明印记、促进文明交流与互鉴的新尝试。以考古探源古代丝绸之路上的文明交往，是中国打破西方长期占据世界文明研究制高点、垄断文明研究话语权②的一种路径。以考古复现古代丝绸之路的历史印记，则是这种路径在阿拉伯地区的具体实践。推动与红海和阿拉伯海沿岸国家文化遗产国际合作，是近年来中国与海湾阿拉伯国家拓宽人文交流领域、以"丝路精神"引领各领域合作的新尝试。2019年1月，中国与沙特联合考古队对沙特塞林港遗址的考古发掘活动取得重要成果，发现大型建筑遗址，出土了包括中国瓷器在内的诸多文物，为复原古代中阿民族交往的历史图景提供了重要的物质文化资料。同年11～12月，由中国故宫博物院、吉林大学考古学院、阿联酋拉斯海马古物与博物馆部和英国杜伦大学考古系组成的联合考古队，对朱尔法遗址保护区的阿尔马塔夫遗址进行了为期一个月的考古调查，出土了包括明永乐时期龙泉青瓷和景德镇御窑青花瓷器在内的上万件文物，发现了明代郑和使团直接到访此地的重要线索。③

第四，人文交流的数字化转型，为未来双方拓宽交流领域、创新交流模式提供了新机遇。移动互联网和智能手机的普及、数字技术的进步正在改变传统人文交流的理念和形态，也在改变作为交流主体的"人"的行为偏好。中国与海湾阿拉伯国家的人文交流从现实中走向"云端"的转变在新冠肺炎疫情前就已初露端倪，但疫情加速了数字经济的转型，使得人文交流得以突破物理空间限制，向更广泛的云端探索新的模式。云课堂、云展览、云展演、云旅游、云集市等线上活动，将为疫情结束后线下人文交流的恢复蓄积势能。2020年7月，"中国－阿联酋旅游合作论坛"以线上视频会议形式举

---

① 参见廖静《阿拉伯海湾地区的汉语教育政策变迁与汉语教育的发展》，《云南师范大学学报（对外汉语教学与研究版）》2019年第5期，第15～21页。

② 郑海鸥：《中国考古，走出国门探源世界文明》，《人民日报》2016年11月24日，第19版。

③ 参见故宫博物院、阿联酋拉斯海马古物与博物馆部、英国杜伦大学考古系、吉林大学考古学院《拉斯海马阿尔马塔夫遗址2019年考古收获》，《故宫博物院院刊》2020年第5期，第92～107页。

行，会议主题为"新时代的融合与创新"。与会代表一致认为，疫情或将成为全球化转型的分水岭，未来将是数字化、升级版的新型全球化。① 数字化转型将为中国与阿联酋等海湾阿拉伯国家实现投资、科技和文化等领域的融通与合作，创新人文交流的形态与模式提供新机遇。

---

① 杨迪：《中阿旅游合作论坛亮相"云端"》，中国新闻网，2020 年 7 月 17 日，http：//www.chinanews.com/cj/2020/07 - 17/9240941.shtml，访问日期：2020 年 7 月 30 日。

专题报告

Special Reports

B.5
海合会国家营商环境分析

黄宇芝*

摘　要： 2019 年全球经济放缓，海合会成员国除阿联酋外，实际 GDP
增长率均出现不同程度下降。新冠肺炎疫情使全球经济遭受
重创，外部需求收缩、供应链受挫。作为全球主要石油输出
地，海合会国家 2020 年经济遭受外部需求不足和年初油价暴
跌的双重影响。2020 年通货膨胀压力较小，失业率大幅上
升，经济衰退。2020 年中期以后，阿联酋与沙特采购经理人
指数（PMI）开始回升，代表经济开始回暖。2020 年沙特出
台一系列改革措施，旨在推动其 "2030 愿景"。根据 PEST 模
型，影响营商环境的因素除了经济环境外，还有政治、社会
文化与技术环境。通过分析世界银行《营商环境报告》中海

---

* 黄宇芝，中山大学中东研究中心研究员，研究领域为中东宏观经济、阿拉伯国别区域研究。

合会国家营商环境评分与排名指标（主要关注政策层面），发现2019年海合会诸国除阿联酋外，排名均有提升。疫情期间海合会各国政府纷纷推出宽松的财政政策与货币政策，刺激经济增长，重塑对外商投资吸引力。但同时，大量的财政支出加大了政府财政压力，财政赤字率将大幅上涨。在社会文化环境上，阿拉伯国家有其独特文化，外国投资者应了解当地文化。此外，海合会各国人力资本指数（代表劳动力的知识技能水平）为0.5~0.7（指数最低为0，最高为1）。在技术环境上各国科技发展水平各异，高科技产品出口占制造业总产出最高的国家为阿联酋。综上，大部分海合会国家营商环境在2019年有不同程度提升，提升最明显的为沙特。同时也应注意到，2020年疫情蔓延与石油价格走低给海合会各国经济带来的双重冲击，以及由于宽松的财政政策导致的财政压力风险。

关键词： 海合会国家　营商环境　经济发展

一　海合会国家外商投资概况

根据联合国贸易和发展会议（UNCTAD）发布的《2020年世界投资报告》数据，2019年亚洲发展中经济体国外直接投资（FDI）下降5%（其中流入南亚和东南亚的FDI分别增长10%和5%，流入东亚和西亚的FDI分别下降13%和7%）。尽管如此，亚洲仍是全球最大的吸引国外直接投资的市场，2019年吸纳了全球30%的外资。在西亚地区，外资主要流入土耳其、阿联酋和沙特。① 其中，2019年吸纳外资最多的阿拉伯国家是阿联酋，其外

---

① 《联合国贸易和发展会议：2020年世界投资报告》，http://www.199it.com/archives/1067216.html，访问日期：2020年9月5日。

资流入量约 140 亿美元，排全球第 19 位。[①] 受 2019 年并购案商谈的惯性推动，2020 年第一季度阿联酋仍是中东地区最大投资并购目的国。[②] 2019 年流向沙特的 FDI 连续第二年增长 7%，是 2017 年增长率的逾三倍。受益于一些大型并购交易，流入沙特的外资连续两年增长，达到 46 亿美元。[③] 沙特商业环境的改善，尤其是 2017 年的多项经济改革提高了营商便利性，推动了FDI 增长。[④]

由于新冠肺炎疫情的冲击，世界经济下行，2020 年全球 FDI 流量将下降近 40%，全球 FDI 将自 2005 年来首次低于 1 万亿美元。预计 2021 年全球FDI 进一步减少，并在 2022 年开始出现复苏。2020 年亚洲发展中经济体FDI 预计下降 45%。[⑤] 2020 年上半年流向迪拜的 FDI 同比下降 74.24%，但高科技投资同比增长 53%；已宣布的 FDI 项目主要集中在电子商务、制药和金融科技等领域；从 FDI 来源国看，美国位居首位，占总量的 25%，其次是法国（18%）、比利时（9%）、英国和中国（均为 8%）。[⑥]

二 海合会国家营商环境

根据 PEST 模型，影响企业经营活动的一国宏观环境包括政治（Political）、经济（Economic）、社会文化（Cultural）和技术（Technological）环境。经济环境包括国内生产总值（GDP）及其增长率、物价水平（含价

---

① 信息引自中华人民共和国驻阿拉伯联合酋长国大使馆经济商务处，http://ae. mofcom. gov. cn/article/ddgk/zwjingji/202006/20200602975047. shtml，访问日期：2020 年 9 月 10 日。
② 信息引自中华人民共和国驻阿拉伯联合酋长国大使馆经济商务处，http://ae. mofcom. gov. cn/article/ddgk/zwjingji/202005/20200502964620. shtml，访问日期：2020 年 9 月 10 日。
③《联合国贸易和发展会议：2020 年世界投资报告》，http://www. 199it. com/archives/1067216. html，访问日期：2020 年 9 月 5 日。
④ 信息引自中华人民共和国驻沙特阿拉伯大使馆经济商务处，http://sa. mofcom. gov. cn/article/jmxw/202006/20200602978452. shtml，访问日期：2020 年 9 月 10 日。
⑤《联合国贸易和发展会议：2020 年世界投资报告》，http://www. 199it. com/archives/1067216. html，访问日期：2020 年 9 月 5 日。
⑥ 信息引自中华人民共和国驻阿拉伯联合酋长国大使馆经济商务处，http://ae. mofcom. gov. cn/article/ddgk/zwjingji/202008/20200802990121. shtml，访问日期：2020 年 9 月 10 日。

格波动）、失业水平、利率、汇率、居民消费（储蓄）倾向等。本报告关注三大主要宏观经济变量——GDP 增长率、通货膨胀率及失业率。政治环境包括社会制度、政府的政策、法令以及间接影响企业经营的财政政策与货币政策等。世界银行的营商环境评分和排名（Ease of Doing Business Score and Index）关注影响企业经营活动的 10 个政策指标，本报告主要围绕该指数并结合财政政策与货币政策分析海合会国家营商政治环境。社会文化环境包括该国居民受教育水平、宗教信仰、文化风俗等。技术环境主要指该国科技发展水平及相关政策支持等。

（一）经济环境——海合会国家经济发展概况

1. 经济增长受外部需求收缩与油价下跌双重冲击

在经历了 2018 年全球经济快速增长后，2019 年全球经济开始放缓，海合会国家除阿联酋外，实际 GDP 增长率均出现不同程度下降（见图 1），其中卡塔尔增长率甚至为 -0.2%（见表 1）。新冠肺炎疫情大大加剧了经济下行趋势，部分经济指标甚至比 2008 年次贷危机时期更差。因沙特阿拉伯（以下简称沙特）和俄罗斯之间的分歧，2020 年 3 月 OPEC + 会议未能延续限产协议，油价暴跌，布伦特原油下跌近 10% 至每桶 45.27 美元。[①] 对于海合会国家来讲，其经济受到疫情引起的外部需求收缩与油价大幅下跌的双重冲击，经济发展面临困难。自 2020 年初到年中，油价已下跌 50% 以上。各国防疫政策使得对外需求锐减，由此导致的全球经济放缓冲击了该地区的全球价值链，提供着大量就业机会的零售和制造业以及中小企业（SME）遭受重创。[②] 此外，国内消费疲软，对旅游、酒店和零售业带来较大影响。IMF 估计海合会成员国 2020 年增长率为 -2.7%，主要由非石油行业大幅收

[①] 信息引自中华人民共和国驻沙特阿拉伯大使馆经济商务处，http：//sa. mofcom. gov. cn/article/jmxw/202003/20200302945396. shtml，访问日期：2020 年 9 月 5 日。

[②] 信息引自 IMF 2020 年 4 月《中东和中亚地区经济展望》（Regional Economic Outlook-Middle East and Central Asia）。

缩带来（其增长率估计为 -4.3%）。① 主要依赖服务业、零售业、酒店旅游业的海合会国家面临较大挑战，如巴林、卡塔尔与阿联酋；此外，制造业增长放缓，新的投资计划被推迟，进一步阻碍海合会国家长期经济增长。

阿联酋 2019 年实际 GDP 增长 1.7%，是海合会诸国唯一增长率高于 2018 年的国家（如表 1 所示）；另据阿联酋央行信息，石油部门实际 GDP 增长 3.4%，非石油部门增长 1.0%。② 2020 年新冠肺炎疫情导致经济疲软，但到了年中，经济渐渐出现复苏。根据埃信华迈（IHS Markit）数据，5 月阿联酋采购经理人指数（PMI 指数）从 4 月历史最低点的 44.1 回升至 46.7，并从 6 月的 50.4 上升至 7 月的 50.8,③ 略高于荣枯线，制造业和服务业经济活动有所扩张。但同时，就业指数连续 7 个月下降，延缓了经济的复苏。④ 阿联酋经济部长阿卜杜拉·本·图克·马里（Abdullah Bin Touq Al Marri）表示，批发零售业是阿联酋最为活跃的行业之一，2020 年对实际 GDP 贡献达 12.5%，对非石油 GDP 贡献达 18.0%。阿卜杜拉强调，该行业的迅猛发展有助于改善营商环境、促进旅游贸易活动。⑤ IMF 估计阿联酋 2020 年经济收缩 3.5%，并在 2021 年实现增长 3.3%（见表 1）。

沙特是中东最重要的市场，是该地区最大的经济体。其 2019 年实际 GDP 增长 0.3%，远低于 2018 年的 2.4%，主要由石油部门大幅萎缩导致。为摆脱经济对石油的依赖，沙特于 2016 年发布"2030 愿景"，希望通过一系列改革实现以私营部门为主导的经济结构多元化。2019 年原油减产使经济增长面临转型期的挑战：虽非石油部门实际 GDP 增长 3.3%，是 2014 年来最强劲的增长［非石油部门的增长主要由私营部门的增长（3.8%）所

---

① 截至成稿时，尚无 2020 年度官方最终数据，此处采用 IMF 估计值，下同。

② 信息引自中华人民共和国驻阿拉伯联合酋长国大使馆经济商务处，http://ae. mofcom. gov. cn/article/ddgk/zwjingji/202005/20200502963884. shtml，访问日期：2020 年 9 月 5 日。

③ 信息引自中华人民共和国驻阿拉伯联合酋长国大使馆经济商务处，http://ae. mofcom. gov. cn/article/ddgk/zwjingji/202006/20200602972402. shtml，访问日期：2020 年 9 月 5 日。

④ 《中东地区三大主要经济体 7 月 PMI 略升》，http://www. brsn. net/xwzx/wap/news_ detail/20200810/1005000000003474159702188623 0067033_ 1. html，访问日期：2020 年 9 月 5 日。

⑤ 信息引自中华人民共和国驻阿拉伯联合酋长国大使馆经济商务处，http://ae. mofcom. gov. cn/article/ddgk/zwjingji/202008/20200802993035. shtml，访问日期：2020 年 9 月 5 日。

推动]，但石油部门萎缩 3.6%，是 2017 年以来的最差表现。沙特央行行长艾哈迈德·霍利菲（Ahmed al-Kholifey）表示，尽管面临严峻的经济形势，但非石油行业仍将支持沙特的整体经济增长。① 根据沙特央行和旅游部的数据，沙特 2019 年入境游客消费总额达 269.3 亿美元，比 2018 年增加 8.02%，创三年来最大增幅。沙特通过推动旅游业重大转型，试图推动国家经济多元化转型。②

2020 年新冠肺炎疫情导致经济衰退、能源需求下降，以及随之而来的石油危机，给沙特的石油产业带来巨大冲击。2020 年第一季度沙特石油出口总额同比下降 21.9%。③ 沙特阿拉伯国家石油公司（阿美公司）季度财务报表数据显示，2020 年第二季度原油价格为 23.4 美元/桶，与 2019 年的 68.4 美元/桶相比，下降了 65.8%；该公司净利润从 2019 年第二季度的 246.89 亿美元收缩至 65.65 亿美元，下降了 73.4%。④ 2020 年 6 月，沙特工业生产指数（IPI）同比下降 22.4%，环比下降 7.1%。其中采矿和采石业（含石油生产）同比下降 23.2%，非石油制造业下降 22.3%。⑤ 受疫情影响，2020 年 1~4 月沙特对外货物贸易总额为 1059 亿美元，同比下降约 23.9%。沙特外贸持续顺差局面，但顺差额度同比下降 53.3%，主要原因是出口降速高于进口降速。⑥ 进入2020 年下半年，经济开始出现回暖迹象。据埃信华迈数据，沙特 PMI 指数从 2020 年 6 月的 47.7 升至 7 月的 50.0，达到 50 荣枯线，为 2020 年 2 月以来最高值，意味着非石油私营部门在经

---

① 信息引自中华人民共和国驻沙特阿拉伯大使馆经济商务处，http：//sa. mofcom. gov. cn/article/jmxw/202003/20200302945391. shtml，访问日期：2020 年 9 月 5 日。
② 信息引自中华人民共和国驻沙特阿拉伯大使馆经济商务处，http：//sa. mofcom. gov. cn/article/jmxw/202007/20200702985716. shtml，访问日期：2020 年 9 月 5 日。
③ 信息引自中华人民共和国驻沙特阿拉伯大使馆经济商务处，http：//sa. mofcom. gov. cn/article/jmxw/202006/20200602972336. shtml，访问日期：2020 年 9 月 5 日。
④ 数据来自沙特阿拉伯国家石油公司 2020 年第二季度财务报表，https：//www. aramco. com/，访问日期：2020 年 9 月 5 日。
⑤ 数据间接引自沙特阿拉伯统计局，http：//sa. mofcom. gov. cn/article/jmxw/202008/20200802992235. shtml，访问日期：2020 年 9 月 5 日。
⑥ 信息引自中华人民共和国驻沙特阿拉伯大使馆经济商务处，http：//sa. mofcom. gov. cn/article/jmxw/202007/20200702981161. shtml，访问日期：2020 年 9 月 5 日。

历 4 个月的收缩后于 7 月企稳，经济略有回暖。但也应注意到，PMI 指数受采购库存稳定增长和供应商交货时间延长的推动，而 7 月新订单和就业指标均未达到 50.0，出口订单指数更是连续 5 个月下降，显示需求依旧疲软。① IMF 估计 2020 年沙特经济萎缩 2.3%，并在 2021 年实现增长 2.9%（见表 1）。

科威特自 2018 年经济复苏以来实际 GDP 增长率逐年下降，新冠肺炎疫情加重了经济下行趋势。2020 年第一季度实际 GDP 同比下降 1.0%，尽管如此，2020 年第一季度原油产业仍实现 1.2% 的增长；在其他行业中，零售业增长 10.2%，农渔业增长 4.3%，制造业增长 4.0%；通信业下降 12%，交通业下降 9.6%，酒店餐饮下降 7.4%。② 据 IMF 估计，科威特 2020 年经济收缩 1.1%，2021 年实现增长 3.4%（见表 1）。

巴林 2019 年实际 GDP 增长 1.8%，略低于 2018 年 2.0% 的增长水平。2020 年第一季度实际 GDP 收缩 1.1%，油气行业增长 1.8%（主要由于第一季度巴林原油和天然气产量分别增加了 0.5% 和 12.5%）；非油气行业收缩 1.7%，其中，交通通信业增长 6.3%，制造业增长 4.8%，酒店业收缩 36%，金融业收缩 1.6%。③ IMF 估计 2020 年巴林实际 GDP 收缩 3.6%，并在 2021 年实现 3.0% 的增长（见表 1）。

2019 年卡塔尔实际 GDP 温和收缩 0.2%。非油气行业保持增长，增速较前年有所下降。2019 年大部分时间出现通货紧缩，主要由于租赁、娱乐与文化活动、交通与通信活动减少带来。尽管如此，2019 年卡塔尔仍实现财政与经常项目盈余；资本流入增加、外汇储备增加。④ 据 IMF 估计，2020 年卡塔尔实际 GDP 下降 4.3%，并在 2021 年增长 5.0%，（见表 1）。

---

① 信息引自中华人民共和国驻沙特阿拉伯大使馆经济商务处，http://sa.mofcom.gov.cn/article/jmxw/202008/20200802992225.shtml，访问日期：2020 年 9 月 5 日。
② 数据来自科威特统计局。
③ 信息引自中华人民共和国驻巴林王国大使馆经济商务处，http://bh.mofcom.gov.cn/article/jmxw/202007/20200702981004.shtml，访问日期：2020 年 9 月 7 日。
④ 信息引自卡塔尔央行 2019 年年度报告。

表1　2009～2021年海合会国家实际GDP增长率

单位：%

年份	2009	2010	2011	2012	2013	2014	2015	2016	2017	2018	2019	2020	2021
阿联酋	-5.2	1.6	6.9	4.5	5.1	4.3	5.1	3.1	2.4	1.2	1.7	-3.5	3.3
阿曼	6.1	4.8	-1.1	9.3	4.4	2.8	4.7	5.0	0.3	1.8	0.5	-2.8	3.0
巴林	2.5	4.3	2.0	3.7	5.4	4.4	2.9	3.5	3.8	2.0	1.8	-3.6	3.0
卡塔尔	12.0	19.6	13.4	4.7	4.4	4.0	3.7	2.1	1.6	1.5	-0.2	-4.3	5.0
科威特	-7.1	-2.4	9.6	6.6	1.1	0.5	0.6	2.9	-4.7	1.2	0.4	-1.1	3.4
沙特	-2.1	5.0	10.0	5.4	2.7	3.7	4.1	1.7	-0.7	2.4	0.3	-2.3	2.9

注：各国2020～2021年数据为IMF预估值，取自IMF 2020年4月《中东及中亚地区经济展望》（Regional Economic Outlook-Middle East and Central Asia）。

资料来源：世界银行。

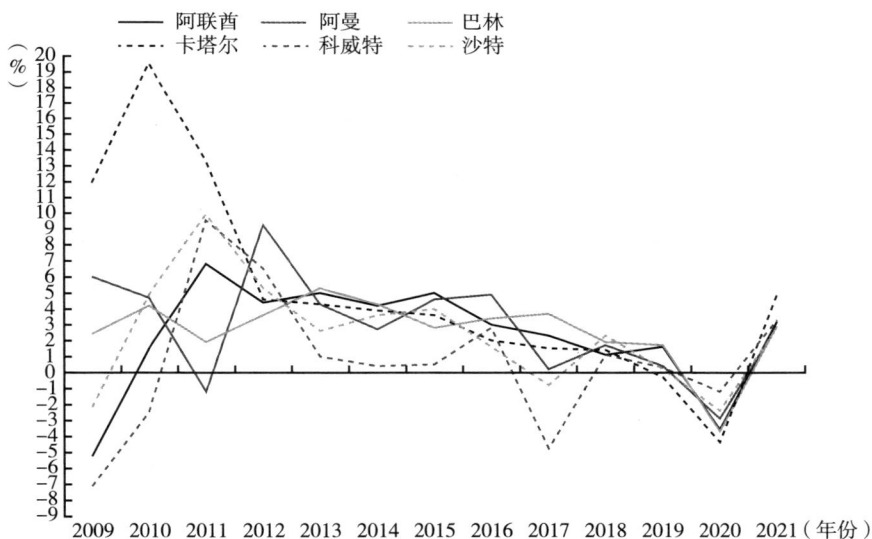

图1　2009～2021年海合会国家实际GDP增长率

资料来源：世界银行。

另根据世界银行数据（见表2、表3与表4），2019年海合会国家私人消费与资本形成总额（包括固定资本形成总额）保持不同程度的增长，推动了实际GDP增长。具体而言，2019年阿联酋私人消费增长13.4%，远高于2018年的6.1%；沙特资本形成总额在经历了连续3年的下降后，于2019年实现增长10.5%。可以预见，新冠肺炎疫情导致的外部需求收缩，将使得内部需求（包括私人消费与资本形成总额）对经济的贡献更加凸显，各国纷纷出台的宽松的财政政策与货币政策也旨在帮助企业渡过难关、刺激国内消费与投资、促进经济增长。

表2 2009～2019年海合会国家私人消费增长率

单位：%

年份	2009	2010	2011	2012	2013	2014	2015	2016	2017	2018	2019
阿联酋	-28.0	-27.2	10.9	-10.8	5.2	12.3	-19.1	1.6	9.4	6.1	13.4
阿曼	12.4	5.1	7.9	10.8	2.9	4.2	3.9	5.7	8.7	1.0	0.7
巴林	11.0	14.2	6.6	1.1	9.9	-0.7	2.6	-0.2	1.3	-1.9	—
卡塔尔	12.8	11.9	7.3	10.6	8.8	8.0	7.9	6.7	4.4	—	—
科威特	—	—	2.8	8.3	4.9	4.9	3.4	1.1	3.5	5.4	—
沙特	8.9	3.9	1.7	11.7	3.2	6.1	6.8	0.9	3.2	1.9	4.5

注：表中"—"表示该数据缺失，下同。
资料来源：世界银行。

表3 2009～2019年海合会国家资本形成总额增长率

单位：%

年份	2009	2010	2011	2012	2013	2014	2015	2016	2017	2018	2019
阿联酋	8.9	-9.3	-1.5	-1.0	-1.4	22.6	13.8	4.0	9.9	-11.5	4.9
阿曼	-19.9	-8.5	14.3	13.5	14.5	-18.8	34.7	-3.2	-12.9	-0.0	—
巴林	-28.8	18.8	-11.5	8.6	16.0	4.9	-8.6	16.6	14.4	12.0	—
卡塔尔	4.2	-8.6	21.9	-1.9	6.4	11.3	1.3	22.8	1.3	—	—
科威特	—	—	-2.3	5.1	8.9	4.5	15.5	11.6	1.3	4.8	—
沙特	-3.7	12.1	9.2	3.1	1.1	6.4	8.4	-14.3	-3.6	-7.9	10.5

资料来源：世界银行。

表4 2009～2019年海合会国家固定资本形成总额增长率

单位：%

年份	2009	2010	2011	2012	2013	2014	2015	2016	2017	2018	2019
阿联酋	9.1	-9.6	-0.1	1.1	-5.7	10.9	4.3	8.8	-17.3	3.6	0.0
阿曼	-5.7	-9.1	9.2	4.4	12.4	2.4	-1.2	16.5	-4.3	-5.1	1.8
巴林	-29.4	14.3	-12.5	9.8	16.9	5.9	-8.5	10.8	10.6	9.5	—
卡塔尔	—	—	—	—	—	—	—	—	—	—	—
科威特	—	—	—	—	—	—	—	—	—	—	—
沙特	-4.7	10.6	15.6	5.0	5.6	7.5	3.7	-14.0	0.7	-3.0	4.9

资料来源：世界银行。

2. 物价上行压力小，部分出现通货紧缩

根据菲利普斯曲线，当经济步入衰退期，失业率将大幅上升，通胀压力较小甚至出现通货紧缩。阿联酋2019年开始出现通货紧缩，物价下降1.9%（见表5）。受新冠肺炎疫情影响，2020年阿联酋物价持续下降。迪拜统计中心数据显示，2020年5月，迪拜居民消费价格指数（CPI）同比下降3.49%，环比上涨0.12%。① 据IMF估计，2020年阿联酋通货膨胀率为－1.0%，2021年预计通货膨胀率为1.5%（见表5及图2）。

表5 2009～2021年海合会国家通货膨胀率

单位：%

年份	2009	2010	2011	2012	2013	2014	2015	2016	2017	2018	2019	2020	2021
阿联酋	1.6	0.9	0.9	0.7	1.1	2.3	4.1	1.6	2.0	3.1	-1.9	-1.0	1.5
阿曼	3.5	3.3	4.0	2.9	1.0	1.0	0.1	1.1	1.6	0.9	0.1	1.0	3.4
巴林	2.8	2.0	-0.4	2.8	3.3	2.6	1.8	2.8	1.4	2.1	1.0	2.6	2.5
卡塔尔	-4.9	-2.4	1.1	2.3	3.2	3.3	1.8	2.7	0.4	0.3	-0.7	-1.2	2.4
科威特	4.6	4.5	4.8	3.3	2.7	2.9	3.3	3.2	2.2	0.5	1.1	0.5	2.3
沙特	5.1	5.3	5.8	2.9	3.5	2.2	1.2	2.1	-0.8	2.5	-2.1	0.9	2.0

注：各国2020～2021年数据为IMF预估值，取自IMF2020年4月《中东及中亚地区经济展望》。
资料来源：世界银行。

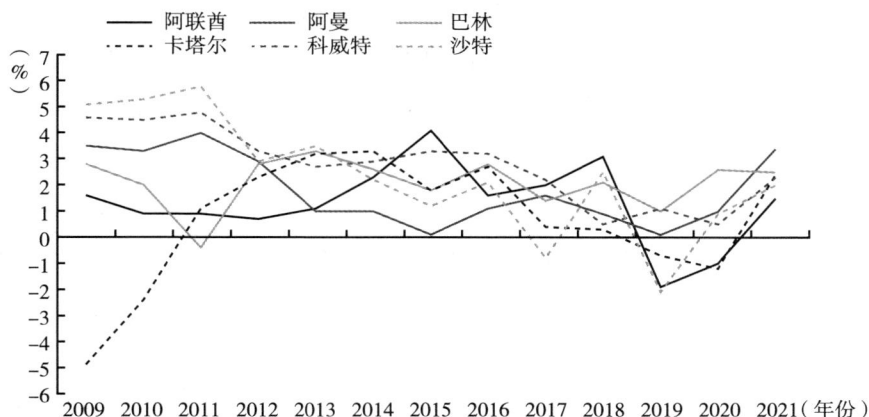

图2 2009～2021年海合会国家通货膨胀率

资料来源：世界银行。

---

① 信息引自中华人民共和国驻阿拉伯联合酋长国大使馆经济商务处，http://ae.mofcom.gov.cn/article/ddgk/zwjingji/202006/20200602975046.shtml，访问日期：2020年9月5日。

沙特 2019 年通货紧缩，CPI 下降 2.1%。由于沙特 2020 年 7 月 1 日起增值税从 5% 上调至 15%，导致价格加速上涨。7 月 CPI 同比上涨 6.1%，环比上涨 5.9%。与 2019 年 7 月相比，食品和饮料价格涨幅最高（上涨14.3%），烟草价格上涨 12.5%，通信服务价格上涨 9.6%。① 据 IMF 预估，2020 年沙特小幅通货膨胀，通胀率为 0.9%，2021 年通胀率升至 2.0%。

科威特 2020 年 4 月份 CPI 同比上涨 1.9%，环比下降 0.09%。与 2019年 4 月份相比，通信价格上涨 5.4%，交通运输价格上涨 3.6%，服装价格上涨 3.5%。与 2020 年 3 月份相比，食品饮料价格下跌幅度最大，为1.6%，相比之下，烟草价格上涨 1.9%。② IMF 估计其 2020 年与 2021 年通货膨胀率分别为 0.5% 和 2.3%。

卡塔尔 2019 年出现通货紧缩，通货膨胀率为 -0.7%。据 IMF 估计，2020 年卡塔尔持续通货紧缩，通胀率为 -1.2%，2021 年通胀率为 2.4%。

3. 失业率大幅上升

2019 年全球经济放缓，海合会大部分国家失业率总体上在 2018 年基础上小幅上升。沙特 2019 年失业率为 5.9%，略低于 2018 年的 6.0%，但仍是海合会国家中最高的。失业率最低的为卡塔尔，2019 年失业率为 0.1%。根据海合会各国统计局季度数据及新闻报道，2020 年各国失业率大幅上升。此外，2019 年海合会各国劳动力参与率仍维持与 2018 年相当的水平。劳动力参与率最高的国家为卡塔尔，其次是阿联酋，2019 年两国劳动力参与率分别为 87.7% 和 82.8%。具体见表 6、表 7 及表 8。

表6 2009~2019 年海合会国家失业率

单位：%

年份	2009	2010	2011	2012	2013	2014	2015	2016	2017	2018	2019
阿联酋	2.3	2.5	2.5	2.5	2.6	2.2	1.9	1.6	2.5	2.2	2.3
阿曼	5.2	5.0	4.6	4.5	4.4	3.9	3.6	3.3	3.0	2.9	2.7

① 数据来自中华人民共和国驻沙特阿拉伯大使馆经济商务处，http://sa.mofcom.gov.cn/article/jmxw/202007/20200702985732.shtml，访问日期：2020 年 9 月 5 日。
② 数据来自科威特统计局。

续表

年份	2009	2010	2011	2012	2013	2014	2015	2016	2017	2018	2019
巴林	1.1	1.1	1.3	1.2	1.3	1.2	1.1	0.9	0.7	0.6	0.7
卡塔尔	0.3	0.4	0.6	0.5	0.3	0.2	0.2	0.2	0.1	0.1	0.1
科威特	1.6	1.8	2.2	2.6	2.9	2.9	2.2	2.2	1.8	2.1	2.2
沙特	5.4	5.6	5.8	5.5	5.6	5.7	5.6	5.7	5.9	6.0	5.9

资料来源：世界银行。

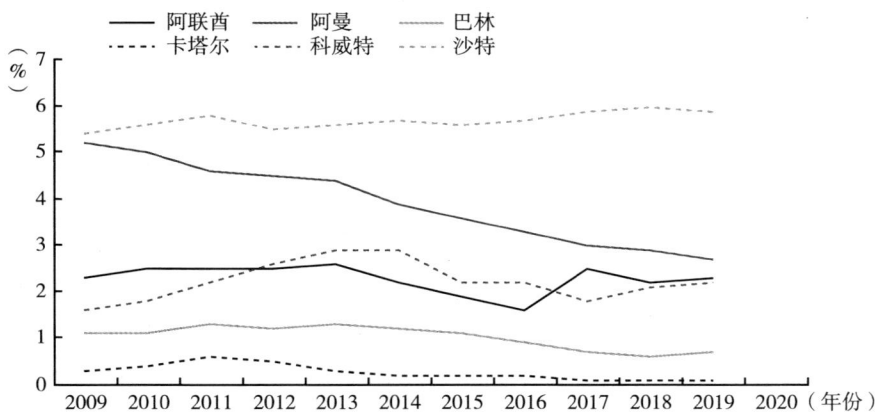

图3　2009～2019年海合会国家失业率

资料来源：世界银行。

表7　2009～2019年海合会国家青年失业率

单位：%

年份	2009	2010	2011	2012	2013	2014	2015	2016	2017	2018	2019
阿联酋	6.9	7.5	7.3	7.4	7.7	7.0	6.5	5.8	7.9	7.1	7.3
阿曼	15.3	15.5	14.5	14.5	14.9	14.8	15.0	13.9	13.4	13.2	13.2
巴林	4.7	5.0	5.6	5.3	5.6	5.3	5.3	4.6	3.9	4.0	4.6
卡塔尔	1.2	1.4	1.3	1.6	1.1	0.8	0.6	0.5	0.5	0.4	0.4
科威特	8.9	9.7	11.0	12.5	13.7	13.9	15.3	15.1	13.7	14.8	15.8
沙特	29.5	29.1	28.9	27.9	29.1	30.3	29.2	24.6	26.9	28.8	28.6

资料来源：世界银行。

表8　2009～2019 年海合会国家劳动力参与率

单位：%

年份	2009	2010	2011	2012	2013	2014	2015	2016	2017	2018	2019
阿联酋	83.2	84.3	84.1	83.8	83.6	83.5	83.6	83.2	83.0	82.8	82.8
阿曼	62.1	64.0	65.5	67.2	69.0	70.7	72.3	72.8	73.4	73.9	74.4
巴林	72.7	73.5	72.7	72.8	72.9	73.0	73.1	73.5	74.1	74.6	74.9
卡塔尔	86.2	87.8	87.3	87.0	87.2	87.8	88.5	88.0	87.6	87.5	87.7
科威特	69.4	70.5	71.0	71.6	72.4	73.1	73.7	74.0	74.5	74.7	74.9
沙特	51.9	52.9	54.0	55.2	56.2	56.8	57.7	58.1	57.9	57.5	58.0

资料来源：世界银行。

（二）政治环境

1. 营商环境排名

营商环境评分（Ease of Doing Business Score）是世界银行根据各经济体在 10 个政策指标上的表现给出的分数，是一个绝对数指标；满分为 100，分数越高、营商环境越友好。世界银行对营商环境的评价主要关注政策层面，评价标准包含十个方面：①创业所需流程、时间及成本；②获得施工许可的流程、时间及成本；③通电所需流程、时间及成本；④登记资产所需流程、时间及成本；⑤获得信贷能力；⑥对少数投资者的保护；⑦税负；⑧跨境贸易难易度；⑨执行合同的时间及成本；⑩破产办理。营商环境指数/排名（Ease of Doing Business Index）是按照以上标准对 190 个经济体进行排名，是一个相对数指标，1 为最友好，190 为最不友好。

海合会国家 2015～2019 年营商环境评分结果如表9 和图4 所示。

表9　2015～2019 年海合会国家营商环境评分（1～100）

年份	2015	2016	2017	2018	2019
阿联酋	76.3	77.4	79.3	81.6	80.9
阿曼	66.3	68.1	68.6	68.8	70.0
巴林	66.6	68.7	69.1	70.1	76.0
卡塔尔	66.5	65.4	66.0	66.7	68.7
科威特	60.7	60.0	61.8	62.6	67.4
沙特	59.2	59.4	62.1	63.8	71.6

资料来源：世界银行。营商环境评分为 1～100 分，1 为最不友好，100 为最友好。

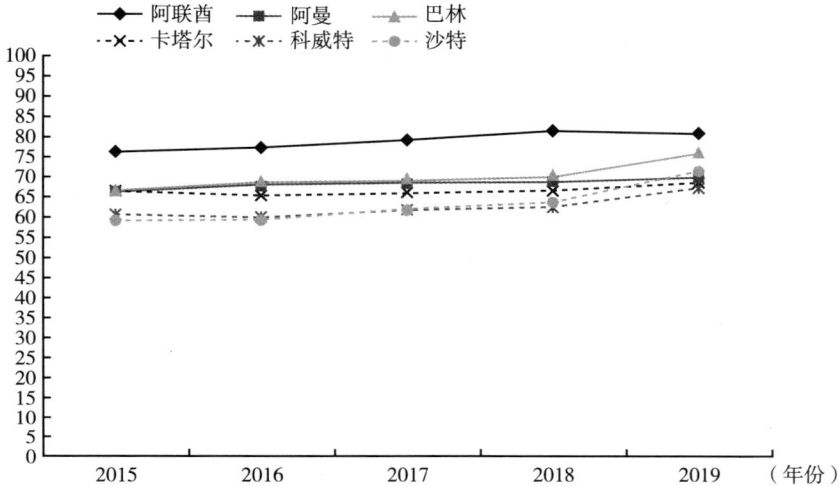

图4 2015～2019 年海合会国家营商环境评分（1～100）

资料来源：世界银行。

表10 2017～2019 年海合会国家营商环境排名（1～190）

	阿联酋	阿曼	巴林	卡塔尔	科威特	沙特
2017 年	21	71	66	83	96	92
2018 年	11	78	62	83	97	92
2019 年	16	68	43	77	83	62

注：将世界各经济体按1到190排列，1为最友好，190为最不友好。

资料来源：世界银行营商环境报告，具体包括《2018 年营商环境》（Doing Business 2018），《2019 年营商环境》（Doing Business 2019），《2020 年营商环境》（Doing Business 2020）。

由表10、图5可知，2019 年海合会国家除了阿联酋以外，其他国家排名均有提升。排名提升最快的是沙特，从92 跃升到62，提升30 个位次。世界银行《2020 年营商环境》（Doing Business 2020）列出2019 年在10 项指标中至少3 项有提升的42 个国家，所有海合会国家均上榜；在提升幅度最大的10 个国家中，沙特、巴林、科威特分别排第一、第四、第七位。

2018～2019 年，沙特营商环境排名提升迅速，是2019 年营商环境提升幅度最大的国家。在开展经营活动方面，沙特在全球排名第32 位，在海湾

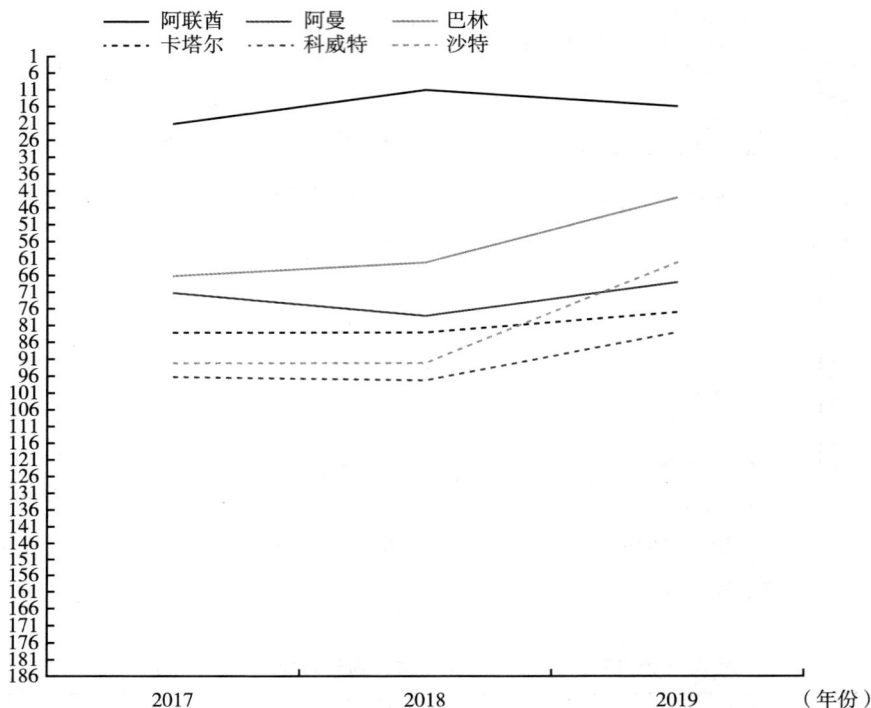

图 5　2017～2019 年海合会国家营商环境排名（1～190）

资料来源：世界银行营商环境报告。

合作委员会成员国中排第二位。[1] 根据瑞士洛桑管理学院（IMD）发布的《2020 年全球竞争力报告》，沙特在 63 个国家中排名第 24 位，比去年上升 2 个位次，是海合会和中东地区在 2020 年唯一的排名上升国家。其中，经济表现从第 30 位上升到第 20 位；商业效率从第 25 位升到第 19 位；基础设施从第 38 位升到第 36 位。[2]

2019 年，沙特一系列的改革使得其在世界银行所列的 10 项标准中的 8

---

① 信息引自中华人民共和国驻阿曼苏丹大使馆经济商务处，http：//om. mofcom. gov. cn/article/ztdy/201910/20191002908102. shtml，访问日期：2020 年 9 月 13 日。

② 信息引自中华人民共和国驻沙特阿拉伯大使馆经济商务处，http：//sa. mofcom. gov. cn/article/jmxw/202006/20200602978176. shtml，访问日期：2020 年 9 月 5 日。

项上有了提升（分别为第 1、2、3、5、6、8、9、10 项）。[1] 在创业所需成本方面，沙特从 2004 年规定最低投入资本为人均收入的 1000%，锐减到 2019 年最低资本为零。虽然设立最低投入资本的初衷在于保护股东，但世界银行研究发现，最低资本大于等于人均收入 100% 的国家，濒危企业复活率反而比最低资本较小的国家低 17 个百分点。[2] 关于第 10 项破产办理，巴林与沙特引入企业重组方案，全面改革以往处理濒危企业的方式，大大提高了企业复活率（在引入重组方案前，最主要的方式为破产清算与债务偿还安排）。[3] 沙特大刀阔斧鼓励投资的政策，对外资有较强的吸引力。

此外，由于与营商环境排名位居前列的阿联酋相邻，沙特的改革受到了阿联酋的自由市场化改革的影响，被称为改革的溢出效应。作为改革派的王储穆罕默德·本·萨勒曼提出一系列措施，包括"2030 愿景"中一系列促进长期发展的政治与体制改革措施，都在力使沙特成为开放的世界级投资目的地。[4] 在基础设施及其他实物资本投资方面，沙特 2020 年宣布推出第一阶段红海开发计划，项目包括建设 14 座高档酒店和两个度假村，配套建设国际机场、物流和娱乐服务设施。红海项目预计于 2030 年总体建设完成。[5] 在金融领域，沙特实施改革以实现更好跟国际接轨。2020 年沙特资本市场管理局（CMA）计划启动衍生品交易所，在第三季度发布推出期货合约的公告、启动金融衍生品市场。[6]

除了一系列积极的改革，沙特自 2020 年 7 月 1 日起增值税从 5% 上调至 15%，导致价格加速上涨。[7] 增值税的大幅上涨不利于国内需求的增长，将

---

[1] 信息来自世界银行《2020 年营商环境》（Doing Business 2020）。

[2] 信息来自世界银行《2020 年营商环境》（Doing Business 2020）。

[3] 信息来自世界银行《2020 年营商环境》（Doing Business 2020）。

[4] 信息来自世界银行《2020 年营商环境》（Doing Business 2020）。

[5] 信息引自中华人民共和国驻沙特阿拉伯大使馆经济商务处，http://sa.mofcom.gov.cn/article/jmxw/202007/20200702983626.shtml，访问日期：2020 年 9 月 5 日。

[6] 信息引自中华人民共和国驻沙特阿拉伯大使馆经济商务处，http://sa.mofcom.gov.cn/article/jmxw/202007/20200702983633.shtml，访问日期：2020 年 9 月 5 日。

[7] 信息引自中华人民共和国驻沙特阿拉伯大使馆经济商务处，http://sa.mofcom.gov.cn/article/jmxw/202008/20200802994505.shtml，访问日期：2020 年 9 月 5 日。

打击消费者支出意愿。由于国内消费受限，对企业家来讲，意味着利润可能被挤压。根据中国驻沙特大使馆经济商务处消息，当地房地产销售额在几天内就萎缩了85%。①

卡塔尔2019年营商环境排名由第83位上升到第77位。卡塔尔央行2019年货币政策实现了维持与美元挂钩的币值稳定与系统流动性稳定，这有助于国内经济增长，并保证了为生产行业提供充足信贷。为应对美联储2019年降息政策，并充分考虑国内经济状况，卡塔尔央行两次降低存款利率与回购利率、三次降低贷款利率。② 此外，卡塔尔2020年8月出台了《关于最低工资及劳动者流动法律的声明》，规定私营部门雇员包括家政行业雇工每月最低基本工资为1000里亚尔。卡塔尔"2030国家愿景"内容之一是发展人力资源，此项最低工资法律有利于吸引优秀外籍人才、保障雇员权利和安全。③ 以上措施在吸引优秀人才、维持金融环境稳定与流动性方面提升了本国营商环境。同时，宽松的货币政策以及对家庭收入的保护也有助于刺激国内需求增长。值得注意的是，卡塔尔跟中国合作频繁，包括且不限于防疫物资的相互捐赠，④ 对中国投资者来讲，这意味着一定程度的投资吸引力。

阿联酋营商环境排名虽从第11位降至第16位，但仍在海合会国家中排名最高，其在可持续发展与物流方面的表现也可圈可点。在可持续发展方面，根据《2019年全球可持续发展报告》，在海合会成员国中，阿联酋以全球第65位排名最高，巴林、阿曼、卡塔尔、沙特和科威特分列第76、第83、第91、第98、第106位。在2020年亚致力新兴市场物流指数（Agility Emerging Markets Logistics Index）排名中，海合会成员国在50个最具潜力的新兴市场中排名靠前，依次为：阿联酋第3位、沙特第6位、卡塔尔第7位、阿曼第14位、巴林第15位、科威特19位。该指数从国际物流、国内

---

① 数据来自中华人民共和国驻沙特阿拉伯大使馆经济商务处，http://sa.mofcom.gov.cn/article/jmxw/202007/20200702985732.shtml，访问日期：2020年9月5日。
② 信息引自卡塔尔央行2019年年度报告。
③ 信息引自中华人民共和国驻卡塔尔大使馆经济商务处，http://qa.mofcom.gov.cn/article/jmxw/202009/20200902997631.shtml，访问日期：2020年9月13日。
④ 根据中华人民共和国驻卡塔尔大使馆经济商务处经贸动态总结得出。

物流和商业基本面三个方面评估各经济体潜力。①

此外，由表10可知，阿曼2019年营商环境排名提升了10个位次，从第78位升到第68位。另据中国驻阿曼大使馆信息，2020年阿曼营商环境再次提升了10个位次至第58位。在跨境贸易方面，阿曼在全球排第64位，在海湾合作委员会中排名第一位。② 2019年，巴林在世界银行所列的9项标准上有提升（包括第2~10项），科威特在世界银行所列的7项标准上有提升（分别为第1~6项、第8项）。③

2. 财政政策、货币政策与政府财政预算

除了在世界银行所列的10项政策指标中提升本国营商环境外，2020年初受疫情冲击，海合会各国政府更是出台了一系列财政政策与货币政策刺激本国经济增长，打造有利的营商环境。

如表11所示，自2008年国际金融危机以来，各国均采用宽松的货币政策，货币供给逐年增长（除了2016年与2018年的卡塔尔）。2020年疫情使各国经济遭受重创，各国纷纷出台宽松的财政政策与货币政策。据IMF 2020年4月《中东和中亚地区经济展望》数据，巴林、科威特和沙特阿拉伯都同时采用财政收入与支出手段刺激经济增长。海合会成员国平均投入的财政支出与流动性分别占该国GDP的3.2%和10%。④ 具体包括：为中小企业提供政府支持（如阿联酋），为被隔离或感染的外来工提供工资补助（如卡塔尔），降低银行利率以刺激经济增长（如巴林、科威特、卡塔尔、沙特与阿联酋）。另央行通过提供流动性给商业银行，特别是为中小企业贷款的银行，来间接支持受影响的中小企业（如巴林、卡塔尔、沙特与阿联酋）；或直接为国内权益市场提供支持（如卡塔尔）。

---

① 信息引自中华人民共和国驻科威特大使馆经济商务处，http：//kw. mofcom. gov. cn/article/ztdy/202002/20200202936393. shtml，访问日期：2020年9月8日。

② 信息引自中华人民共和国驻阿曼苏丹大使馆经济商务处，http：//om. mofcom. gov. cn/article/ztdy/201910/20191002908102. shtml，访问日期：2020年9月13日。

③ 信息来自世界银行《2020年营商环境》（Doing Business 2020）。

④ 信息引自IMF 2020年4月《中东和中亚地区经济展望》（Regional Economic Outlook-Middle East and Central Asia）。

表 11 2009~2019 年海合会国家货币增长率

单位：%

	2009	2010	2011	2012	2013	2014	2015	2016	2017	2018	2019
阿联酋	8.1	6.3	5.1	4.5	22.7	7.9	5.5	3.3	4.1	2.5	8.0
阿曼	4.7	11.3	12.2	10.7	8.5	12.0	14.2	1.8	4.2	—	—
巴林	5.8	10.5	3.4	4.1	8.2	6.5	2.9	—	—	—	—
卡塔尔	16.9	23.1	17.1	22.9	19.6	10.6	3.4	-4.6	21.3	-6.5	2.5
科威特	13.4	3.0	8.2	6.5	9.8	3.7	1.8	4.5	3.8	—	—
沙特	10.8	5.2	13.3	16.5	8.4	11.8	2.9	0.5	0.2	—	—

资料来源：世界银行。

在新冠肺炎疫情冲击下，阿联酋中央银行通过提供流动性给商业银行间接增加中小企业贷款来帮助经济走出困境（中小企业占该国企业总数的94%以上）。其央行数据显示，2020年第一季度阿联酋银行向中小企业提供的贷款总额达934亿迪拉姆（约合254.5亿美元），环比增长4.3%。[①]此外，阿联酋中央银行于2020年6月17日表示，阿银行信贷总额连续三个月增长，继续向业绩良好且业务模式可靠的客户提供贷款，4~5月贷款环比增加0.1%。[②]

沙特央行（SAMA）2020年3月为商业银行提供500亿里亚尔，以缓解中小企业债务问题，并允许逾期未还贷款进行分期付款。此外，在6月向银行体系再注入500亿里亚尔（约133.3亿美元）以提高流动性，间接给实体经济提供信贷支持。[③] 沙特工业发展基金（SIDF）启动37亿里亚尔（约10亿美元）的刺激计划，支持工业发展，通过延迟和重组企业的贷款分期付款、提供信贷额度等来支持工业项目及中小企业发展。[④]

[①] 信息引自中华人民共和国驻阿拉伯联合酋长国大使馆经济商务处，http://ae.mofcom.gov.cn/article/ddgk/zwjingji/202005/20200502966887.shtml，访问日期：2020年9月10日。

[②] 信息引自中华人民共和国驻阿拉伯联合酋长国大使馆经济商务处，http://ae.mofcom.gov.cn/article/ddgk/zwjingji/202006/20200602976635.shtml，访问日期：2020年9月10日。

[③] 信息引自中华人民共和国驻沙特阿拉伯大使馆经济商务处，http://sa.mofcom.gov.cn/article/jmxw/202006/20200602972329.shtml，访问日期：2020年9月5日。

[④] 信息引自中华人民共和国驻沙特阿拉伯大使馆经济商务处，http://sa.mofcom.gov.cn/article/jmxw/202006/20200602978174.shtml，访问日期：2020年9月5日。

2020 年第二季度巴林政府推出了价值 114 亿美元（相当于巴林 2019 年 GDP 的 29.6%）的一揽子经济刺激计划（2020 年 6 月结束）。此后又推出了第三季度经济救助计划，内容包括政府支付私营企业的本国员工工资的 50%；免除本国公民一定额度的水电费；政府劳动基金（TAMKEEN）继续对受疫情影响最严重的行业提供支持。[①]

宽松的财政政策与货币政策在经济衰退时能够刺激经济尽快回到增长的轨道上，但也由此给政府带来财政压力。由于刺激经济增长的一揽子计划加大政府支出，中东及北非地区政府财政赤字预计将由 2019 年的占 GDP 2.8% 的水平骤增至占 GDP 的 10%，其中 2/3 的支出用于应对疫情危机。[②] 由表 12 可知，2019 年巴林、阿曼、沙特与阿联酋都已出现财政赤字，赤字率最高为巴林。据 IMF 估计，2020 年除了卡塔尔外，海合会各国财政赤字都将大幅扩大，这个情况将延续到 2021 年。此外，由于疫情引起的外部需求收缩，经常项目预计将出现赤字，也将加大政府的财政压力。据 IMF 估计，在海合会国家，经常项目余额将从 2019 年经常项目盈余占 GDP 5.6% 的水平下降到 2020 年赤字占 GDP 3.1% 的水平。[③] 这一趋势也将延续至 2021 年。IMF 对各国经常项目余额的预估详见表 13。原本财政压力较小的国家如科威特、卡塔尔、沙特与阿联酋预计仍能较好应对财政赤字，相比之下，巴林与阿曼这些预算空间较小的国家将会面临较大困难。[④] 考虑到油价下滑及新冠肺炎疫情的影响，全球评级机构标准普尔 2020 年 7 月 17 日将科威特的主权信用评级展望从"稳定"下调至"负面"。IMF 建议，各国应在刺激经济增长与保持财政稳

---

① 信息引自中华人民共和国驻巴林王国大使馆经济商务处，http://bh.mofcom.gov.cn/article/jmxw/202007/20200702979075.shtml，访问日期：2020 年 9 月 13 日。

② 信息引自 IMF 2020 年 4 月《中东和中亚地区经济展望》（Regional Economic Outlook-Middle East and Central Asia）。

③ 信息引自 IMF 2020 年 4 月《中东和中亚地区经济展望》（Regional Economic Outlook-Middle East and Central Asia）。

④ 信息引自 IMF 2020 年 4 月《中东和中亚地区经济展望》（Regional Economic Outlook-Middle East and Central Asia）。

定之间取得平衡，比如在财政困难的国家，可减少或推迟非关键领域的支出。①

表 12　2000～2021 年政府财政收支差额（占 GDP 的比重）

单位：%

	2000～2016 年平均值	2017 年	2018 年	2019 年	2020 年	2021 年
阿联酋	6.1	-2.0	2.0	-0.8	-11.1*	-7.1
阿曼	4.9	-14.0	-7.9	-7.0	-16.9	-14.8
巴林	-2.9	-14.2	-11.9	-10.6	-15.7	-11.9
科威特	25.4	6.3	9.0	4.8	-11.3	-14.1
卡塔尔	9.2	-2.9	5.2	4.1	5.2	1.4
沙特	4.5	-9.2	-5.9	-4.5	-12.6	-9.0

注：＊2020 年及 2021 年数据为 IMF 预估值。

资料来源：IMF 2020 年 4 月《中东及中亚地区经济展望》，其中各国 2020 年及 2021 年数据为 IMF 预估值。其中负值表示财政赤字，反之为财政盈余。

表 13　2009～2021 年经常项目余额占 GDP 比重

单位：%

年份	2009	2010	2011	2012	2013	2014	2015	2016	2017	2018	2019	2020	2021
阿联酋	—	—	—	—	—	—	—	9.8*	7.3	10.0	7.4**	1.5	4.1***
阿曼	-1.0	8.1	13.0	10.2	6.6	5.2	-16.0	-19.1	-15.6	-5.5	-5.2	-14.2	-11.1
巴林	2.4	3.0	11.3	8.4	7.4	4.6	-2.4	-4.6	-4.5	-6.5	-2.9	-9.6	-7.3
卡塔尔	—	—	31.1	33.2	30.4	24.0	8.5	-5.5	3.8	8.7	2.3	-1.9	-1.8
科威特	27.3	32.0	42.9	45.5	39.9	33.2	7.5	0.6	6.4	17.1	8.9	-10.2	-7.8
沙特	4.9	12.6	23.6	22.4	18.1	9.8	-8.7	-3.7	1.5	9.0	6.3	-3.1	-3.4

注：＊阿联酋 2016～2018 年数据来自 IMF，其中 2016 年数据为 2000～2016 年平均值。

＊＊2019 年阿联酋、阿曼、巴林、科威特数据来自 IMF。

＊＊＊各国 2020 年及 2021 年数据为 IMF 预估值，取自 IMF 2020 年 4 月《中东及中亚地区经济展望》。

资料来源：世界银行及 IMF 2020 年 4 月《中东及中亚地区经济展望》。

---

① 信息引自 IMF 2020 年 4 月《中东和中亚地区经济展望》。

财政资金紧缺也可能阻碍项目投资的顺利进行。中国驻科威特大使馆引用全球数据经济学家亚斯名（Yasmine Ghozzi）的观点，认为油价下跌将使得依赖油气出口的国家面临资金困难，给大型项目投资造成负面影响。如，卡塔尔、阿曼和科威特等调整投资和建设计划，迪拜财政部门要求减少50%的投资支出、冻结新的公共建设项目。[1] 此外，在政府投资占GDP比重较小的国家，政府支出对经济的推动作用相对较小。基于《2020年营商环境》报告，巴林与阿曼政府购买占GDP的7%，低于10%~25%的全球平均水平。军事紧张关系也会给营商环境带来负面影响。受美伊紧张关系影响，联合战争委员会（JWC）评定阿拉伯湾风险显著增加。由此，货运船只和油轮进入阿拉伯湾需缴纳的战争保险费从2020年5月开始大幅上涨，导致巴林海运成本上涨2.5%~5%，海运货物量下降了20%~25%。[2]

（三）社会文化环境

阿拉伯文化源远流长并具有自身的特点，外国投资者应对当地文化有所了解。除此外，劳动力的受教育水平与技能水平也是影响营商环境的因素之一。劳动力通过受教育与参加培训等方式掌握的知识与技能称为人力资本。由表14可知，海合会各国人力资本指数在0.5~0.7，其中巴林人力资本指数最高，为0.668，其次是阿联酋与阿曼，分别为0.659与0.622，沙特的人力资本指数只有0.585，在海合会国家中排名靠后。

表14 2017年海合会国家人力资本指数（0~1）

国家	阿联酋	阿曼	巴林	卡塔尔	科威特	沙特
人力资本指数	0.659	0.622	0.668	0.615	0.576	0.585

资料来源：世界银行。

---

[1] 信息引自中华人民共和国驻科威特大使馆经济商务处，http：//kw. mofcom. gov. cn/article/ztdy/202004/20200402957315. shtml，访问日期：2020年9月13日。
[2] 信息引自中华人民共和国驻巴林王国大使馆经济商务处，http：//bh. mofcom. gov. cn/article/ztdy/201908/20190802886875. shtml，访问日期：2020年9月13日。

（四）技术环境

海合会各国科技发展水平各异。一国高科技产品服务出口占本国制造业比重一定程度上反映了该国科技发展水平。从表15可知，各国高科技产品服务出口占本国制造业比重各异，如阿联酋2018年高科技出口达10.79%，而巴林、卡塔尔高科技出口不到0.5%。沙特高科技出口也仅为0.61%。基于此，海合会国家致力于不断提高其科技水平，以更好地跟国际接轨。如：2020年沙特移动电信公司（Zain KSA）将其5G服务网络覆盖范围扩展到35个城市，该举措将推动了沙特数字化转型过程。[1] 2019年卡塔尔央行积极推动电子支付及其风险控制。[2] 数字经济的发展也将是海合会国家新的经济增长点。

表15　2009～2018年海合会国家高科技产品服务出口占制造业总产出比重

单位：%

	2009～2013年均值	2014年	2015年	2016年	2017年	2018年
阿联酋	3.68	10.36	5.31	30.90	11.89	10.79
阿曼	3.40	4.36	3.24	1.43	1.12	1.26
巴林	0.25	1.49	0.94	1.05	0.62	0.45
卡塔尔	0.01	0.05	5.09	0.00	0.01	0.00
科威特	2.52	0.13	0.13	0.15	0.20	4.12
沙特	0.75	0.58	0.76	1.27	0.73	0.61

资料来源：世界银行。

结　语

根据PEST模型，一国宏观营商环境包括政治、经济、社会文化与科技

---

① 信息引自中华人民共和国驻沙特阿拉伯大使馆经济商务处，http://sa.mofcom.gov.cn/article/jmxw/202008/20200802994497.shtml，访问日期：2020年9月5日。
② 信息引自卡塔尔央行2019年年报。

环境，本报告主要关注经济环境与政治环境，同时也研究了社会文化环境与科技环境。2019 年全球经济放缓，海合会国家除了阿联酋之外实际 GDP 增长均有所放缓。2020 年新冠肺炎疫情使得作为全球主要石油输出国的海合会国家遭受外部需求收缩与油价大幅下跌的双重冲击。2020 年海合会各国通货膨胀压力较小，失业率大幅上升。2020 年中期以后，阿联酋与沙特 PMI 开始回升，经济出现回暖迹象。根据世界银行各国营商环境的排名，2019 年海合会国家除阿联酋外排名均有提高，其中沙特从第 92 位跃升到第 62 位，是海合会各国提升最快的国家。阿联酋虽排名从第 11 位下降到第 16 位，但仍是海合会各国中排名最高的国家。为应对疫情，海合会国家纷纷出台宽松的财政政策与货币政策，一方面能够刺激经济尽快回到增长的轨道上，另一方面也将加大财政压力，财政赤字率增加，带来风险。综上，海合会国家营商环境在 2019 年有不同程度提升，但同时应注意到 2020 年各国受外部需求收缩与油价暴跌的双重冲击以及宽松的财政政策导致的财政压力与风险。

B.6
新冠肺炎疫情下中国与海湾阿拉伯
国家的抗疫合作

张丹丹 *

摘　要： 新冠肺炎疫情的蔓延导致全球经济衰退和次生灾害频发，对国际政治和经济格局产生深远影响。疫情对海湾阿拉伯国家冲击明显，各国面临经济衰退、失业人数骤增、极端组织趁机作乱等多重挑战。为应对疫情危机，中国与海湾阿拉伯国家互相支持、并肩抗疫，用实际行动深化双方卫生合作，诠释了打造"健康丝绸之路"和中阿卫生健康共同体的题中应有之义。中国与海湾阿拉伯国家在世界卫生组织等多边机制框架下，以政治互信为基础，加强公共卫生安全机制化建设，维护全球公共卫生安全；在中阿合作论坛和"一带一路"框架下，通过互联互通，提供更多区域公共产品，厚植中阿命运共同体意识。

关键词： 海湾阿拉伯国家　卫生合作　健康丝绸之路　中阿卫生健康共同体　中阿命运共同体

全球化时代，自然环境和人类社会不断改变，全球公共卫生安全面临巨

---

* 张丹丹，西北政法大学政治与公共管理学院讲师，主要研究方向为中国领事保护。

大挑战。① 2020 年新型冠状病毒肺炎（COVID-19，以下简称"新冠肺炎"）疫情在全球快速蔓延。世界卫生组织数据显示，截至 2020 年 8 月 7 日，全球新冠肺炎确诊病例超 1890 万例，死亡病例累计约 70.9 万例。② 新冠肺炎疫情带来的不确定性风险急剧增加，给世界政治经济和全球安全格局带来复杂影响。2020 年 3 月发布的《二十国集团领导人应对新冠肺炎特别峰会声明》指出，"前所未有的新冠肺炎大流行深刻表明全球的紧密联系及脆弱性"。③ 2020 年 4 月新冠肺炎疫情扩散至全部中东国家，海湾阿拉伯国家疫情形势严峻，沙特、伊拉克、卡塔尔成为疫情的重灾区。在新冠肺炎疫情影响下，油价暴跌、经济大幅衰退、失业人数上升等问题埋下社会和政治危机隐患，对海湾阿拉伯国家未来发展产生深远影响。在危机和挑战面前，中国和海湾阿拉伯国家携手抗疫、共克时艰，体现了患难与共的命运共同体意识。

一　新冠肺炎疫情对海湾阿拉伯国家的冲击与影响

新冠肺炎疫情虽始于卫生领域，但其影响很快外溢到经济、安全等领域，带来诸多次生灾害。受新冠肺炎疫情影响，海湾阿拉伯国家普遍面临经济衰退、失业人数骤增等问题，安全、经济和社会治理等方面面临不同程度的挑战。

第一，经济下行压力。新冠肺炎疫情的全球流行和持续蔓延，导致世界经济陷入衰退，对海外阿拉伯国家经济造成严重影响。2020 年 4 月国际货币基金组织在《世界经济展望报告》（World Economic Outlook）中指出，新冠肺炎疫情导致 2020 年全球经济将急剧收缩 3%，中东地区经济将萎缩

---

① 程春华、杨久华：《未来中长期全球公共卫生安全：发展趋势及其国际政治影响》，《中国社会科学》2012 年第 11 期，第 20 页。

② "Coronavirus Disease 2019（COVID-19）Situation Report-200，" https：//www. who. int/docs/default – source/coronaviruse/situation – reports/20200807 – COVID – 19 – sitrep – 200. pdf？sfvrsn = 2799bc0f_ 2，访问日期：2020 年 8 月 8 日。

③ 《二十国集团领导人应对新冠肺炎特别峰会声明（全文）》，http：//www. xinhuanet. com/world/2020 – 03/27/c_ 1125773916. htm，访问日期：2020 年 7 月 28 日。

3.3%，而海湾阿拉伯国家的 GDP 将萎缩 7.6%。[①] 全球疫情暴发导致油价暴跌，破坏了海湾阿拉伯国家的主要收入来源。有学者指出，沙特和俄罗斯未能就原油减产协定达成一致是造成国际能源市场恐慌的直接原因，但根本原因还是全球新冠肺炎疫情的影响。[②] 新冠肺炎疫情的全球大流行，导致经济体量巨大的欧美国家经济停摆，石油消费大幅下降。国际能源署（IEA）表示，"多年来世界石油市场历经冲击无数，但对石油业的冲击没有一次像我们今天历经的这样狂暴"。[③] 国际货币基金组织预计，中东地区石油出口额将减少 2500 亿美元以上。石油收入锐减导致沙特经济和阿联酋经济遭遇危机，经济将分别萎缩 2.3% 和 3.5%。[④] 国际货币基金组织的预计显示，2020 年第一季度沙特将陷入高达 90 亿美元的预算赤字；2020 年4 月，卡塔尔规划和统计局公布的各项统计数据表明卡塔尔经济受新冠肺炎疫情影响颇深。在国际贸易和经济方面，卡塔尔 4 月实现贸易顺差 43 亿里亚尔（约合 84 亿元人民币），同比下降 66.9%。阿曼 72% 的财政收入来源于油气行业，疫情下国际石油价格暴跌对阿曼本就脆弱不堪的财政状况带来巨大冲击。[⑤]

　　非石油经济领域也遭受重创。旅行限制、企业停产、隔离等措施导致海湾阿拉伯国家非石油领域的经济活动停滞，航空、旅游、酒店、物流等服务业受到巨大冲击。世界旅游组织提供的数据显示，2020 年国际旅游人数比2019 年下降 20%～30%，旅游外汇收入减少 3000 亿～4500 亿美元，旅游业

---

① "World Economic Outlook, April 2020: The Great Lockdown," https://www.imf.org/en/Publications/WEO/Issues/2020/04/14/weo-april-2020，访问日期：2020 年 7 月 28 日。

② 吴磊：《新冠肺炎疫情下的石油危机及其影响评析》，《当代世界》2020 年第 6 期，第 20 页。

③ "The Global Oil Industry Is Experiencing a Shock Like No Other in Its History," https://www.iea.org/articles/the-global-oil-industry-is-experiencing-shock-like-no-other-in-its-history，访问日期：2020 年 7 月 28 日。

④ "World Economic Outlook, April 2020: The Great Lockdown," https://www.imf.org/en/Publications/WEO/Issues/2020/04/14/weo-april-2020，访问日期：2020 年 7 月 29 日。

⑤ "Is Oman's Model of Governance about to Shift?" https://www.al-monitor.com/pulse/originals/2020/04/oman-model-governance-shift-oil-prices-coronavirus.html，访问日期：2020 年 8 月 1 日。

成为遭受重创的经济部门之一。① 海湾阿拉伯国家旅游业受到的影响直观可见。2018 年赴海合会国家旅游的中国游客约 140 万人次，预计到 2023 年这一数字将增长至 220 万人次。然而，受疫情影响，赴海湾阿拉伯国家，特别是阿联酋的旅游人数下降，旅游收入锐减加剧阿联酋等国的财政困难。根据日本三菱日联银行（MUFJ Bank）数据统计，2019 年有来自全球的 900 万人前往麦加朝圣，沙特阿拉伯的旅行收入估计达 130 亿美元，占国内生产总值的 1.7%。② 但是受此次新冠肺炎疫情影响，沙特朝觐部于 2020 年 6 月 22 日宣布，不再组织境外穆斯林赴沙参加 2020 年朝觐活动。③ 其次，中东航空业也损失惨重。根据国际航空运输协会发布的最新报告，2020 年全球航空运输业净亏损 843 亿美元。疫情期间，卡塔尔航空公司暂停了所有往返意大利的航班。此外，卡塔尔航空公司还决定缩减运营规模，该公司的 10 架 A380 飞机停飞至 2020 年 5 月 31 日。④ 受新冠肺炎疫情影响，阿联酋航空也暂停了大部分航班。

第二，失业人数骤增。根据国际劳工组织 2020 年 6 月 30 日发布的报告，2020 年第二季度全球劳动力工作时长减少 14%（相当于 4 亿份全职工作），阿拉伯国家的劳动力工作时长减少了 13.2%，相当于 800 万份全职工作。⑤ "疫情＋低油价"的危机组合给海湾阿拉伯国家带来经济挑战，各国政府部门及私营企业纷纷裁员，外籍劳工首先被裁。据《阿拉伯时报》报道，预计 2020

① "International Tourist Arrivals Could Fall by 20% – 30% in 2020," https：//www. unwto. org/ news/international – tourism – arrivals – could – fall – in –2020，访问日期：2020 年 8 月 1 日。
② "Coronavirus Impact on GCC Economies Could Be Much Bigger," https：//gulfnews. com/ business/coronavirus – impact – on – gcc – economies – could – be – much – bigger – 1. 70099912，访问日期：2020 年 8 月 1 日。
③ 《中国伊斯兰教协会决定暂停我国穆斯林赴沙特参加 2020 年度朝觐活动》，http：// www. xinhuanet. com/2020 –06/24/c_ 1126158349. htm，访问日期：2020 年 8 月 1 日。
④ "Impact of COVID-19 on the Aviation Industry," https：//www. businesswire. com/news/home/ 20200422005684/en/Impact – COVID – 19 – Aviation – Industry – 2020 – Historical – Market，访问日期：2020 年 8 月 1 日。
⑤ "ILO Monitor：COVID –19 and the World of Work. Fifth Edition Updated Estimates and Analysis," https：//www. ilo. org/wcmsp5/groups/public/@ dgreports/@ dcomm/documents/briefingnote/wcms _ 749399. pdf，访问日期：2020 年 8 月 3 日。

年将有近 150 万名外籍劳工离开科威特，① 120 万名外籍劳工将离开沙特，占沙特劳动力的 9%。截至 2020 年 7 月，大约有 32.3 万名外籍劳工已经离开沙特。② 卡塔尔要求政府资助的各部委、机构和实体削减非卡塔尔籍员工的工资或解雇工人;③ 总部位于迪拜的阿联酋最大的工程公司阿拉伯技术建设（Arabtec Construction）大批裁员减薪。另外，为防止新冠肺炎疫情的传播，部分外资企业从海湾地区撤离员工，导致油田停产、当地雇员失业。例如，马来西亚国家石油公司（PETRONAS）从伊拉克南部加拉夫（Gharraf）油田撤回雇员，导致加拉夫油田停产。④ 受疫情影响，2020 年全球航空公司的裁员率将达 45%，工作岗位人数将由 2019 年的 7040 万人减少到 3840 万人。⑤ 海湾阿拉伯国家的大型航空公司不断减薪和裁员。2020 年 3 月，卡塔尔航空解雇了约 200 名菲律宾籍员工; 5 月 20 日，阿提哈德航空宣布将在该月裁员数百人。同年 7 月 10 日，阿联酋航空公司宣布，在此前已经裁员 10% 的基础上继续裁员 15%。⑥

第三，极端组织趁机作乱。随着疫情蔓延，极端组织利用全球忙于应对疫情之机，频繁发动恐怖袭击活动。2020 年上半年，"伊斯兰国"利用疫情谋求卷土重来，已在全球制造 430 多起恐袭。在伊拉克，随着国际联盟部队的逐渐撤出，极端组织有重整旗鼓的可能。2020 年 3 月 31 日，国际联盟部队将尼尼微省的 4 个军事基地移交给伊拉克安全部队，此前，国际联盟部队

---

① 《中国与海合会成员国合作抗疫成为全球典范》，http://comment.cfisnet.com/2020/0424/13193，访问日期：2020 年 8 月 1 日。
② "Saudi Arabia's Unemployment Rate Expected to Maintain," https://www.borgenmagazine.com/saudi-arabias-unemployment-rate，访问日期：2020 年 8 月 1 日。
③ 《卡塔尔的外籍员工将面临减薪或裁员》，http://www.cnqatar.com/news/6464.html，访问日期：2020 年 8 月 1 日。
④ "Gharraf Field Offline after Coronavirus Evacuation," https://www.iraqoilreport.com/news/gharraf-field-offline-after-coronavirus-evacuation-42596/，访问日期：2020 年 8 月 1 日。
⑤ "Economic Performance of the Airline Industry," https://www.iata.org/en/iata-repository/publications/economic-reports/airline-industry-economic-performance-june-2020-report/，访问日期：2020 年 8 月 2 日。
⑥ 《疫情冲击航空业阿联酋航空公司恐将裁员 9000 人》，https://baijiahao.baidu.com/s?id=1671916767344469844&wfr=spider&for=pc，访问日期：2020 年 8 月 3 日。

已经从伊拉克的 3 个基地撤出。[1] 按照防疫管控措施规定，伊拉克政府军暂停接受联军训练，多国联盟因而将数以百计培训人员撤出伊拉克，德国、英国、法国、澳大利亚和捷克等还决定或已经从伊拉克撤走部分军队。为控制疫情蔓延，伊拉克安全部队忙于执行宵禁，极端组织的武装人员频繁发动恐怖袭击。当地时间 2020 年 8 月 4 日，美国国防部检察长办公室发布报告称，"伊斯兰国"利用新冠肺炎疫情对美国军队和伊拉克安全部队行动的限制，在斋月期间加大了在伊拉克的袭击力度。2020 年第二季度，"伊斯兰国"在伊拉克发动了 405 起袭击，其中斋月期间的袭击数量激增。2020 年 4 月"伊斯兰国"成员多次在伊拉克发动爆炸、枪击、迫击炮和火箭弹袭击，在伊拉克发动的袭击日均 22 起，达到单月最高水平。[2]

二 中国与海湾阿拉伯国家的抗疫合作

新冠肺炎疫情给世界各国形成冲击。面临疫情危机，中国与海湾阿拉伯国家并肩抗疫、共克时艰，为双方战略伙伴关系赋予新内涵。

（一）疫情下海湾阿拉伯国家对中国的抗疫援助

此次新冠肺炎疫情是新中国成立以来经历的传播速度最快、感染范围最广、防控难度最大的一次重大突发公共卫生事件。在中国抗击疫情的关键时期，海湾阿拉伯国家从传统友谊和战略伙伴关系出发，向中国提供了援助和支持。在政府层面，沙特国王、卡塔尔埃米尔、阿联酋阿布扎比王储等国家元首与习近平主席通电话；阿联酋、科威特、伊拉克等国的元首致函习近平主席，对中国抗击疫情表达最有力的政治支持；阿布扎比王储穆罕默德第一时间公开支持中方抗疫努力，并选择保留中阿航线；沙特外交大臣费萨尔、内政大臣阿

---

[1] 《美国要从伊拉克一走了之?》，《工人日报》2020 年 4 月 2 日。

[2] "ISIS Took Advantage of COVID - 19 Restrictions to Ramp Up Attack in Iraq, Report Finds," https: //www. military. com/daily - news/2020/08/05/isis - took - advantage - of - covid - 19 - restrictions - ramp - attack - iraq - report - finds. html, 访问日期：2020 年 8 月 8 日。

卜杜勒阿齐兹亲王、卫生大臣拉比阿等政要也对中国政府的抗疫努力表示赞赏与支持。2020 年 4 月 4 日，阿布扎比王储穆罕默德在社交媒体账号上用阿拉伯语、英语和中文三种语言发文，向逝去的中国医务工作者表达了哀悼之情。

在媒体层面，疫情的全球蔓延推动了对华舆情发酵，海湾阿拉伯国家媒体对新冠肺炎疫情的关注度也不断增加，多家媒体积极报道评价中国抗疫进展和复工复产取得的成绩，正面报道中国对海湾阿拉伯国家的紧急抗疫援助。例如，《中东报》和《阿拉伯新闻》刊登对中国驻沙特大使的专访，赞赏中国政府为防控疫情做出的努力，指出中国有集中力量办大事的制度优势；[1] 沙特广播总局、沙特通讯社等对中国的疫情进展进行公正报道，为阿拉伯国家民众了解中国疫情进展提供了重要信息来源；科威特《舆论报》报道中国抗疫取得的成绩，阿拉伯国家标志性建筑、博物馆等亮起中国红以及中国和阿拉伯国家领导人通话、加强抗疫合作情况；等等。在 Youtube、推特、脸书等自媒体平台上，海湾阿拉伯国家网友通过留言、发歌曲或录制中文视频等方式，为中国人民加油。沙特著名诗人哈桑·塔耶尔也在社交媒体上发文表达对中国政府和人民抗击疫情的坚定支持。

此外，海湾阿拉伯国家还向中国提供了大量医疗物资援助。卡塔尔航空公司利用其覆盖全球 170 多个国家和地区的航空网络，为中国驻外使领馆开设"绿色通道"，将中国驻外大使馆、领事馆募集的 500 万只医用口罩和 100 万瓶消毒洗手液等紧急防疫物资免费运送至中国；[2] 沙特救济及人道主义援助中心向中国提供了大量医疗防护物资，包括 277 台病人监护仪、200 台静脉输液泵、89 台心脏电击设备、60 台超声波机器、30 台呼吸机和 3 台透析机等。[3] 沙特各界多批次向中国捐助了价值 5000 万元人民币的医疗物资。阿联酋、伊拉克、巴林、阿曼等国也向中国提供了医疗援助物资。海湾

① 吴思科、侯宇翔：《患难见真情，中东国家热情支持中国抗疫阻击战》，http：//t. m. china. com. cn/convert/c_ kwDFPIV9. html，访问日期：2020 年 8 月 4 日。

② 《卡塔尔航空公司决定使用其全球网络驰援中国》，《北京日报》2020 年 2 月 4 日。

③ 《沙特援华防控物资签字仪式举行》，http：//www. chinaembassy. org. sa/chn/xwdt/t1744549. htm，访问日期：2020 年 8 月 4 日。

阿拉伯国家的卫生、教育、移民、警务等部门和医疗机构与中国驻外使领馆建立疫情联防联控机制，积极为本国境内的中国公民和企业提供医疗资源和支持，帮助解决中国留学人员面临的签证延期、学业、住宿等方面困难。阿联酋、卡塔尔等国的相关部门同中国驻外使领馆密切合作，在航班停运的情况下，为撤回在本国境内确有困难的中国公民做出了努力。①

（二）中国与海湾阿拉伯国家的多层次抗疫合作

新冠肺炎疫情在中东暴发后，中国政府秉持中阿命运共同体理念，在自身抗疫形势严峻的情况下，中央政府、地方政府、驻外使领馆、民间企业和海外侨胞等立体式、全面地与海湾阿拉伯国家开展了多层次抗疫合作。

在官方层面，习近平主席同沙特国王萨勒曼、卡塔尔埃米尔塔米姆、阿联酋阿布扎比王储穆罕默德等国家领导人通电话。2020 年 3 月 27 日，习近平主席同萨勒曼国王通电话，就合作抗疫达成重要共识，双方表示将继续加强在二十国集团框架内协调合作，共同战胜疫情危机。② 外交部、卫生部、中共中央对外联络部等相关部门向海湾阿拉伯国家捐赠了医疗物资，组织医学专家通过视频会议等方式同海湾阿拉伯国家开展医学技术交流。例如，2020 年 3 月 26 日，在中国外交部亚非司和国家卫生健康委国际司共同主办下，中国同科威特、卡塔尔等 16 个国家举行新冠肺炎疫情卫生专家视频会议；③ 4 月 2 日，中华人民共和国国家卫生健康委员会、中国疾病预防控制中心和北京大学第一医院感染疾病科专家与沙特卫生专家就新冠肺炎疫情问题举行视频会议，交流临床诊疗与疫情防控等经验；4 月 9 日，中国与阿盟秘书处和伊拉克、巴林、阿联酋、科威特、卡塔尔等 12 个阿拉伯国家

---

① 《中国和阿拉伯国家团结抗击新冠肺炎疫情联合声明》，http：//www. gov. cn/xinwen/2020 – 07/07/content_ 5524804. htm，访问日期：2020 年 8 月 4 日。

② 《中国发布新冠肺炎疫情信息、推进疫情防控国际合作纪事》，http：//www. xinhuanet. com/ politics/2020 –04/06/c_ 1125819214. htm，访问日期：2020 年 8 月 4 日。

③ 张丹丹、孙德刚：《患难与共：中国对中东国家的抗疫援助》，《中国社会科学报》2020 年 4 月 16 日。

举行卫生专家视频会议。① 2020 年 6 月，中国人民解放军后勤保障部卫生局与科威特国防部卫生局召开新冠肺炎疫情防控经验交流视频会议；2020 年 7 月，中阿合作论坛第九届部长级会议成功举办线上会议，中阿双方通过了《中国和阿拉伯国家团结抗击新冠肺炎疫情联合声明》，深化中国与海湾阿拉伯国家在公共卫生、传统医药、卫生政策研究、健康产业等方面的合作。②

中国驻海湾阿拉伯国家使领馆通过各种渠道和方式表达对驻在国抗疫的支持。其一，中国驻海湾阿拉伯国家使领馆协调驻在国与国内有关部门开展抗疫合作。2020 年 4 月 14 日，在中国驻科威特大使馆的协调下，上海市卫生领域专家同科威特卫生部专家就抗击新冠肺炎疫情举行视频交流会。4 月 15 日，在中国驻沙特大使馆的协助下，中国抗疫医疗专家组赴沙特与沙方交流分享中国抗疫经验，提供防控和诊疗指导培训。中国驻迪拜总领事馆与迪拜卫生局、海关等政府部门和医疗卫生机构建立联防联控机制，并组织国内有抗疫经验的医生与迪拜医疗卫生机构人员举行视频交流会，交流临床诊疗与疫情防控等问题。其二，驻外使领馆主动与驻在国政府、卫生部、医院、检疫部门等相关单位加强信息沟通和技术交流，及时通报疫情及中方防控措施；对外发布信息，敦促中资企业、中国公民和游客主动积极配合对象国的筛查、隔离等入境检查和检疫措施，及时关注当地卫生部门发布的官方信息，采取必要防护措施。中国驻伊拉克使馆同伊拉克外交部、卫生和环境部建立联络机制，及时就疫情保持密切沟通。驻伊拉克大使率中方医疗专家小组赴巴格达海法社区看望当地巴勒斯坦侨民，捐赠了卫生防疫物资，并现场为巴侨民进行卫生防疫培训。③

中资企业和民间机构也积极向中东国家提供紧急医疗物资捐赠。中国地

---

① 《中国同阿拉伯国家联盟举行新冠肺炎疫情卫生专家视频会议》，https：//www. fmprc. gov. cn/web/ziliao＿674904/zt＿674979/dnzt＿674981/qtzt/kjgzbdfyyq＿699171/t1768183. shtml，访问日期：2020 年 8 月 4 日。

② 《中国和阿拉伯国家团结抗击新冠肺炎疫情联合声明》，http：//www. xinhuanet. com/world/ 2020 – 07/07/c＿1126207545. htm，访问日期：2020 年 8 月 4 日。

③ 《驻伊拉克大使张涛率中方医疗专家组赴巴格达海法社区看望当地巴勒斯坦侨民》，http：//iq. chineseembassy. org/chn/sghd/t1759722. htm，访问日期：2020 年 8 月 5 日。

质工程集团中东分公司通过中国驻沙特大使馆向沙特阿拉伯政府捐赠防疫物资若干；中国银行卡塔尔金融中心分行向卡塔尔慈善组织捐赠价值 30 万元人民币的医疗防护物资，包括医用手套 90000 只、防护服 7500 件；中国红十字会伊拉克派遣医疗队，开展医疗技术援助，[①] 并向伊拉克捐赠了一套实验室设备，包括两台 PCR 仪（基因扩增仪）以及 5 万份核酸检测试剂，帮助伊拉克提升检测能力。[②] 中国红十字会志愿专家团队在伊拉克举行了 27 场次的培训活动，培训超过 1000 名医务人员；走访伊拉克 9 省区，与各地 200 多名医务官员举行 18 场会见，并多次深入伊拉克专业医院进行现场指导。[③] 阿曼中资企业协会向阿曼捐助价值 38 万余元的急需医疗物资。海康威视、大华技术、金龙商城等中资企业也向马斯喀特机场、马斯喀特银行等机构捐赠了阿方急需的医疗设备与物资；[④] 2020 年 4 月，沙特政府与深圳华大基因科技有限公司签署合作协议，双方将在沙特国内合作建设 "火眼" 实验室用以提高新型冠状病毒检测能力。2020 年 6 月 23 日，中国国药集团中国生物科技集团同阿联酋签署了临床合作协议，启动了世界首个新冠疫苗 Ⅲ 期临床试验。2020 年 8 月 10 日巴林卫生部表示，中国国有制药公司国药控股已开始在巴林进行新冠疫苗 Ⅲ 期临床试验。[⑤]

　　疫情危机下，中国与海湾阿拉伯国家并肩抗疫，携手打造新时代的中阿卫生健康共同体。在中国抗疫的关键时刻，沙特萨勒曼国王等海湾阿拉伯国家领导人纷纷声援中国，相关国家政府和民众以不同形式向中国表达支持。

---

① 《中国专家组在伊拉克做了三件事》，http：//world. people. com. cn/n1/2020/0318/c1002 - 31638165. html，访问日期：2020 年 8 月 5 日。
② 《中国红十字会志愿专家团队赴巴格达支援伊拉克新冠肺炎疫情防控》，https：// www. redcross. org. cn/html/2020 - 03/67964. html，访问日期：2020 年 8 月 5 日。
③ 《以习近平外交思想为指引，在全球抗疫合作中推动构建人类命运共同体》，https：// www. fmprc. gov. cn/web/ziliao_ 674904/zt_ 674979/dnzt_ 674981/qtzt/kjgzbdfyyq_ 699171/ t1770235. shtml，访问日期：2020 年 8 月 5 日。
④ 《携手合作，共抗时艰——阿曼中资企业协会捐赠新冠病毒检测试剂盒运抵阿曼》，http：//om. mofcom. gov. cn/article/jmxw/202003/20200302947376. shtml，访问日期：2020 年 8 月 5 日。
⑤ "The Public Health Directorate Announces Start of Phase Ⅲ Clinical Trial for COVID - 19 Vaccine," https：//www. moh. gov. bh/News/Details/4317，访问日期：2020 年 8 月 5 日。

在中东地区受到疫情冲击时，中国与海湾阿拉伯国家加强信息沟通、政策协调、行动配合，从政府到民间，向海湾阿拉伯国家提供全方位的支援与支持，除提供抗疫物资、派遣医疗专家组、召开抗疫视频专家会议外，中国还同沙特、阿联酋、巴林等开展病毒检测和医疗技术合作。经过新冠肺炎疫情考验后，中国与海湾阿拉伯国家政治互信将进一步巩固，双方也必将进一步打造升级版中阿命运共同体。

三　中国与海湾阿拉伯卫生合作路径与展望

当前，中国与海湾阿拉伯国家在重大疾病防治、医疗体系改革等领域都面临着诸多共同挑战，双方在推动公共卫生、传统医药、健康产业发展等方面也有着共同目标。疫情期间，中国与海湾阿拉伯国家并肩抗疫既是疫情全球大流行背景下抗击疫情的客观需要，也是践行中阿卫生健康共同体理念的现实路径。未来，中国与海湾阿拉伯国家应以此次抗疫为契机，在世界卫生组织主导下，推动国际卫生多边合作，以提供更多区域公共卫生产品、建立卫生合作机制为具体路径，深化卫生合作，共同打造中阿卫生健康共同体。

（一）加强世界卫生组织等多边机制在全球卫生治理中的作用

加强全球卫生多边合作是全球化的必然要求。在全球化时代，病毒可以在很短时间内传遍全球，任何国家都不可能在他国疫情防控失效的情况下独善其身。新冠肺炎疫情暴发后，西方某些政客将疫情政治化，搅乱全球抗疫合作的舆论场，恶化了国际卫生合作氛围。基于此次全球抗疫合作的经验与教训，中国与海湾阿拉伯国家的卫生合作愿景应超越双边层次，通过世界卫生组织和二十国集团两个全球平台促进全球卫生合作。①

其一，在全球抗疫期间，世界卫生组织在应对疫情的过程中发挥了主导

---

① 晋继勇：《全球卫生治理的"金德尔伯格陷阱"与中国的战略应对》，《国际展望》2020年第4期，第57页。

性作用。作为全球公共卫生治理体系的重要机构，世界卫生组织在信息交流、局势研判、疾病防治等方面发挥了积极作用。针对某些国家利用病毒来源等问题"污名化"他国的情况，世卫组织的风险沟通和"谣言流行病"管控团队大力跟踪错误信息，驳斥影响全球抗疫合作的不实信息和各种阴谋论。① 世卫组织还将引发此次疫情的病毒正式命名为"2019 新型冠状病毒"（2019 – nCOV，SARs – COV – 2），对促进世界团结、推动国际抗疫合作发挥了重要作用。在第 73 届世界卫生大会视频会议开幕式上，习近平主席指出应发挥世界卫生组织领导作用，改善全球公共卫生治理。海湾阿拉伯国家领导人也倡议各国同世卫组织加强合作，为汇聚全球抗疫力量作出重要贡献。鉴于公共卫生领域的专业性、科学性和复杂性，各国要加强对世卫组织的支持力度。同时，世卫组织自身仍须加强机制建设，提升对各国相关行为的管控力和约束力。

其二，在合作应对新冠肺炎疫情方面，二十国集团成为重要的多边平台。作为全球危机应对和经济治理的重要平台，二十国集团在此次全球新冠肺炎疫情应对中发挥了主导作用，为遏制新冠肺炎疫情、保障全球公共卫生和经济金融安全作出了积极贡献。2020 年 3 月 26 日，二十国集团领导人以视频会议方式举行应对新冠肺炎疫情的特别峰会。专门讨论全球卫生危机，对二十国集团来说既是应对新型危机的一种挑战，也是拓展和深化合作的一次机遇。在二十国集团领导人特别峰会上，习近平主席提出有效开展国际联合防控、积极支持国际组织发挥作用等四点倡议，会后发表《二十国集团领导人应对新冠肺炎特别峰会声明》，二十国承诺支持并进一步增强世卫组织在协调国际抗疫方面的职责。② 2020 年 6 月 6 日，二十国集团官网发表声明称，二十国集团和受邀国家将拨款超过 210 亿美元用于抗击新冠肺炎疫

---

① "Director – General's Remarks at the Media Briefing on 2019 Novel Coronavirus on 8 February 2020," https：//www. who. int/dg/speeches/detail/director – general – s – remarks – at – the – media – briefing – on – 2019 – novel – coronavirus——8 – february – 2020，访问日期：2020 年 8 月 6 日。

② 《习近平在二十国集团领导人特别峰会上的重要讲话》，http：//www. gov. cn/xinwen/2020 – 03/26/content_ 5496106. htm，访问日期：2020 年 8 月 7 日。

情。为应对疫情危机，二十国集团发挥其优势和资源，通过宏观政策的调整和协调，撬动全球性的合作行动，与世界卫生组织在全球抗疫中优势互补。[①]

未来，中国与海湾阿拉伯国家应在全球卫生领域形成共识，支持世卫组织在全球抗疫合作中发挥更大作用，推动建立全球公共卫生治理协调合作机制，以人类命运共同体理念助力全球卫生治理的深化发展；落实二十国集团领导人应对新冠肺炎特别峰会关于加强国际合作、应对共同挑战的共识，共同维护全球公共卫生安全。

（二）在中阿合作论坛机制下开展区域卫生合作

中国与海湾阿拉伯国家十分重视借助地区组织的作用，尤其是在中阿合作论坛框架下，开展卫生领域的多边合作。中阿合作论坛自 2004 年成立至 2020 年，已形成了十余项集体合作机制，促进了中国与阿拉伯国家在政治、经济、社会、人文与卫生等领域的合作。近年来，中国和阿拉伯国家在卫生领域的合作意愿不断加深（见表 1）。2016 年 1 月，中国政府发布《中国对阿拉伯国家政策文件》指出，中阿双方将"加强在传统和现代医学领域的交流与合作，重视防治传染性疾病和非传染性疾病防控等相关工作，特别是传染病疫情信息通报、监测等合作，推动双方专家互派互访。推动医疗机构间的合作，加强临床技术交流。继续派遣医疗队，不断提高服务水平"。[②] 2020 年 7 月，中阿双方举办中阿合作论坛第九届部长级会议，并发表《中国和阿拉伯国家团结抗击新冠肺炎疫情联合声明》。会后中阿双方积极落实会议成果，中国同阿联酋、埃及、巴林、摩洛哥等国开展疫苗研发合作，以实际行动携手打造中阿命运共同体。

[①] 《全球抗疫合作，G20 能担重任》，https：//opinion. huanqiu. com/article/9CaKrnKq8kc，访问日期：2020 年 8 月 8 日。

[②] 《中国对阿拉伯国家政策文件（全文）》，http：//www. xinhuanet. com/world/2016－01/13/c_1117766388. htm，访问日期：2020 年 8 月 6 日。

表 1　2012～2020 年中国与阿拉伯国家卫生合作大事记

年份	重要活动
2012 年	中阿合作论坛第五届部长级会议在突尼斯举行,签署了《中阿关于建立卫生合作机制的谅解备忘录》
2013 年	首届中国－阿拉伯国家联盟卫生高官会议在北京举行,会议通过《中阿卫生高官会议联合声明》
2015 年	中阿合作论坛首次高官级战略政治对话和第十二次高官会在埃及开罗阿盟总部举行;首届"中阿卫生合作论坛"在银川举行,中阿双方签署多项卫生医疗合作协议
2016 年	中国政府发布首份《中国对阿拉伯国家政策文件》;中阿合作论坛第二次高官级战略政治对话和第十三次高官会在卡塔尔多哈举行。中阿双方通过并签署《多哈宣言》和《中国－阿拉伯国家合作论坛 2016 年至 2018 年行动执行计划》,确定了中阿双方 18 大类 36 个领域的合作
2017	中阿合作论坛第三次高官级战略政治对话和第十四次高官会在北京举行
2018	中国－阿拉伯国家合作论坛第八届部长级会议将在京召开
2019	第二届中阿卫生合作论坛在京举办。论坛通过了《中国－阿拉伯国家卫生合作 2019 北京倡议》
2020	中阿合作论坛第九届部长会以视频方式举行。通过了《中国和阿拉伯国家团结抗击新冠肺炎疫情联合声明》《安曼宣言》《中国－阿拉伯国家合作论坛 2020 年至 2022 年行动执行计划》三份成果文件

资料来源:笔者根据中阿论坛网站内容整理,http://www.chinaarabcf.org/chn/ltjz/bzjhy_1/djjbzjhy/,访问日期:2020 年 8 月 7 日。

　　海湾阿拉伯国家是中国与阿拉伯国家开展卫生合作的重点对象。近年来,中国和海湾阿拉伯国家在医疗卫生领域的合作意愿不断加深、合作领域不断拓展,双方在传染病防控、传统医药、医疗技术研究等方面的合作不断深入。[①] 在携手共同抗击新冠肺炎疫情的过程中,中国与海湾阿拉伯国家之间呈现多元化、全方位、多层次的合作格局,中阿卫生合作掀开新的一页。未来,中国与海湾阿拉伯国家应充分利用中阿合作论坛现有机制,进一步打造中阿卫生健康共同体,不断丰富和完善中阿合作论坛建设。

---

① 《中阿卫生合作 2019 北京倡议:打造健康领域命运共同体》,http://www.chinanews.com/gn/2019/08-16/8929182.shtml,访问日期:2020 年 8 月 5 日。

（三）在"一带一路"框架下加强卫生合作，打造"健康丝绸之路"

新冠肺炎疫情对共建"一带一路"产生多方面的冲击。疫情加重世界经济衰退，导致"一带一路"项目进度放慢甚至停顿，商贸中止。一些西方政客和媒体的抹黑和构陷导致国际社会对"一带一路"产生负面认知，民粹主义的排华反华行为破坏了"一带一路"的舆论环境与合作氛围。如何在充满不确定性及风险性的全球化语境下，平衡经济发展与提升突发公共卫生事件防控能力，是此次新冠肺炎疫情给"一带一路"带来的全新命题。2015 年 10 月，中国发布了《国家卫生计生委关于推动"一带一路"卫生交流合作三年实施方案（2015～2017）》，指出要全面提升中国同共建"一带一路"国家人民健康水平，推进务实合作，促进中国及共建"一带一路"国家卫生事业发展，打造"健康丝绸之路"。① 2017 年 1 月中国政府与世界卫生组织签署了《关于"一带一路"卫生领域合作谅解备忘录》，将突发公共卫生事件的应急处置、管理和卫生能力建设列为重点合作领域，建立了中国－东盟卫生合作论坛、中阿卫生合作论坛、中国－中东欧卫生合作论坛等区域多边部长级对话平台。

全球疫情防控的严峻形势更加体现了"一带一路"框架下卫生合作机制建设的必要性和紧迫性。疫情全球大流行下，更加需要共建"一带一路"国家加强深化国际合作联防联控。2020 年 3 月 19 日，"一带一路"紧急特别论坛——"新冠肺炎之祸与亚洲防疫防灾食品安全体系构筑"在日本参议院议员会馆举行，论坛发布了首个由民间有识之士拟定的共建"一带一路"及防疫合作民间宣言。② 中国也在自身疫情控制日趋稳定、全球疫情形势日趋严峻的时刻，对许多共建"一带一路"国家和地区伸出援手，及时捐赠医疗急需物资，分享抗疫经验，提供防控和诊疗等技术支持，形成了更

---

① 《国家卫生计生委关于推进"一带一路"卫生交流合作三年实施方案（2015～2017）》，http：//www. nhc. gov. cn/wjw/ghjh/201510/ce634f7fed834992849e9611099bd7cc. shtml，访问日期：2020 年 8 月 7 日。

② 《首个共建"一带一路"与防疫合作宣言在日发布》，http：//world. people. com. cn/n1/2020/0323/c1002－31644886. html，访问日期：2020 年 8 月 8 日。

加紧密的合作关系，筑牢了"一带一路"倡议下公共卫生合作机制的基础。[①] 中国应继续调整"一带一路"的建设重点，将提升"公共卫生安全"、推动构建"人类卫生健康共同体"纳入"一带一路"高水平建设的日程，而且要作为核心目标加以强调、推广和建设。[②]

"一带一路"卫生合作的实质是把共建"一带一路"国家和地区的优势集中起来，解决单个或部分国家所无法应对的卫生难题。[③] 海湾阿拉伯国家是"一带一路"建设的重要合作力量，当前海湾阿拉伯国家都加入了"一带一路"倡议。未来，中国与海湾阿拉伯国家在卫生合作中应培育发展公共卫生产品，加强"一带一路"医疗基础设施建设，满足共建"一带一路"国家和地区日益增长的公共卫生安全需求；要与共建"一带一路"国家和地区加强信息共享合作、防控合作、科研合作，向出现疫情扩散的国家提供及时有效的援助；在既有的共建"一带一路"机制下，协调各方立场，纳入公共卫生、疾病控制等新内容，提高共建"一带一路"国家和地区对抗各种疫情的集体应变能力与公共卫生治理能力，为打造健康丝绸之路和"一带一路"建设的高水平大发展夯实基础。

结 论

新冠肺炎疫情以不断攀升的确诊病例与死亡病例数据，警示人类当前在全球公共卫生领域面临的巨大挑战，彰显了人类命运共同体理念的深刻内涵和时代意义。疫情始自卫生领域，但迅速波及经济、贸易、金融等多个领域，给世界带来了全方位的链式影响和冲击。新冠肺炎疫情发生以来，中国与海湾阿拉伯国家同舟共济、并肩抗疫，积极探索建立联防联控机制，开展

---

① 《完善"一带一路"卫生合作机制 构建更紧密的人类卫生健康共同体》，《中国经济导报》2020 年 4 月 10 日。

② 《疫情下的"一带一路"与中国应对》，https://baijiahao.baidu.com/s? id = 1666196580485662007&wfr = spider&for = pc，访问日期：2020 年 8 月 7 日。

③ 刘长君、高英彤：《"一带一路"建设中的卫生治理合作：意义、问题与路径》，《广西社会科学》2020 年第 3 期，第 63 页。

药物、疫苗研发等科学防疫合作，打造健康领域中阿命运共同体。中国与海外阿拉伯国家携手应对新冠肺炎疫情，开辟了双方合作新领域，特别是在疫情催生的新领域新业态中发掘了双方的合作潜力，丰富了中阿集体合作的内涵与实践。以此次抗疫合作为契机，今后中国与海湾阿拉伯国家的合作前景更加广阔。

B.7
中国与海湾阿拉伯国家的媒体合作*

陈越洋**

摘　要：　媒体间的合作与交流是国家间关系的重要组成部分。中国政府一贯重视和支持同包括海湾阿拉伯国家在内的阿拉伯国家在媒体领域的相互合作与交流，鼓励发挥媒体在增进中阿友好关系中的独特作用，进一步推动中阿战略伙伴关系的建设与发展。在中阿合作论坛框架下，中国同海湾阿拉伯国家媒体交流机制逐步成熟与完善，双方媒体合作交流路径多元，官方与民间并举，传统与创新结合。形式多样、内容丰富的媒体交流合作是中国人民同海湾阿拉伯国家人民相互了解的重要窗口，夯实了中阿友好合作、构建中阿命运共同体的社会基础和民意基础。

关键词：　海湾阿拉伯国家　中阿新闻合作　媒体合作

　　在中国与阿拉伯国家的交往中，人文交流是中阿开展集体合作和发展双边关系的重要内容，也是双方各领域合作与交流的推动力量，而媒体领域的合作与交流则是人文交流的重要内涵之一。媒体是不同民族相互了解的重要工具，在促进不同文明的对话交流、互学互鉴中发挥着重要作用，进而推动

---

　*　本报告为上海外国语大学校级一般科研项目"阿拉伯国家智库中的'一带一路'战略研究"的阶段性成果。
　**　陈越洋，博士，上海外国语大学中阿改革发展研究中心副教授。

双边关系的良性发展。可以说，媒体间的合作与交流是国家间关系的重要组成部分。中国政府一贯重视和支持同包括海湾阿拉伯国家在内的阿拉伯国家在媒体领域的相互合作与交流，鼓励发挥媒体在增进中阿友好关系中的独特作用，进一步推动中阿战略伙伴关系的建设与发展。

一　中国同海湾阿拉伯国家开展媒体合作的现有机制与平台

中阿合作论坛的成立将中阿关系带入了一个全新境界，也为中阿媒体合作与交流提供了更大可能并提出更高要求。海湾阿拉伯国家在中阿合作论坛机制下同中国开展了不同层级、形式多样的媒体合作。目前，双边的媒体合作机制主要依托中阿合作论坛框架下的两大论坛，即中阿新闻合作论坛和中阿广播电视合作论坛，此外还有"一带一路"新闻合作联盟，各类媒体人士短期研修班等。这些平台标志着中国同海湾阿拉伯国家媒体交流机制的逐步成熟与完善。通过上述平台搭建的活动，双方携手合作、互利共赢，共同讲好中阿文明、中阿友谊的故事，通过务实合作拉紧中阿人民相亲相近的精神纽带。

（一）中阿新闻合作论坛

中阿新闻合作论坛自 2008 年成立至 2020 年，已举办三届论坛会议。在这一机制下，海湾阿拉伯国家积极参与中阿新闻合作论坛的活动，如巴林曾在 2010 年主办第二届中阿新闻合作论坛，论坛主题为"利用现代化通信手段发展中阿新闻合作"，主要议题为探讨中阿在现代通信手段方面的交流与合作、利用现代通信技术实现中阿文明交流、加强中阿媒体间信息共享和交换、新媒体技术的使用与构建知识型社会的关系、介绍中阿双方在现代通信技术领域的经验。[①] 除主办论坛外，海湾阿拉伯国家均积极参与全部三届论

---

① 中华人民共和国外交部亚非司：《"中国－阿拉伯国家合作论坛"文件汇编》，2004 年 9 月至 2010 年 5 月。

坛会议，一致认为中阿新闻合作论坛是一个增信释疑、加强友谊的重要平台，丰富了中阿关系的内涵，开创了中阿新闻合作的新局面。

（二）中阿广播电视合作论坛

作为中阿合作论坛框架下媒体合作领域的又一重要机制，中阿广播电视合作论坛设立于 2011 年，至 2020 年已成功举办四届论坛会议，为中阿广播电视媒体提供了面对面交流与合作的机会。这一论坛得到了海湾阿拉伯国家的积极响应，每一届论坛会议均有海湾国家媒体代表出席，并表达渴望了解中国，希望播出更多中国广播电视节目的意愿，期待在节目交流、技术合作、人员培训、产业发展等方面加强务实合作。2015 年国家新闻出版广电总局已与巴林、科威特、沙特、伊拉克等海湾阿拉伯国家相关部门签署了综合性广播电视合作协议，[①] 进一步加强在影视节目内容领域的合作，通过新闻报道、节目交换、联合制作、授权播出、译制配音等方式，制作和传播反映中华文化和阿拉伯文化的影视节目精品。2019 年 10 月，第四届中阿广播电视合作论坛在杭州举办。习近平主席特别发来贺信，希望中阿双方携手努力，推动媒体融合发展，打造智慧广电媒体，发展智慧广电网络，为增进中阿民心相通、推动中阿战略伙伴关系发展作出更大贡献。[②]

（三）"一带一路"新闻合作联盟

"一带一路"新闻合作联盟理事会[③]成立于 2019 年 4 月，是根据习近平主席的重要倡议成立的新闻合作联盟，是深化"一带一路"媒体合作和人

---

① 《中国与阿拉伯国家广播电视合作渐入佳境》，新华网，http：//www. xinhuanet. com/world/2015 09/09/c_ 1116510730. htm，访问日期：2020 年 8 月 20 日。

② 《习近平向第四届中国 – 阿拉伯国家广播电视合作论坛致贺信》，新华网，http：//www. xinhuanet. com/world/201910/17/c_ 1125116136. htm？ivk_ sa = 1023197a&from = group message&isappinstalled = 0，访问日期：2020 年 8 月 25 日。

③ "一带一路"新闻合作联盟首届理事会议有亚、非、欧、拉美 25 个国家的 40 家主流媒体参加。至今已有来自全球 86 个国家的 182 家媒体加入"一带一路"新闻合作联盟，人民日报社是联盟理事长单位。

文交流的重要举措。海湾阿拉伯国家中的阿联酋是首届理事会成员，其他海湾阿拉伯国家积极参与联盟下举办的各类走访调研、研修班等活动。2019年9月、10月，"一带一路"新闻合作联盟连办两期短期访学班，阿联酋、阿曼等海湾阿拉伯国家的媒体人士参加研修。参加研修的媒体人士表示，访学通过走访中国不同省份进行实地调研与报道，通过亲眼所见、亲耳所闻更加深刻地认识了热情友好、开放自信的中国，由衷表达了在"一带一路"新闻合作联盟框架中加强媒体交流合作、共同讲好互利共赢故事的愿望。

（四）各类媒体人士短期研修班

中国国内各大媒体与外宣相关的部门都十分重视同阿拉伯国家媒体人士的直接沟通与交流，通过举办短期研修班的方式增进交流与合作。例如阿拉伯国家广播电视管理和技术人员培训班、阿拉伯国家新闻官员和记者研修班、阿拉伯国家资深媒体人员研修班、中国国际新闻交流中心中阿中心项目等，均得到海湾阿拉伯国家的积极响应。

二　中国同海湾阿拉伯国家媒体年度合作情况

中国同海湾阿拉伯国家的媒体合作与交流形式多样，既有中央广播电视总台英语、法语、阿语频道广泛覆盖海湾地区，也有中阿合办频道、合办栏目；既有传统的报业纸媒合作，也有创新的视频平台合作；既有官方交流合作，也有民间商业合作。这些形式多样、内容丰富的合作与交流，是双方人民相互了解的重要窗口，夯实了中阿友好合作、构建中阿命运共同体的社会基础和民意基础。2019～2020，双方的媒体合作情况①大致梳理如下。

（一）传统纸媒加强合作及时传递正向认知

报纸作为传统媒体，在新闻媒体行业中所占的比重较大。在当前新媒体

———————————

① 部分合作交流情况为近年情况。

高度发达时代，报纸作为传统媒体的代表在传播信息的过程中仍然发挥着不可替代的作用。中国同海湾阿拉伯国家的传统纸媒合作在传递双方正向认知、增信释疑方面发挥了巨大的正能量，尤其是在涉疆问题、新冠肺炎疫情、中美关系等重大问题上，海湾阿拉伯国家的主流报纸及时刊登中方观点，表明其坚定立场与态度，同时中方加强与这些报业集团的合作，就开设专栏、特刊等事宜加强规划沟通。

新冠肺炎疫情肆虐全球，中国同包括海湾阿拉伯国家在内的阿拉伯国家在此次抗疫中万里驰援、共克时艰，体现了双方守望相助的底色，彰显了中阿合作抗疫的决心。中国与海湾阿拉伯国家的媒体合作在此方面发挥了充满正能量的作用。海湾阿拉伯国家的主流媒体与报纸均对中国疫情情况进行公正透明的报道，积极评价中国抗击疫情所付出的努力。多家媒体在第一时间刊登中国领导人、驻外大使的文章和专访，为海湾阿拉伯国家民众了解疫情真实情况提供重要信息来源。其中有沙特《利雅得报》《半岛报》《经济报》《阿拉伯新闻报》，阿联酋《海湾时报》《联邦报》《宣言报》《国民报》，卡塔尔《半岛报》《旗帜报》《东方报》《祖国报》《半岛报》《路赛报》《海湾时报》《阿拉伯人报》《新阿拉伯人报》，科威特《消息报》《科威特时报》，阿曼主流媒体《阿曼日报》《观点报》《青年报》《观察家报》，巴林《海湾消息报》《天天报》《祖国报》，伊拉克《晨报》，等等。

海湾阿拉伯国家报纸多次全文刊登中国领导人文章、专访，如巴林发行量和影响力最大的媒体《海湾消息报》2020年8月11日全文刊发中共中央政治局委员、中央外事工作委员会办公室主任杨洁篪就当前中美关系发表的署名文章《尊重历史面向未来坚定不移维护和稳定中美关系》；8月13日全文刊发国务委员兼外长王毅就当前中美关系接受新华社专访内容。此外，该报于5月26日开设专版，刊发国务委员兼外长王毅在十三届全国人大三次会议记者会上就中国外交政策和对外关系回答中外记者提问的要点。专版重点关注国务委员兼外长王毅介绍中国参与抗疫国际合作的举措和贡献，就中美关系等热点问题阐明中国立场主张，并回应外界关心的"一带一路"合作、涉疫情溯源和国际调查、涉港、涉台等热点问题。

（二）广播电视交流合作形式多样

继中国中央广播电视总台、中央人民广播电台实现了在阿拉伯国家的全覆盖，央视国际频道在全部海湾阿拉伯国家落地后，中阿不断探索媒体合作新模式，在"一带一路"倡议引领下，媒体合作也正迈入全方位合作新时期。2018年11月，国家广播电视总局与总部设在迪拜的中东广播中心（MBC）① 集团签署战略合作协议，旨在开发内容并分享广播电视领域专业知识。该战略协议包括在新闻报道、节目制作等方面加强务实合作，通过举办联合研讨会、课程和培训计划进行相关专业知识的交流，培养中阿优秀媒体人才。中东广播中心作为这一地区最具影响力的代表性媒体，与其加强战略合作必将为中国同海湾阿拉伯国家的媒体合作与交流注入更多内涵，实现更好的媒体交流互动的效果。

1. "中国剧场"播放国产影视剧

2018年，中国中央广播电视总台与阿联酋中阿卫视合作推出《中国剧场》栏目，每晚8点黄金时间向中东地区播出阿拉伯语配音版的中国产影视剧。目前，已经播出了《欢乐颂》《金太狼的幸福生活》《北京青年》等国产剧。中阿卫视覆盖22个阿拉伯国家的5亿人口。中国优秀影视剧作品成功落地迪拜，将有助于加深中国人民和阿拉伯国家人民对彼此的文化认知，增进相互了解和友谊。阿拉伯朋友通过中国优秀影视剧这个窗口，看到

---

① 中东广播中心（Middle East Broadcasting Center，MBC）是阿拉伯世界历史最悠久的免费广播电视台，也是中东最具地区影响力的综合性媒体集团之一，总部设在迪拜。通过多颗卫星覆盖中东北非地区3亿用户，为消费者提供全方位的媒体和娱乐内容，涵盖新闻、电影、体育、游戏以及电视剧等领域。该集团旗下共有10个电视频道，包括MBC1（综合娱乐）、MBC2和MBC MAX（24小时电影）、MBC3（儿童娱乐）、MBC4（阿拉伯妇女娱乐）、MBC Action（动作影视剧）、MBC Persia（24小时电影频道）、Al Arabiya（24小时阿拉伯语新闻频道）、Wanasah（24小时阿拉伯语音乐频道）、MBC Drama等。此外，该集团还拥有两个广播频率：MBC FM、Panorama FM。

一个更加开放、面向世界的中国，一个期待与共建"一带一路"国家和地区深化合作、互利共赢、共创繁荣美好未来的中国。①

2019 年 8～9 月，电影《杜拉拉升职记》《逃出生天》，电视剧《媳妇的美好时代》在伊拉克新闻集团旗下的伊拉克电视台播出，伊拉克电视台长海德尔·法特拉维表示，有关数据显示，这部电视剧吸引了大量伊拉克观众。有了原汁原味的阿拉伯语配音，伊拉克观众能够更加了解中国人民的现代生活和家庭婚姻关系，这是实现中伊文化交流的重要一步。②

2. 联手中东广播中心加强中阿纪录片合作

2016 年底，五洲传播中心与中东广播中心进行了一次联合拍摄纪录片的尝试，2017 年纪录片《新一千零一夜》在 MBC24 小时阿拉伯语新闻频道对外播出。这部纪录片在广州市怀圣光塔寺、越秀民族风情街等地取景，展现阿拉伯人在广州的生活，呼应了中阿远及古代的贸易联系，讲述古丝绸之路上绵延至今的友好故事。

2018 年 11 月，中国国家广播电视总局和中东广播中心在迪拜举行新闻发布会，宣布中国纪录片《超级工程》阿拉伯语版正式开播，向中东地区电视观众展示中国重大工程项目的风采。《超级工程》阿拉伯语版共 5 集，介绍了港珠澳大桥、上海中心大厦和北京地铁网络等中国建成的重大工程项目。③

2020 年 8 月发布的《中国－阿拉伯国家合作论坛 2020 年至 2022 年行动执行计划》中，特别提到要加强双边的纪录片合作，"中国中央广播电视总台制作并播出介绍有关中阿人文领域交流合作的纪录片或专题片，并在阿盟秘书处和阿拉伯国家广播联盟协调下，推动该片在阿盟成员国媒体播出"。④

---

① 《中央广播电视总台与阿联酋中阿卫视签署"中国剧场"播出协议》，凤凰网，http：//news. ifeng. com/c/7fZZLt143no，访问日期：2020 年 8 月 25 日。

② 《伊拉克市民爱看中国家庭题材电视剧》，新华网，http：//www. xinhuanet. com/ent/2019 09/24/c_ 1125031083. htm，访问日期：2020 年 8 月 25 日。

③ 《中国纪录片"超级工程"阿拉伯语版在中东首播》，新华网，https：//baijiahao. baidu. com/s？ id = 1617115674650971722&wfr = spider&for = pc，访问日期：2020 年 8 月 20 日。

④ 《中国－阿拉伯国家合作论坛 2020 年至 2022 年行动执行计划》，中阿合作论坛，http：//www. chinaarabcf. org/chn/lthyjwx/bzjhywj/djjbzjhy/t1805170. htm，访问日期：2020 年 8 月 25 日。

3. 视频平台大胆创新开辟媒体合作新模式

阿里巴巴旗下的网络视频平台优酷大胆创新，一方面同其他网络平台加强合作，加大传媒作品的输出力度，另一方面开拓更符合当前移动互联时代的新媒体合作模式。近年来，优酷将超 30 部节目覆盖到包括海湾阿拉伯国家在内的中东国家，如纪录片《了不起的匠人》，此外与其他网络平台合作，《长安十二时辰》《白夜追凶》《假如没有遇见你》等剧集通过 Netflix、Youtube、Amazon 等网络平台覆盖到海湾国家。2019 年，优酷独家网络播出了阿联酋举办的亚洲杯足球赛，并提供了 50 帧极清网络直播画面。

2019 年 10 月召开的第四届"中阿广播电视合作论坛"上，阿里巴巴集团与中东广播电视中心达成合作，包括全部海湾国家在内的中东 17 国、北非 6 国的观众均可观看《2019 天猫双 11 狂欢夜》。MBC 集团商务总监说："通过这场晚会，阿拉伯国家的消费者和商家在移动互联时代通过多屏多场景互动，可以获得全新的文娱享受和购物体验。"[1] 此次合作，标志着优酷和海湾阿拉伯国家的影视节目内容合作进一步强化。

（三）中阿合资创办卫视构建多元媒体合作伙伴矩阵

中阿卫视（CATV）是总部位于迪拜的一家阿语卫星电视台，由阿联酋国家媒体委员会批准颁发卫视牌照，并于 2017 年 5 月获得中国外交部批准，在中国设立常驻新闻机构"中阿卫视中国新闻中心"。中阿卫视是传统丝绸之路上唯一中资控股的卫星电视台，是中国人民与阿拉伯人民相互了解的窗口。在覆盖面方面，中阿卫视通过尼罗河卫星覆盖 22 个阿拉伯国家和地区，开设有官网（www.catv.ae），并在 Facebook、YouTube、Instagram 以及微博、微信、哔哩哔哩等平台设有官方公众号，及时发布精彩节目。2018 年 4 月，"中阿合作创新、共建'一带一路'暨中阿卫视战略合作发布会"在北京举行，中阿卫视全新官网上线，构建多元媒体合作伙伴矩阵。

---

[1] 《与中东广播中心达成合作：阿里巴巴与阿拉伯国家内容合作新升级》，环球网，https://tech.huanqiu.com/article/9CaKrnKniEl，访问日期：2020 年 8 月 25 日。

中阿卫视加强同中国媒体与影视公司的合作，如同中国国际电视总公司、芒果 TV、宁夏和福建等地方影视机构加强合作。芒果 TV 在中阿卫视开设《芒果独播》栏目，把湖南卫视的一些优质纪录片引入中阿卫视播放。2019 年 4 月，福建影像季代表团到访中阿卫视迪拜总部，并在中阿卫视牵线下先后走访了阿布扎比媒体集团、SKYNEWS Arabia、阿曼国家广播电视总局等海湾阿拉伯国家媒体。2019 年 10 月，中阿卫视和宁夏广播电视总台签署了《宁夏时间》的播放协议，在中阿卫视上专门留出一段时间播放宁夏的优秀电视剧、专题片等。中阿卫视还和福建广播影视集团合作开设《福建时间》栏目，专题播放反映福建文化、福建面貌的优秀影视节目。

（四）海湾阿拉伯国家媒体人士积极访华参与中国研修培训

近年来，海湾阿拉伯国家媒体界多次派团来华同中国同行交流或参与中国主办的研修培训，通过坦诚直接的对话，双方都意识到中阿之间需要更多的相互认知，媒体人士在此方面肩负义不容辞的责任。

2018 年 10 月，由科威特国家通讯社、科威特国家电视台、《舆论报》、《政治报》、《火炬报》和《科威特时报》等 10 家主流媒体组成的科威特媒体代表团一行十余人访华，并先后走访了中阿改革发展研究中心、中国石油化工集团公司、中国建筑集团有限公司。科威特当地媒体对此进行了大量报道。媒体代表团长、科威特通讯社副社长萨阿德·阿里在访问中表示，科威特正在实施"2035 愿景"，中国在这一规划的实施中不仅不可或缺，更是实施的关键；同样，科威特也是中国"一带一路"倡议中涉及的重要国家。[①]媒体代表团到访中阿改革发展研究中心时，中心特别邀请中国人民大学习近平新时代中国特色社会主义思想研究院、国家发展与战略研究院王义桅研究员做了题为《发现旧世界，发展新世界》的讲座，向科方解读"一带一路"倡议的内涵、特质与精神。科威特媒体代表就中国对中东政策、中

---

① 《科威特媒体代表团访华期间到访中国企业》，中华人民共和国驻科威特大使馆经济商务处，http://kw.mofcom.gov.cn/article/zxhz/hzjj/201810/20181002798425.shtml，访问日期：2020 年 8 月 23 日。

国对海湾问题的看法、中国的区域国别研究等同中国学者交流。

2018 年 12 月，卡塔尔通讯社、半岛传媒集团、《新阿拉伯人报》和《路赛报》等主流媒体组成的卡塔尔媒体代表团访华，同中阿改革发展研究中心的专家学者就"卡塔尔'2030 国家愿景'的实施与挑战""中卡双边关系""中国改革开放与'一带一路'建设"等议题进行深入探讨。代表团回国后在卡塔尔《路赛报》报道访华情况，认为中卡双边合作的前提是增进双方互相认知，在理念层面谋求共识，通过具体行动落实改革与发展。①

2019 年 9 月，应阿曼驻华大使馆邀请，阿曼记协副主席、《阿曼日报》副总编辑萨里姆·贾赫沃利率阿曼新闻代表团访华并在北京举办"阿曼 - 中国新闻论坛"。论坛围绕中阿历史、经济、新闻等领域关系进行讨论，双方代表一致认为，新闻交流是民心相通、国之相交的重要桥梁与纽带。阿中双方将通过更高频次、更高质量的新闻交流，增进两国人民相互理解，推动两国各领域务实合作。②

2019 年 11 月，卡塔尔主流媒体记者代表团访问四川。在川期间，代表团与相关部门交流，了解当地干部群众按照中央和省委、省政府部署，艰苦奋斗、脱贫攻坚的故事，参访了成都市高新园区、中欧班列、大熊猫繁育研究基地等，并赴凉山州昭觉县实地考察。③

2019 年 12 月，半岛电视台长穆斯塔法·萨瓦格率团访华，到访中阿改革发展研究中心。穆斯塔法博士指出，半岛电视台始终坚持专业、客观的新闻报道，希望今后能够加强双方的人文交流，全面、深入地了解中国，呈现更加客观的中国形象。④

---

① 《卡塔尔主流媒体代表团到访中阿改革发展研究中心》，上海外国语大学，http：//news. shisu. edu. cn/international/181208 - 091950，访问日期：2020 年 8 月 23 日。
② 《共话"香丝"合作阿曼 - 中国新闻论坛在京顺利举办》，环球网，https：//3w. huanqiu. com/a/c36dc8/9CaKrnKmMLR？agt = 11，访问日期：2020 年 8 月 23 日。
③ 《卡塔尔主流媒体记者代表团访问四川》，四川省人民政府外事侨务办公室，http：//www. sc. gov. cn/zcwj/t. aspx？i = 20191127175725 - 549486 - 00 - 000，访问日期：2020 年 8 月 25 日。
④ 《半岛电视台代表团到访中阿改革发展研究中心》，中阿改革发展研究中心，http：//carc. shisu. edu. cn/e8/15/c7780a124949/page. htm，访问日期：2020 年 8 月 25 日。

除媒体代表团互访外，如前文所述，近年来，阿拉伯国家媒体人士来中国参加交流与研修培训为双方直接探讨媒体领域的合作提供了面对面对话的机会，充分发挥了媒体从业者的桥梁和纽带作用，向阿拉伯国家人民介绍真实、立体、全面的中国，促进了中国人民与阿拉伯国家人民相知相亲、和睦友好。2019 年 3 月，由中国公共外交协会主办，北京外国语大学公共外交研究中心承办的中国国际新闻交流中心中阿中心项目启动，来自包括海湾阿拉伯国家在内的 15 个阿拉伯国家的 15 名新闻工作者进行了为期一个半月的学习，旨在增进中国与阿拉伯国家新闻媒体界的交流与合作，促进中国与阿拉伯国家关系不断向前发展。通过研修、考察，熟悉中国的媒体发展现状，加深对中国历史、语言、文化、政治和经济社会发展等多方面的认识与了解。[1] 2019 年 8 月，由中国外文局教育培训中心承办的阿拉伯国家新闻官员和记者研修班在北京举办，来自阿曼、伊拉克、沙特等 6 个阿拉伯国家的 16 名媒体人士参与。[2]

三 中国同海湾阿拉伯国家开展媒体合作的机遇与优势

中国同海湾阿拉伯国家在中阿合作论坛框架下深化合作，加强媒体在增进中阿友好关系中的重要作用。在媒体合作与交流中，本着相互尊重、相互理解的态度，支持有助于文化和思想的沟通以及有助于中阿人民相互了解的各项新闻活动的开展，通过中阿新闻主管部门、新闻社团和媒体界的深入合作与交流，巩固和发展双方的政治、经济、文化等领域的友好合作关系，以营造合作、和谐的国际舆论环境，促进人类的和平与发展。新时期，中国同海湾阿拉伯国家开展媒体合作迎来宝贵历史机遇。

---

[1] 《中国公共外交协会举办中国国际新闻交流中心 2019 年项目中阿中心开班仪式》，中国公共外交协会，http：//www.chinapda.org.cn/chn/xhdt/t1648455.htm，访问日期：2020 年 8 月 25 日。

[2] 《阿拉伯国家新闻官员和记者研修班开班》，中国国际出版集团，http：//www.cipg.org.cn/2019－08/26/content_40875551.htm，访问日期：2020 年 8 月 24 日。

（一）中国同海湾阿拉伯国家关系发展迅速

中国同海湾阿拉伯国家的关系源远流长，在过去 2000 多年的历史长河里，古老的丝绸之路成为联结中海人民的纽带。新中国成立后，也门、伊拉克也是较早同中国建交的海湾阿拉伯国家，其他海湾阿拉伯国家自 20 世纪 70 年代起陆续同中国建交，双边关系稳步发展，行稳致远。中国还与海合会国家建立了中海战略对话机制。① 这些都为双边全方位、多领域合作提供了平台。

近年来，双方高层互访频繁，习近平、王岐山、汪洋等分别访问了沙特、阿联酋、阿曼等海湾阿拉伯国家；沙特国王、沙特王储、阿联酋阿布扎比王储、科威特埃米尔、卡塔尔埃米尔等海湾阿拉伯国家领导人到访中国。

海湾阿拉伯国家积极支持和响应"一带一路"倡议，将自身的发展战略与"一带一路"建设相对接，如沙特"2030 愿景"、巴林"2030 经济愿景"、科威特"2035 愿景"及丝绸新城、五岛建设项目等，中海之间正在形成更加紧密的命运共同体。

（二）海湾阿拉伯国家"中文热"为媒体合作催生更多机遇

近年来，海湾阿拉伯国家"向东看"目光愈发坚定，"中文热"持续升温。2018 年，阿联酋宣布在境内 100 所中小学学校开设中文课程，2019 年，阿布扎比王储穆罕默德宣布，阿联酋开设中文课程的公立学校将从原计划的 100 所增加到 200 所。2019 年，沙特将中文纳入国民教育体系的各个阶段，作为深化沙特"2030 愿景"和中国"一带一路"倡议对接的重要内容之一。这是阿联酋和沙特两国作出的具有战略意义的决定。"中文热"也为媒体合作催生更多机遇，同时也提出了提供更多产品的迫切要求，如中阿影视剧的播出、中文教学节目的推出、联合拍摄和制作媒体作品等。阿联酋资深传媒人士乌萨玛认为，中国影视剧在阿联酋热播，除了文化相通、情感相融

---

① 唐志超：《新起点、再出发：中阿关系进入新时代》，《世界知识》2019 年第 8 期。

等因素外，更深层次的原因是中国经济的快速增长和文化软实力的不断增强以及当前阿联酋国内的"中文热"。希望今后包括阿联酋在内的海湾阿拉伯国家能够同中国进一步拓展合作领域，联合拍摄和制作影视作品，不断加强两个民族间的文化了解。①

（三）媒体合作在增进双方文明互鉴方面发挥独特作用

中国提出的旨在促进地区国家和世界发展的"一带一路"倡议，是促进地区国家间的文明互鉴、文化交流和经验分享的重大机遇，而媒体在其中发挥了不可或缺的重要作用。相比其他业界而言，媒体界在促进地区团结方面发挥着独特的积极作用，在增进沟通互信和国家间关系方面占据着极为重要的地位。媒体合作不仅可以弘扬彼此历史与文化，促进彼此间的了解，也有助于维护地区国家的共同利益。因此，加强媒体合作是新时期中国与海湾阿拉伯国家开展人文交流的重要一环，是增进双方彼此了解的有力途径。通过进一步加强双方政府新闻主管部门之间友好合作关系，促进双方新闻、出版、广电领域合作，通过新闻交流、节目交换、媒体间互访等形式来介绍双方的文化、历史和社会发展情况，增进双方人民的相互了解。上文提到的《超级工程》用崛起的建筑见证中国经济发展，表达中国人克服困难的不屈与坚韧……这些作品通过国际平台的传播，潜移默化中传递人与人之间互爱的精神、对社会肌体的维护、"和谐共生"的世界观和价值观等中国传统文化精神。②

（四）海湾阿拉伯国家的技术优势与市场需求为媒体合作添翼

媒体领域的合作离不开技术，中国高速发展的信息技术和广电技术领域

---

① 《中国剧场讲"中国好故事"，国产影视剧在阿联酋热播"圈粉"》，中央广电总台国际在线，http：//news. cri. cn/20190202/c49a3806 – bf56 – b678 – 97d1 – 26b244cfa210. html，访问日期：2020 年 8 月 25 日。

② 《"出海"机遇挑战并存，建构真实立体全面的中国形象》，人民网，http：//media. people. com. cn/n1/2018/0614/c40606 – 30056109. html，访问日期：2020 年 8 月 19 日。

也是海湾阿拉伯国家非常希望发展的领域，沙特、阿联酋是世界上最早搭建5G网络的一批国家，其在人工智能、4K技术等方面也希望和中国加强交流。此外，海湾阿拉伯国家纷纷推出国家转型计划，如沙特"2030愿景"、巴林"2030经济愿景"等，对文化娱乐产业的规划是国家转型计划的重要组成部分。2018年4月，沙特第一家电影院在利雅得开张，同时宣布建造巨型娱乐城项目"奇地亚"。可见，海湾阿拉伯国家对文化娱乐、传媒影视的需求正在逐步释放，这将为双方的媒体合作带来更多可能。

当前，中国同海湾阿拉伯国家在媒体领域的合作仍面临一些问题有待双方进一步共同推进，从而更有效发挥媒体在双边关系中的积极作用。

其一，海湾阿拉伯国家作为共建"一带一路"的重要经济体，中国与其关系发展迅速，尤其是双方在能源经贸领域的合作关系保持较快的增长。与此相比，双方媒体合作的开拓力度还不够大。此外，目前中国同海湾阿拉伯国家的媒体合作以与阿联酋媒体合作居多，其余几个国家参与有限，仍有发展空间。中国与海湾阿拉伯国家的人民渴望互相了解，2010年上海世博会沙特主题馆是整个世博会最具人气的场馆，创下9小时的排队记录；2019年中国影视剧在伊拉克播放时，民众兴趣极大，称上一次有关中国元素的记忆要追溯到20世纪80年代播放的《水浒传》。这两个事例足以证明双方对于互相认知的渴望，但目前所提供的媒体产品仍十分有限。

其二，目前中国与海湾阿拉伯国家的媒体合作以我为主，阿方参与度可更高。中国的新华社在沙特、科威特、伊拉克、阿联酋、卡塔尔均设有分社，在阿曼也设有记者站由卡塔尔分社监管；人民日报在阿联酋设有分社；中国国际广播电台在卡塔尔设有记者站。[①] 相比之下，海湾阿拉伯国家官方媒体中只有卡塔尔半岛电视台于2002年在北京设立了分社，卡塔尔半岛电视台、沙特通讯社开设了中文版。这反映出双方媒体交流与合作不平衡的现状，阿方参与度可更高。

其三，中国同海湾阿拉伯国家的媒体合作要充分考虑对方国家的民情、

---

① 王南：《中阿媒体交流与合作刍议》，《阿拉伯世界研究》2011年第1期。

社情，即海湾阿拉伯国家高比例的青年人口数量。要在充分调研的情况下，了解青年人口对增进双方认知的需求，对媒体合作形式的偏好，推出更多个性化定制产品，发挥新媒体产品的优势与作用，从而更好地达到媒体交流的效果与接受度。

2020 年 7 月，中阿合作论坛第九届部长级会议召开，习近平主席致贺信指出，"当前形势下，中阿双方比以往任何时候都更需要加强合作、共克时艰、携手前行"。① 当前，中阿之间构建人类命运共同体的意识在不断增强，着力用互学互鉴取代冲突隔阂，推动合作共赢，用人类命运共同体意识超越狭隘的民族国家意识，其中的人文交流、共通价值观、正向认知，这些都需要通过媒体合作与交流来实现。构建中阿命运共同体为当前中国同海湾阿拉伯国家的媒体合作与交流注入全新内涵。

---

① 《习近平向中国 - 阿拉伯国家合作论坛第九届部长级会议致贺信》，中华人民共和国中央人民政府网站，https：//www. gov. cn/xinwen/2020 - 07/06/content_ 5524574. htm，访问日期：2020 年 8 月 19 日。

国 别 报 告

National Reports

B.8
中国－沙特关系（2019~2020）

孙德刚*

摘　要：　2020年是沙特阿拉伯王国建国90周年，也是中沙建交30周
　　　　　年。30年来，中沙两国超越意识形态差异，经历了能源合作
　　　　　伙伴、战略性友好伙伴和全面战略伙伴三个阶段，形成相互
　　　　　依存的合作关系。中国"一带一路"倡议与沙特"2030愿
　　　　　景"目标进一步契合，两国合作受第四次工业革命、中东地
　　　　　缘政治剧烈变动和中沙优势互补等因素影响，具有务实性与
　　　　　全面性。展望未来，中沙关系的发展将围绕政治、经贸、人
　　　　　文、治国理政、高科技与安全等综合领域开展务实交流与合
　　　　　作，成为中国与海湾阿拉伯国家务实合作的典范。

---

* 孙德刚，博士，复旦大学国际问题研究院研究员。

关键词： 中沙关系　中沙合作　中国中东外交

　　沙特是阿拉伯世界最后一个与中华人民共和国建交的国家。建交以来，两国关系迅速发展，战略合作层级不断提升。2016 年 1 月，习近平主席访问沙特，两国领导人一致同意将中沙战略性友好伙伴关系提升至全面战略伙伴关系的水平，这标志着中沙整体合作框架业已形成。《中华人民共和国和沙特阿拉伯王国关于建立全面战略伙伴关系的联合声明》指出，"在世界多极化、经济全球化不断向前推进的背景下，中沙关系越来越具有战略性和全局性，两国已成为彼此在全球的重要合作伙伴。双方始终从战略高度和长远角度看待彼此关系，将对方置于本国外交关系发展的重要方向"。① 中沙合作关系集中表现为政治互访频繁，经贸合作不断密切，高科技合作全面展开，安全合作成果丰硕，人文交流不断丰富。全方位合作既表现为合作领域的全方位（如政治、经济、能源、产能、安全、治国理政经验交流等），又表现为合作区域的全方位（双边、三边、地区和全球）。

　　截至 2020 年，中沙双方在能源、产能、装备制造、贸易、投资、金融、科技、人文、反恐、安全、政策沟通等领域的广泛合作进展顺利。2020 年 2 月 3 日，沙特外交大臣费萨尔应约同中国国务委员兼外长王毅通电话，代表沙特政府和人民支持中国抗击新型冠状病毒感染肺炎疫情，充分肯定中国为防控疫情采取的有力措施，高度赞赏中国在疫情防治工作中体现出的责任感。② 2 月 6 日，习近平主席在应约同沙特国王萨勒曼通电话时指出，在中国抗击新冠肺炎疫情的关键时刻，沙特多次予以中方坚定支持，充分体现了中沙两国的真挚友谊和高水平的全面战略伙伴关系。中

---

① 《中华人民共和国和沙特阿拉伯王国关于建立全面战略伙伴关系的联合声明》（2016 年 1 月 19 日，利雅得），《人民日报》2016 年 1 月 20 日，第 2 版。
② 《王毅同沙特外交大臣费萨尔通电话》，中阿合作论坛网站，2020 年 2 月 4 日，http：//www.chinaarabcf.org/chn/zyhd/t1739908.htm，访问日期：2020 年 3 月 25 日。

方愿同沙方相互支持彼此核心利益和重大关切，推动双边关系得到更大发展。①

一　中沙政治合作基础深厚

2019～2020年，中沙全面战略伙伴关系不断推进，以中沙高级别联合委员会（下文简称"中沙高委会"）为机制，全面开展政治对话、务实合作、双向投资、人文交流与防务合作。尽管遇到内外部、主客观各种新挑战，但它们都是前进过程中遇到的新问题，可以通过机制创新和战略协调加以解决。

中沙高委会是两国政府间全方位、高层级、机制化的合作平台，发挥了重要的统筹协调作用。2019年2月，国务院副总理、中沙高委会中方牵头人韩正在北京会见了沙特王储兼副首相、国防大臣、中沙高委会沙方牵头人穆罕默德，并共同主持了中沙高委会第三次会议。韩正提出了中沙合作的四大领域：一是深化政治互信，相互支持彼此核心利益，加强在多边事务中的沟通协调；二是加强"一带一路"倡议与沙特"2030愿景"战略对接，深化能源、基础设施建设、财政金融、高科技等领域务实合作；三是推进反恐和执法安全合作，加强去极端化经验交流；四是密切人文交流，增进民心相通。韩正指出，中方欢迎沙方更多文化机构参与"一带一路"国际文化合作机制。② 截至2020年，中国在中东地区已与阿尔及利亚、埃及、沙特、伊朗和阿联酋五国建立了全面战略伙伴关系，形成了相应的高级联合委员会，中沙高委会机制化建设走在了前列。

在中沙高委会下面，还下设了六个分委会，包括政治外交分委会（外交部牵头），"一带一路"、重大投资合作项目和能源分委会（发改委牵头），贸易和投资分委会（商务部牵头），文化、科技和旅游分委会（文旅部牵头），财金分委会（财政部牵头），安全合作分委会（公安部牵头）等，建

① 《习近平同沙特国王萨勒曼通电话》，《人民日报》2020年2月7日，第1版。
② 郑明达：《韩正会见沙特王储穆罕默德并共同主持中沙高级别联合委员会第三次会议》，《光明日报》2019年2月23日，第2版。

立了中沙在六大领域的合作机制。2018 年 7 月，中国外长王毅在北京同来华出席中阿合作论坛第八届部长级会议的沙特外交大臣朱贝尔共同主持举行中沙高委会政治外交分委会第三次会议。王毅表示，中方将一如既往做与阿拉伯国家平等相待的真诚伙伴，决不干预阿拉伯国家内政，也反对任何人以任何借口干涉阿拉伯国家内政。① 同年 10 月，土耳其和西方大国一道炒作卡舒吉事件，甚至将之政治化和国际化，沙特国际形象严重受损。2018 年 11 月 30 日至 12 月 1 日，二十国集团领导人峰会在阿根廷布宜诺斯艾利斯举行。峰会期间，习近平主席与穆罕默德王储克服外界干扰，如期举行双边会谈，双方达成了重要共识。习近平主席指出，中方始终从战略高度和长远角度看待中沙关系，沙特保持稳定和发展是中东海湾地区实现繁荣进步的基石；穆罕默德王储表示，沙特赞同中国在国际事务中的立场和主张，期待中国发挥更大作用，愿为促进阿拉伯国家和伊斯兰世界同中国友好合作关系发展作出贡献。② 两国领导人举行双边会晤，缓解了沙特政府面临的国际压力，有助于中沙进一步增强战略互信。

沙特在涉及中国核心利益问题上坚定支持中国，反对西方干涉中国内政，促进了中沙政治合作。中国在新疆去极端化取得的成果有目共睹，却遭到西方的抹黑。2019 年 7 月，沙特等 37 国常驻日内瓦大使联名致函联合国人权理事会主席和人权问题高级专员，支持中国政府在涉疆问题上的立场，积极评价新疆人权成就和反恐。沙特常驻联合国代表阿卜杜拉·穆阿利米（Abdallah Mouallimi）表示，"全世界没有其他国家比沙特更担心穆斯林的处境。我们支持中国在国内推动的发展政策"。③ 2019 年 9 月，沙特外交大臣阿萨夫在纽约出席联合国大会期间会见王毅外长时指出，沙特始终致力于沙中全面战略伙伴关系发展，反对在涉疆问题上对中国的无理指责，坚定支

① 《王毅：中阿应坚定支持对方核心利益》，中阿合作论坛网站，2018 年 7 月 10 日，http://www.chinaarabcf.org/chn/zyhd/t1575747.htm，访问日期：2020 年 3 月 25 日。
② 裴广江、刘旭霞：《习近平会见沙特阿拉伯王储穆罕默德》，《人民日报》2018 年 12 月 2 日，第 2 版。
③ 聂晓阳：《37 国大使联名致函联合国支持中国在涉疆问题上的立场：积极评价新疆人权成就和反恐、去极端化成果》，《解放军报》2019 年 7 月 14 日，第 4 版。

持中方采取的正当立场和举措，愿同中方加强在预防性反恐和去极端化方面的交流合作。① 沙特高度赞赏中国在新疆去极端化问题上所取得的成绩，反对西方借口所谓民族与宗教问题干涉中国内政。

中沙领导人均高度重视两国的政治合作，通过频繁互访促进两国关系不断升级（见表1）。中沙领导人从战略高度审视双边关系，把握全方位合作的大局，带动了两国的全方位合作。双方元首建立了战略互信，通过"政治引领"推动全方位合作。政治引领表现为不同形式，如双方高层领导人（中国国家主席、副主席、总理、副总理、外长、国防部长、元首特使以及沙特国王、王储、外交大臣等）互访，在二十国集团和联合国等多边场合会晤，在重大事件发生后两国元首通电话、互相致电，等等。

表1　中沙高层领导人会谈一览（2016～2019年）

出访时间	出访领导人	会谈地点	访问成果
2016年1月	国家主席习近平	沙特	中沙宣布建立全面战略伙伴关系
2016年8～9月	穆罕默德王储	中国	与国务院副总理张高丽共同主持中沙高委会首次会议；赴杭州出席二十国集团领导人峰会
2016年11月	习近平主席特使孟建柱	沙特	落实两国元首关于加强中沙安全领域的指示
2017年3月	沙特国王萨勒曼	中国	中沙签订14项合作协议
2017年8月	国务院副总理张高丽	沙特	联合主持中沙高委会第二次会议
2018年11月	习近平主席与穆罕默德王储	阿根廷	二十国集团会议期间举行双边会晤
2019年2月	沙特王储穆罕默德	中国	出席中沙高委会第三次会议
2019年3月	国防部长魏凤和	沙特	加强中沙防务合作

资料来源：笔者根据中华人民共和国外交部网站资料整理而成。

二　中沙经贸合作再上台阶

随着中沙合作的不断扩大和成果不断积累，两国已超越以往的"能源

---

① 《王毅会见沙特外交大臣阿萨夫》，中阿合作论坛网站，2019年9月27日，http://www.chinaarabcf.org/chn/zyhd/t1702608.htm，访问日期：2020年3月25日。

共同体"（在能源供需上形成相互依存关系）和"利益共同体"（在贸易领域形成相互依存关系），朝着构建"安全共同体"（形成安全上的相互依存关系）和"命运共同体"（形成相互依存的国际权力观、共同利益观、可持续发展观和全球治理观）的方向前进。2019年中沙贸易额达780亿美元，沙特连续19年成为中国在阿拉伯世界和中东地区最大贸易伙伴，中国连续7年成为沙特最大的贸易伙伴和最主要的石油进口国（见表2）。2020年是中沙建交30周年，两国关系进入升级换代新阶段。

表2　2008～2019年中沙贸易额

单位：亿美元

年份	2008	2009	2010	2011	2012	2013	2014	2015	2016	2017	2018	2019
贸易额	434	343	451	666	744	742	715	539	424	501	614	780

资料来源：Sinem Cengiz, "Saudi Foreign Policy towards China in the Post-Arab Uprisings Era: A Neo-Classical Realist Approach," *Asian Journal of Middle Eastern and Islamic Studies*, Vol. 14, No. 1, 2020, p. 62。

　　中沙从以往的能源合作和政治合作为主，拓展至政治与外交、能源与"一带一路"、贸易与投资、文化与旅游、科学与技术、军事与安全和全球治理等多维领域，尤其是沙特提出大力发展可再生能源，建设核能与新能源城，为中沙在高新技术领域发展战略对接提供了机遇。《中华人民共和国和沙特阿拉伯王国关于建立全面战略伙伴关系的联合声明》规定了双方在政治、能源、安全、人文、地区和国际事务六大领域的合作。

　　经过30年的发展，中沙从能源合作伙伴、战略性合作伙伴提升为全面战略伙伴，合作领域不断拓展。一方面，中沙在传统领域的合作得以巩固和拓展，同时在新能源、航空航天、防务、去极端化等领域的合作也日益密切。2017年沙特国王萨勒曼访华。习近平主席在会见萨勒曼国王时指出，中国欢迎沙特成为共建"一带一路"的全球合作伙伴，也愿做沙特经济多元化的全球合作伙伴。中国是沙特可靠稳定的原油出口市场，双方应共同打造能源领域一体化合作格局，深化通信、航天等领域合作，探讨建立金融和投资合作平台，双方还应继续加强在文化、教育、卫生、科技、旅游、新闻和安全等领域的合作。会谈期间，两国元首还见证了经贸、能源、产能、文化、教育、科技等领域双边合作文件的签署。①

中沙能源合作作为中沙关系"压舱石"地位凸显。福建联合石化、天津炼化、延布炼厂、安宁炼油厂、中沙吉赞经济城等，是近年来中沙能源领域合作的重点项目。中国已建成国家战略石油储备基地一期4个项目，继续拓展舟山扩建、独山子及黄岛洞库等9个基地，沙特对于中国增加石油储备发挥了重要作用。据《中国能源发展报告2018》统计，2018年我国石油71.62%依靠进口，天然气对外依存度超过40%，沙特对中国能源稳定供应发挥了重要作用。② 2019年2月，王毅外长在沙特《中东报》撰文指出，中沙确定了总金额约550亿美元的产能与投资合作重点项目，中沙吉赞产业聚集区建设稳步推进，首个招商项目——总投资超过32亿美元的广州泛亚聚酯石化项目开工。③ 沙特延布炼厂、辽宁盘锦炼厂、拉比格电厂、"大陆桥"铁路等一系列能源项目提升了中沙能源合作的水平。

中沙双向投资取得新进展。沙特在"2030愿景"指导下"向东看"，以寻找稳定的能源和投资合作伙伴，与中国在"一带一路"倡议指导下"向西看"、实现优势产能转移的目标不谋而合。根据"2030愿景"，沙特将继续完善机场、地铁、公路、铁路等交通设施建设，以促进国内非石油经济的发展。沙特拟打造海合会共同市场，完善沙特与海湾国家之间的公路和铁路网络，打通经埃及连接阿拉伯半岛和非洲的道路。据沙特投资总局预测，沙特未来10年对公路、地铁、高铁、机场、港口等基础设施建设投资需求估计将达1410亿美元。④

① 李忠发、郝亚琳:《习近平同沙特国王萨勒曼举行会谈:一致同意推动中沙全面战略伙伴关系不断取得新成果》,《人民日报》2017年3月17日,第1版。
② 邢梦玥:《"一带一路"倡议下加强中沙石油合作的探索》,《山东工商学院学报》2020年第1期,第74~77页。
③ 《王毅接受〈中东报〉采访》,中阿合作论坛网站,2019年2月25日,http://www.chinaarabcf.org/chn/zyhd/t1640588.htm,访问日期:2020年3月25日。
④ 转引自李晓莉《"一带一路"背景下中国在沙特阿拉伯的投资推进》,《江苏商论》2017年第12期,第42页。

　　中沙金融合作成为新领域。在经贸、能源、投资和金融领域，沙特积极"向东看"，同中国和其他东南亚和南亚国家加强政治、安全、经济和金融合作，[①] 并于 2015 年正式成为亚投行创始成员国。沙特加入亚投行，带动了其他阿拉伯国家陆续加入。截至 2020 年初，埃及、约旦、科威特、阿曼、卡塔尔、沙特和阿联酋 7 国成为亚投行创始成员国，阿尔及利亚、摩洛哥、巴林、黎巴嫩、突尼斯、吉布提、苏丹、利比亚 8 个阿拉伯国家也于近年加入亚投行。中沙还基于对等原则，互设银行代表处。中国银行业监督管理委员会批准沙特国家商业银行设立上海代表处。中国工商银行、中国银行等已经在沙特设立分行。

　　产业互补性是中沙构建全面战略伙伴关系的经济动因。中国是制造业大国，在经济多元化发展中，形成了优势产能，成为世界上唯一拥有全部工业门类国家。在世界 500 多种主要工业产品当中，有 220 多种工业产品中国的产量位居全球第一。[②] 在中国现代工业生产过程中，石油和天然气成为中国国民经济发展的重要保障，是中国"保增长、稳就业、拉动出口"的基础。2019 年 1～5 月中国从中东地区进口的原油占总进口量的 47%，沙特与俄罗斯对华石油出口量基本持平。[③] 沙特在"2030 愿景"中提出经济多元化战略，力图摆脱对石油财政的依赖，大力发展工业化和新兴产业，为中沙优势互补、加强产能合作提供了机遇。2019 年 2 月 22 日，沙特王储穆罕默德访华，在与中国国家主席习近平会谈时指出，沙特视中国为重要战略伙伴，感谢中国对沙特国内改革和发展的支持。沙特支持共建"一带一路"，愿将沙方"2030 愿景"同"一带一路"倡议对接，进一步深化两国各领域的务实合作。[④] 在传统能源领域，中国是世界上最大的石油进口国（沙特出口到

---

① Shirzad Azad, "Saudi Arabia Looks East: Imperatives and Implications," *The International Spectator*, Vol. 54, No. 3, 2019, pp. 139–152.

② 《我国已成为唯一拥有全部工业门类的国家》，《人民日报》2019 年 9 月 21 日，第 4 版。

③ 《简析 2019 上半年中国进口原油来源地的变与不变》，搜狐网，2019 年 7 月 15 日，https://www.sohu.com/a/326946699_559891，访问日期：2020 年 5 月 25 日。

④ 赵成：《习近平会见沙特阿拉伯王国王储穆罕默德》，《人民日报》2019 年 2 月 23 日，第 1 版。

中国的石油量占中国石油进口量的 1/6)，沙特是世界上石油出口量最大的国家之一（中国从沙特进口石油量占沙特出口量的 1/7)，双方在上游和下游油气合作方面进展迅速。同时，沙特希望摆脱"地租经济"模式，走能源结构多元化道路。在新能源领域，沙特希望成为核能大国、掌握民用核技术，中国则已掌握先进的第四代核技术，有利于双方在传统能源合作的基础上进行新能源合作。

沙特经济转型为中国优势产能转移提供了机遇，其中以能源为基础的产业（包括石化行业、净化水与发电业、冶金行业三个方面）、交通运输业（包括铁路、港口、码头、道路等）、信息通信技术产业是沙特优先发展的行业。沙特政府还计划建设能源城、经济城和工业区等促进经济转型，如建设阿卜杜拉国王经济城、麦地那经济城、吉赞经济城、哈伊勒经济城、塔布克经济城、阿赫萨经济城以及朱拜勒和延布工业区。① 中国可以发挥基建优势，促进沙特的城市化、工业化和信息化。

在共建"一带一路"背景下，中沙在第三方务实合作中具有潜力，如在非洲、巴基斯坦、东南亚和南亚的合作。2018 年，沙特是第一个受邀参与建设"中巴经济走廊"的国家。当年 9 月，沙特王储穆罕默德·本·萨勒曼访问巴基斯坦，巴总理伊姆兰·汗公开宣布，沙特愿意参与建设中巴经济走廊，从而使沙特成为参与建设中巴经济走廊的第三方伙伴。在访问巴基斯坦时，穆罕默德·本·萨勒曼王储宣布将投资 200 亿美元支持中巴经济走廊、瓜达尔港以及炼油、石化、电力和可再生能源等项目的建设，未来沙特还将持续扩大对巴基斯坦的投资。② 中沙在巴基斯坦的合作，成为东亚、西亚和南亚国家跨区域合作的典范，有助于亚洲国家的互联互通。

除产能合作外，在东南亚和南亚投资建设石化工厂，是沙特石油安全战略的一个重要组成部分。近年来，沙特不断增加对东南亚的炼化项目投资，

---

① 刘磊：《中沙经贸合作现状及前景分析》，《阿拉伯世界研究》2011 年第 4 期，第 53 页。
② 刘中民：《西方对中沙合作想多了》，《环球时报》2019 年 2 月 25 日，第 14 版；Ejaz Hussain，"CPEC and the Belt and Road Initiative: Economic Implications for the Greater Middle East," *Asian Journal of Middle Eastern and Islamic Studies*, Vol. 14, No. 1, 2020, p. 40。

如投资马来西亚 70 亿美元共建炼化一体化发展项目；投资印度尼西亚 40 亿美元，对其原有的石化项目进行升级改造；对印度投资 150 亿美元，用于打造一家年产能 6000 万吨的炼厂。① 中国是东南亚和南亚最大贸易伙伴，中沙在东南亚和南亚能源投资合作前景广阔。

三　中沙人文与治国理政经验交流日益频繁

中沙人文交流涵盖教育、文化遗产保护、旅游、宗教等多个层面，促进了两国的民心相通。中沙两国签署《中沙政府教育合作协定》，自 2011 年起，中国教育部和宁夏回族自治区政府共同举办"中国阿拉伯国家大学校长论坛"，该论坛每两年举办一次，为中国与包括沙特在内的阿拉伯国家的高等院校的交流与合作提供了机会。在第一届和第二届论坛上，共有来自阿拉伯国家和伊斯兰世界的 45 所大学校长、部分国家高等教育部官员、驻华使馆文化官员，以及国内 52 所大学、研究机构代表参会，签署协议 150 多项。② 2019 年 2 月，沙特王储穆罕默德·本·萨勒曼访华参加中沙高委会第三次会议时指出，沙特将中文纳入该国所有教育阶段的课程之中，使沙特教育更具多元性。③ 沙特对中文的开放态度，促进了中沙人文交流。

在中沙人文交流中，文化遗产保护领域的合作进展也很顺利。根据中沙签署的合作协议，双方对沙特塞林港遗址实施为期 5 年的联合考古发掘。2018 年 3～4 月，中沙联合考古队对塞林港遗址进行了第一次考古发掘，完成了遗址地表信息的收集、测绘与 3D 重建；探明了遗址的功能分区与埋藏状况，并从拓印的纪年碑铭准确推断出遗址年代为公元 9 世纪至 13 世纪，

① 钱学文：《当沙特愿景遇上中国倡议华锦阿美全面落地》，《中国石油石化》2019 年第 7 期，第 48～49 页。
② 王婷钰：《"一带一路"视域下的中沙高等教育交流与合作：进展、问题及建议》，《世界教育信息》2019 年第 20 期，第 27 页。关于中沙人文交流，可参见田艺琼《中国对沙特阿拉伯的人文外交研究》，载周烈、肖凌主编《阿拉伯研究论丛》总第 2 期，社会科学文献出版社，2015，第 146～160 页。
③ Jonathan Fulton, "China's Changing Role in the Middle East," *Atlantic Council*, 2019, p. 9.

发现了宋元至明清时期的中国外销瓷器残片，为海上丝绸之路的研究提供了
十分珍贵的实物资料。①

当前，无论是沙特还是中国都在实行对内改革、对外开放，统筹协调改
革、发展和稳定的关系，也都面临社会多元化、阶层分化、民生改善和推动
治理现代化的挑战。习近平主席指出："和平、改革、发展是中东各国的普
遍需要，稳定、安宁、幸福是中东人民的共同追求。"② 王储穆罕默德·
本·萨勒曼属于沙特王室第三代，有大刀阔斧推进改革的决心；中国近年来
改革不断升级和提速，两国均在探索适合自身发展的道路。

一方面，中沙可分享去极端化经验。2019 年中国外长王毅在接受沙特《中
东报》采访时指出，中国在加大对恐怖组织打击的同时，充分借鉴包括沙特在
内的国际社会反恐和去极端化经验，在新疆依法开设了职业技能教育培训中心。
这是一种预防性反恐和去极端化的创新举措，也是中方为国际社会开展反恐斗
争做出的有益探索，在本质上同沙方反恐和去极端化努力是一致的。③ 沙特建
立了世界上第一个去极端化教育转化中心，在沙特的提议下，联合国成立了
专门的反恐中心以交流反恐信息、建立协调机制，沙特政府捐款 1 亿美
元。④ 正如中国外长王毅所指出的，中沙都是恐怖主义受害者，也都是国际
反恐合作的重要参与者。双方在反恐和去极端化问题上存在诸多共识，都主
张加强文明对话，反对将恐怖主义同特定民族和宗教挂钩；都坚持反恐应综
合治理，标本兼治，反对采取双重标准；都认为国际反恐合作在坚持联合国
主渠道作用的同时，应当多倾听恐怖主义受害国的声音。当前，国际和地区
反恐和去极端化形势依然严峻。中国愿同沙特开展政策对话和情报信息交

---

① 王波、涂一帆：《中沙联合考古队开展对沙特塞林港第二次考古发掘》，《文物鉴定与鉴赏》
2019 年第 1 期，第 82 页。
② 习近平：《携手推进新时代中阿战略伙伴关系——在中阿合作论坛第八届部长级会议开幕式
上的讲话》，《人民日报》2018 年 7 月 11 日，第 1 版。
③ 《王毅接受〈中东报〉采访》，中阿合作论坛网站，2019 年 2 月 25 日，http：//www.
chinaarabcf. org/chn/zyhd/t1640588. htm，访问日期：2020 年 3 月 25 日。
④ 李金祥、孙晓光：《联合国反恐中心成立的背景及影响》，《国际资料信息》2012 年第 6 期，
第 6 页。

流，在技术合作和人员培训、阻断涉恐融资来源、打击跨境有组织犯罪、去极端化经验交流等方面进一步加强合作，维护好共同安全。①

另一方面，中沙实现治国理政经验交流，有助于新兴大国探索不同于西方的现代化道路。近年来，俄罗斯、巴西、土耳其、南非等新兴大国在崛起过程中面临各种挑战，其现代化发展模式受到西方怀疑。2019 年 2 月，习近平主席在会见来访的沙特王储穆罕默德时指出，中方坚定支持沙方推动的经济多元化和社会改革，坚定支持沙方为维护国家主权、安全、稳定所做的努力。② 中沙在探索适合本国国情的发展道路上交流经验，有助于广大发展中国家的民族振兴和发展中大国的群体性崛起，也有助于多边主义发展和亚洲认同的强化。

四　中沙高科技合作方兴未艾

作为与中国建交最晚的阿拉伯国家，沙特从中东地区强国中脱颖而出，与中国建立全面战略伙伴关系（阿尔及利亚、埃及、沙特、伊朗和阿联酋与中国的关系处于同一层级），并建立全方位、整体性的立体多维合作关系，合作领域不断拓展。

2016 年，中沙两国签署了《中沙卫星导航领域合作谅解备忘录》，为加快推进北斗系统落地阿拉伯世界奠定了坚实基础。2017 年 4 月，中国在利雅得成功举办北斗—全球导航卫星系统研讨会，围绕技术交流和导航应用开展合作。同年，中沙签署了《关于中国嫦娥四号任务合作的谅解备忘录》，中国国家航天局长张克俭和沙特阿卜杜拉国王科技城主席图尔基亲王共同为月球图像揭幕，这是中沙两国在探月工程嫦娥四号中继星任务国际合作项目取得的重要成果。③ 2018 年 12 月，中国为沙特发射了沙特－5A 和沙特－5B

---

① 《王毅接受〈中东报〉采访》，中阿合作论坛网站，2019 年 2 月 25 日，http：//www.chinaarabcf.org/chn/zyhd/t1640588.htm，访问日期：2020 年 3 月 25 日。
② 赵成：《习近平会见沙特阿拉伯王国王储穆罕默德》，新华网，2019 年 2 月 22 日，http：//www.xinhuanet.com/politics/leaders/2019－02/22/c_ 1124152558.htm，访问日期：2021 年 2 月 2 日。
③ 《中沙联合发布搭载相机对月成像图》，国家国防科技工业局网站，2018 年 6 月 14 日，http：//www.cnsa.gov.cn/n6758823/n6758840/c6801913/content.html，访问日期：2020 年 2 月 16 日。

两颗遥感卫星，搭载发射 10 颗小卫星，卫星均进入预定轨道。这是沙特阿卜杜拉国王科技城自行研制、用于对地观测的两颗遥感卫星，也是沙特截至目前发射的自行研制的最大对地观测卫星。①

第四次工业革命的加速发展是中沙构建全面战略伙伴关系的时代动因。中沙从传统能源合作到政治合作再到全方位合作，是第四次工业革命推动的结果。中国外长王毅指出，中沙高新技术合作已取得初步成果，2018 年沙特成像仪搭载中国卫星发射，实现阿拉伯国家首次成功探月，中国长征运载火箭也成功发射了两颗沙特自行研制的卫星。② 中沙在北斗卫星、探月工程等太空合作领域已经签订了合作协议。在科技合作过程中，中国积极帮助沙特培训卫星导航、航空航天、核能等人才。2019 年 12 月，中沙国家标准化合作技术培训班在四川成都召开。

在新能源领域，中沙高科技合作也具有重要潜力。2017 年 10 月，沙特政府宣布开启"新未来"项目，该项目计划投资 5000 亿美元，2025 年以前将在靠近红海的亚喀巴湾东部地区建设由 12 座小城镇和大型工业区组成的高科技城市群。③ 沙特的新兴工业化发展，对核能、太阳能、风能等新能源的开发和创新城市的建设，中国的 5G 技术、港口、航空航天、登月计划、核电站、大飞机等技术的进步，都为双方在新时代促进合作提供了重要战略机遇。2017 年，中国国务院总理李克强在会见来访的沙特国王萨勒曼时指出，中方愿同沙特巩固互信，深入对接发展战略，落实好重点领域的产能合作，开辟能源和高技术合作新空间，加强国际地区事务协调，推动中沙关系与广泛领域合作取得新进展。④ 2019 年 2 月，中国外交部长王毅会见陪同沙特王储穆罕默德来华出席中沙高委会第三次会议的沙特外交国务大臣朱贝尔时表示，世界各国都有发展的权利。沙特是具有巨大潜力的新兴市场

---

① 崔恩慧：《"长征"二号 D 运载火箭成功发射"沙特"卫星》，《中国航天》2018 年第 12 期，第 29 页。

② 《王毅接受〈中东报〉采访》，中阿合作论坛网站，2019 年 2 月 25 日，http：//www.chinaarabcf.org/chn/zyhd/t1640588.htm，访问日期：2020 年 3 月 25 日。

③ 陈沫：《沙特阿拉伯"新政"与中沙合作前景》，《当代世界》2019 年第 8 期，第 56 页。

④ 《李克强会见沙特国王萨勒曼》，《经济日报》2017 年 3 月 18 日，第 2 版。

国家，中方支持沙方多元化发展战略，愿意同沙方加强高技术合作，共同迎接第四次工业革命，他相信沙方将继续为中资企业提供公平市场环境。[①]中沙在高科技领域携手合作、迎接第四次工业革命，促进了中沙全面战略伙伴关系的发展。

在第四次革命的推动下，核能和太阳能是中沙能源合作的"新边疆"。如果说在中沙传统能源合作中，沙特是输出方，中国是输入方，而在新能源领域则中国是输出方，沙特是输入方。中国是最大的太阳能光伏出口国，沙特的太阳能光伏发电刚刚起步，目前以日本为主要合作伙伴，未来中沙两国合作前景广阔。除太阳能外，沙特还积极发展核能。根据沙特"2030愿景"的战略部署，沙特将开发储量丰富的铀矿。中沙在铀矿开发领域将加强合作，并建立"中国＋沙特＋第三方"（如匈牙利、哈萨克斯坦）的合作模式。[②] 2017年3月，中核集团与沙特地调局签署了《中沙铀钍资源合作谅解备忘录》，前者计划在两年内对沙特9片潜力地区开展放射性资源勘查工作。[③] 2019年，沙特宣布建设5G，华为宣布参与建设并签订合作备忘录，与沙特能源、工业和矿产部，通信和信息化部，沙特电力公司，沙特能源公司ACWA等部门共同签署了5个共计30亿美元的项目，涉及智慧城市、可再生能源、基础设施、技术、电力、市政等行业。[④] 截至2020年，中沙在北斗、探月、核能、5G等领域的合作成果丰硕，促进了中沙高科技合作。

---

① 《王毅会见沙特外交国务大臣朱贝尔》，中阿合作论坛网站，2019年2月22日，http：//www. chinaarabcf. org/chn/zyhd/t1640130. htm，访问日期：2020年3月25日。

② Robert Mason and Gawdat Bahgat，"Civil Nuclear Energy in the Middle East：Demand，Parity，and Risk," The Gulf Arab States Institute in Washington，April 11，2019，p. 11. https：//agsiw. org/wp－content/uploads/2019/04/Mason＿Bahgat＿Civil－Nuclear＿ONLINE－1. pdf，访问日期：2020年5月25日。

③ 林春挺：《中沙核能合作又迈出一步中企极力向沙特推销四代核电》，第一财经，https：//www. yicai. com/news/5317911. html，访问日期：2020年3月25日。

④ 侯奇江：《2019年沙特部署5G 华为签下近30亿投资项目》，财新网，2019年2月24日，http：//companies. caixin. com/2019－02－24/101383044. html，访问日期：2020年3月25日。

五　中沙安全合作成为新边疆

中沙建立全面战略伙伴关系以来，沙特与伊朗、土耳其、卡塔尔等地区国家的关系均出现摩擦，甚至与伊朗、卡塔尔断交。2019 年 9 月，中国国务委员兼外长王毅在纽约出席联合国大会期间会见沙特外交大臣阿萨夫时表示，中沙是全面战略伙伴，在国际和地区事务上的沟通协调更加密切。中方支持沙方为维护国家主权、安全和稳定所做的努力。① 中沙奉行务实合作政策，尽管具体外交政策不一定完全一致，但相互尊重对方，避免妄加评论。对于沙特等国卷入也门冲突，与伊朗、卡塔尔断交，以及因卡舒吉事件后与土耳其陷入纷争，中国都避免批评任何一方。与美沙在安全上形成了"中心—依附"的不对称关系不同，中沙求同存异、相互尊重，形成了相互依存的平等关系，通过发展战略对接，实现合作共赢。

中东地区地缘政治剧烈变动是中沙构建全面战略伙伴关系的安全动因。近年来，海湾地区海上冲突时有发生，如也门冲突方对过往船只的威胁，阿曼水域油轮遇袭起火，沙特油田遇袭，等等。在 2019 年沙特石油设施遭不明"无人机"袭击后，美国并未尽到协防沙特的义务，甚至因美沙石油战而引发矛盾，特朗普政府于 2020 年 5 月宣布撤出部署在沙特的"爱国者"防空系统及 300 名美军，沙特寻求与中国等国家合作，避免在安全上完全依靠美国。

中国在海湾地区奉行"不结盟"政策，秉持公正，根据国际热点问题的是非曲直制定外交政策。2019 年 9 月沙特石油设施遇袭后，习近平主席与沙特国王萨勒曼第一时间通电话，中方声明对袭击沙特石油设施的行为予以谴责，认为这一事件给海湾地区局势和国际能源市场带来冲击，希望事件得到全面、客观、公正调查。② 2019 年 11 月，中国海军舰队访问沙特吉达

---

① 《王毅会见沙特外交大臣阿萨夫》，中阿合作论坛网站，2019 年 9 月 27 日，http：// www.chinaarabcf.org/chn/zyhd/t1702608.htm，访问日期：2020 年 3 月 25 日。
② 《习近平应约同沙特国王萨勒曼通电话》，《人民日报》2019 年 9 月 21 日，第 1 版。

港，中沙宣布举行"蓝剑－2019"联合海军演习，演习地在红海沿岸吉达的费萨尔国王海军基地。此次联训是中国海军特战分队首次与沙特阿拉伯海军特战分队展开的联合训练。中国参训队员来自海军陆战队蛟龙突击队，沙方参训队员来自沙特皇家海军第二特战大队。沙特政府指出，此次联合军演旨在促进中沙两军之间的互信与友好关系。① 作为全面战略伙伴关系国，中国的政治支持和外交宣示成为对沙特的重要政治保证，有助于沙特维护国家主权与安全，也有助于中东海上原油运输线路的安全。中沙合作通过将经济联系与政治交往和安全合作联系起来，形成议题联系，促进了中沙关系的全面合作，做到"以经济促政治"和"以政治促安全"的全方位合作。

中东地区地缘政治剧烈变动还促进了中沙防务合作。美国是沙特军火的主要供应商，中沙防务合作尽管已经起步，但是交易额有限，中国对沙特军火销售旨在增强其防御能力和反恐能力，维护国家安全。2019 年 3 月，中国国防部长魏凤和访问沙特，与沙特国王萨勒曼、王储穆罕默德举行会谈。魏凤和指出，中沙两军关系发展势头良好，取得很多务实成果。中方愿与沙军一道，落实好两国领导人共识，拓展深化各领域务实合作，推动两军关系取得新的发展。② 展望未来，中沙安全合作需要从以下方面着手。

首先，中沙须处理好两组"三角关系"。中沙关系的发展取决于"中国－美国－沙特"大三角和"中国－伊朗－沙特"小三角。就"中美沙"大三角而言，21 世纪以来，沙特对外政策实际上寻求地缘政治和地缘经济"二分法"，即安全上依靠西方，经贸合作上依靠东方。尤其是在防务方面与美国维持军售关系，在能源出口、投资与贸易领域同中国、印度、日本、印

---

① 关亚斐：《直击！"蓝剑－2019"中沙海军特种部队联合训练》，中华人民共和国国防部网站，http：//www. mod. gov. cn/action/2019－12/02/content_ 4856072. htm，访问日期：2020 年 3 月 25 日；Sinem Cengiz，"Saudi Foreign Policy Towards China in the Post-Arab Uprisings Era：A Neo-Classical Realist Approach，" Sinem Cengiz，"Saudi Foreign Policy towards China in the Post-Arab Uprisings Era：A Neo-classical Realist Approach，" *Asian Journal of Middle Eastern and Islamic Studies*，Vol. 14，No. 1，2020，p. 65。

② 涂一帆：《沙特国王萨勒曼、王储穆罕默德会见魏凤和》，《解放军报》2019 年 3 月 28 日，第 2 版。

度尼西亚、马来西亚和韩国保持密切的合作关系，即沙特一直是安全合作"向西看"，经贸合作"向东看"。中国需要从构建人类命运共同体的高度，超越零和博弈，实现与美国、沙特等的互利合作，扩大共同利益基础。

在"中伊沙"小三角中，沙特认为伊朗的威胁是全面的——既威胁到了沙特政权安全，又削弱了沙特在阿拉伯世界的主导权。沙特认为伊朗通过武装什叶派力量，实际上对阿拉伯世界"分而治之"，破坏了阿拉伯世界的团结与统一；伊朗则认为沙特不应干预其与阿拉伯国家的正常交往。中国对沙特、伊朗和中东其他大国的不结盟政策绝不是消极、静态的"等距离外交"，而是根据实际情况和中东热点问题的是非曲直采取灵活政策，中沙推动整体合作的空间很大。因此，沙特试图利用其与中国不断增强的全面战略伙伴关系影响中国对伊朗政策，限制伊朗在地区的权力投射，[1] 特别是限制伊朗在伊拉克、也门、巴林、黎巴嫩和叙利亚的存在。中国主张海湾国家应求同存异、和平共存，对于沙特和伊朗缓和局势的做法，均表示欢迎。

其次，中沙须处理好双边与多边的关系。截至2020年，中沙整体合作主要以双边为主。同时，中阿合作论坛、联合国、二十国集团成为中沙合作的多边舞台。中阿合作论坛自2004年成立以来，已成为中国与阿拉伯国家整体合作最重要的多边载体。展望未来，需要将中沙关系置于中东国际关系、中阿战略合作关系的大背景下去审视，使中沙全面战略伙伴关系成为引领中阿整体合作的"样板"。沙特作为阿拉伯世界的"领头羊"，需要在今后中阿合作论坛多边机制化建设方面发挥引领作用，实现沙特主权财富基金与中国的中投、丝路基金、亚投行的有机结合。在二十国集团中，中沙等非西方大国需加强合作；可建立上合组织＋海合会、金砖国家＋海合会等地区间组织合作关系。[2] 在政治上，沙特曾率先提出"阿拉伯和平倡议"。中国在联合国安理会涉及巴勒斯坦的问题的投票中，一直支持巴勒斯坦民族解放

① Iain MacGillivray, "Maturing Sino-Saudi Strategic Relations and Changing Dynamics in the Gulf," *Global Change, Peace & Security*, Vol. 31, No. 1, 2019, p. 63.
② Talmiz Ahmad, "Promoting SCO-GCC Partnership: Shaping and Pursuing an Indian Initiative," *Asian Journal of Middle Eastern and Islamic Studies*, Vol. 12, No. 4, 2018, pp. 421–437.

事业，与以沙特为代表的阿拉伯国家始终站在一起。在中东和平进程多边机制中，中沙也需要在多边机制中加强合作。在投资领域，中沙还可以探索第三方合作的新范式，如在东南亚、南亚、中巴经济走廊、非洲等。

最后，中沙应平衡好旧平台与新机制的关系。截至2020年，能源合作仍然是中沙合作的重中之重；原有的合作平台，尤其是中沙高委会机制下的六个分委会是重要双边平台，"中阿合作论坛"是最直接的多边平台。同时，随着中沙合作领域不断拓展，双方在实践中遇到的新情况与新问题也会随之增加，中沙双方需要新思维，探索新机制。在沙特国王萨勒曼2017年3月访华期间，两国签署了35个项目，合同金额650亿美元，这些项目涉及海水提铀技术研究、铀钍矿资源勘探、无人机制造、沙特参与中国"嫦娥四号"、高温气冷堆项目联合可行性研究合作等高新领域。① 未来，围绕北斗、探月、5G、核能、太阳能等，中沙势必建立新的合作机制。

总之，2019年以来，中沙关系持续升温，层级不断提高，并最终形成了全方位、多领域的全面战略伙伴关系，存量不断夯实，增量不断拓展，这与两国政府"整体对接"有很大关系。中国是最大的发展中国家，拥有市场和技术优势，也是世界政治大国。沙特作为中等强国，拥有丰富的石油储量和主权财富基金，这是其硬实力；沙特还是伊斯兰世界两座圣城的守护者，在全球穆斯林心目中具有特殊地位，这是其软实力。中沙政治制度和意识形态不同，两国外交的优先任务不同，但双方在能源、经贸、科技、安全、全球治理等领域的互补关系促进了两国战略对接。能源合作与经贸合作是中沙全面战略伙伴关系的"压舱石"，是建交30年来中沙关系的重要"存量"，也是合作基础；新能源、航空航天和高科技是"增量"，是双方合作的"新边疆"。中沙着眼于未来，谋篇布局，以自上而下的方式整体推进，是30年来中沙战略合作关系不断升级的重要原因。

---

① 陈沫：《沙特阿拉伯的工业化与中沙产能合作》，《西亚非洲》2017年第6期，第156页。

B.9
中国－阿联酋关系（2019~2020）

喻珍 *

摘　要：　2019~2020年，中国和阿联酋在建立全面战略伙伴关系的基
础上，双边关系继续保持全面、快速发展。阿联酋在国内政
局整体稳定的情况下，分别在2019年和2020年进行了联邦
国民议会选举和联邦政府改组。中国和阿联酋不仅高层互访
频繁，还展开了抗击新冠肺炎疫情的政治合作。经济合作方
面，两国在劳务承包、传统能源和新能源安合作、产能合作、
合作投资等领域取得了新的进展。同时，两国在文化交流、
科技方面的合作也不断深化。

关键词：　中国　阿联酋　全面战略伙伴关系　"一带一路"倡议

阿拉伯联合酋长国（简称"阿联酋"）位于阿拉伯半岛东部，北濒波
斯湾，西和南与沙特阿拉伯王国交界，东和东北与阿曼毗连，这一地理位
置恰好是"一带一路"倡议的陆路和海路的交叉点。阿联酋在1971年独
立，随着哈伊马角在1972年加入联邦，正式成为由7个酋长国组成的联邦
国家。① 中国和阿联酋在1984年正式建交；2012年，阿联酋成为第一个和
中国建立战略伙伴关系的海湾阿拉伯国家；2018年两国把关系提升为全面

*　喻珍，博士，湘潭大学马克思主义学院副教授，硕士生导师，研究领域为海湾地区研究、
中东地区国际关系、国际援助。

①　1971年12月2日独立时，阿联酋由阿布扎比、迪拜、沙迦、富查伊拉、乌姆盖万和阿治曼
六个酋长国组成；1972年2月10日，哈伊马角加入联邦。

战略伙伴关系。① 阿联酋也是同中国合作程度最深、领域最广、成果最实的中东国家之一。2019～2020 年，中国和阿联酋在政治、经济、文化等多方面的合作继续呈现全面、快速发展态势。

一 阿联酋国内政局和中国－阿联酋政治合作

阿联酋是由 7 个酋长国组成的联邦国家，在政治体制中既重视联邦政府的中央权力，又赋予各酋长国各种自主权。阿联酋实行总统负责制，总统的每届任期都是五年，经重新选举通过后可以连任，没有固定任期限制。阿联酋的最高权力机关是由 7 个酋长国的酋长组成的联邦最高委员会（Supreme Council），联邦总统和联邦副总统都由这一委员会从委员会成员中选出。总统哈利法·本·扎耶德·阿勒纳哈扬（Khalifa Bin Zayed Al-Nahyan，下文简称"哈利法总统"）在 2004 年 11 月继任阿布扎比酋长，随后当选为阿联酋总统。迪拜酋长穆罕默德·本·拉希德·阿勒·马克图姆（Mohammed bin Rashid Al Maktoum）兼任联邦副总统、总理和国防部长。2019～2020 年，阿联酋在整体政局稳定的情况下，继续对联邦政府和联邦国民议会进行改革，以适应国内改革呼声，应对国内外挑战。

（一）阿联酋联邦政府的内阁改组和政治改革

2016 年 2 月，阿联酋组成了第 12 届联邦政府，并分别在 2017 年 10 月和 2020 年 7 月进行了两次政府重组。② 2020 年 7 月 5 日，哈利法总统批准了阿联酋联邦政府的新一轮重组。③ 联邦政府计划在两年内关闭 50% 的政府

---

① 《中华人民共和国和阿拉伯联合酋长国关于加强全面战略伙伴关系的联合声明（全文）》，新华网，2019 年 7 月 23 日，http://www.gov.cn/xinwen/2019－07/23/content_ 5413857.htm，访问日期：2020 年 8 月 4 日。

② 对阿联酋 2017 年 10 月政府重组的分析，参见喻珍《在阿联酋推进"一带一路"建设的风险及应对》，载刘中民、孙德刚主编《中东地区发展报告（2017～2018）》，世界知识出版社，2018，第 74～77 页。

③ The United Arab Emirates' Government Portal, "The UAE Cabinet," https://u.ae/en/about－the－uae/the－uae－government/the－uae－cabinet，访问日期：2020 年 8 月 4 日。

服务中心并转换成数字平台，同时将约50%的联邦机构整合或在各部委之间合并设立新政府部长职位。此轮政府改组主要包括：把原能源部和基础设施部合并成能源和基础设施部；合并总退休金和社会保障局与社区发展部；把国家媒体委员会、联邦青年管理局并入文化部；合并国家资格局和教育部。联邦政府的其他主要调整还包括：设立负责国家工业部门的工业和先进技术部（Ministry of Industry and Advanced Technology），并与阿联酋航空标准化与计量局（Emirates Authority for Standardization and Metrology）合并；任命经济部的三位部长，以及负责数字经济、人工智能和远程工作应用的国务部长，并成立阿联酋政府媒体办公室等。① 上述调整与阿联酋建设"更灵活主动"政府的目标一致。

　　阿联酋的政治改革还体现在其联邦国民议会选举改革中。2006年8月，阿联酋颁布新的议会选举法案，规定作为咨询机构的联邦国民议会40个席位中的一半将通过选举产生。② 阿联酋分别在2006年、2011年、2015年和2019年举行了四届联邦国民议会选举。该选举被认为是阿联酋民主改革和"在政治中对女性赋权"的重要标志。2019年，阿联酋总统颁布《2019年第1号总统令》［Presidential Resolution No.（1）of 2019］，将女性在联邦国民议会的代表比例提高到50%。③ 参与当年第四届国民议会选举的选民注册人数为117592人，最终选举结果为13名男性和7名女性当选。④

---

① 《总统批准阿联酋政府的新架构》，阿联酋通讯社，2020年7月5日，https：//www. wam. ae/zh－CN/details/1395302853318，访问日期：2020年8月4日。

② The United Arab Emirates' Government Portal, "The Federal National Council," https：//u. ae/en/about－the－uae/the－uae－government/the－federal－national－council－，访问日期：2020年8月4日。

③ National Elections Committee 2019, "President Issues Resolution to Raise Women's Representation in FNC to 50%," June 22, 2019, https：//www. uaenec. ae/en/news/details/40397，访问日期：2020年8月4日。

④ The National, "Final List of Elected Federal National Council Members Revealed," October 13, 2019, https：//www. thenational. ae/uae/government/final－list－of－elected－federal－national－council－members－revealed－1. 923025，访问日期：2020年8月4日。

（二）中国和阿联酋的政治合作

2019 年是中国和阿联酋正式建交 35 周年，继习近平主席在 2018 年 7 月访问阿联酋，访问期间两国宣布建立全面战略伙伴关系之后，两国的高层互访、各层级交往都得到了进一步发展。

2019 年 4 月 25 日，阿联酋副总统兼总理、迪拜酋长穆罕默德·本·拉希德·阿勒·马克图姆访问中国，和习近平主席举行了会谈，并参加第二届"一带一路"国际合作高峰论坛。这次访问期间，两国共签署价值 34 亿美元的合作项目，并在能源、港口合作方面达成共识。①

2019 年 7 月 21～23 日，应习近平主席邀请，阿布扎比王储穆罕默德·本·扎耶德·阿勒·纳哈扬（Mohammed bin Zayed Al Nahyan）访问中国。两国领导人就双方关系和共同关心的国际和地区问题继续深入交换意见，并发表了《中华人民共和国和阿拉伯联合酋长国关于加强全面战略伙伴关系的联合声明》。这次访问期间，两国共同签署了多项旨在加强双边合作的经贸、投资、技术转移、人工智能、环境保护、粮食安全、文化和教育等领域的协议和谅解备忘录。②

其他的高层互访还包括：2019 年 1 月 14 日，习近平主席特别代表、中共中央政治局委员、中央外事工作委员会办公室主任杨洁篪在阿联酋出席第十二届阿布扎比可持续发展周开幕式暨扎耶德可持续发展奖颁奖典礼并致辞。杨洁篪当天会见了阿布扎比王储穆罕默德。

---

① 《习近平会见阿联酋副总统兼总理、迪拜酋长穆罕默德》，《人民日报》2019 年 4 月 26 日，第 1 版；《阿联酋驻华大使："一带一路"合作为全球经济注入新活力》，《经济日报》2019 年 5 月 7 日，第 16 版。

② 《习近平再次会见阿联酋阿布扎比王储穆罕默德》，中华人民共和国外交部，2019 年 7 月 22 日，https：//www.fmprc.gov.cn/web/zyxw/t1682534.shtml，访问日期：2020 年 8 月 5 日；《中华人民共和国和阿拉伯联合酋长国关于加强全面战略伙伴关系的联合声明（全文）》，新华网，2019 年 7 月 23 日，http：//www.xinhuanet.com/world/2019－07/23/c_ 1124789629.htm，访问日期：2020 年 8 月 6 日；Ministry of Foreign Affairs & International Cooperation, United Arab Emirates, "His Highness Sheikh Mohamed bin Zayed, Chinese President Hold Official Talks in Beijing," July 23, 2019, https：//www.mofaic.gov.ae/en/mediahub/news/2019/7/23/23－07－2019－uae－beijing，访问日期：2020 年 8 月 5 日。

2019 年 2 月 10 日，应阿联酋政府邀请，中国国家主席习近平特使、科技部部长王志刚出席在阿联酋举行的第七届世界政府峰会有关活动。①

2019 年 3 月 21 日，阿布扎比王储穆罕默德在阿布扎比会见了中国国务委员兼国防部部长魏凤和。魏凤和随后与阿联酋国防国务部长穆罕默德·阿尔·巴瓦迪（Mohammed Al Bawardi）举行会谈。②

2019 年 5 月 22~23 日，中国外交部中阿合作论坛事务大使李成文访问阿联酋，会见了阿联酋外交与国际合作部部长助理哈利法·沙欣·阿尔·马拉尔（Khalifa Shaheen AlMarar），就中国和阿联酋关系、中国 - 阿拉伯国家合作论坛第十六次高官会和第五次高官级战略政治对话筹备工作及地区形势等交换意见。③

在 2020 年新冠肺炎疫情期间，中国和阿联酋也进行了抗疫合作。阿布扎比王储穆罕默德在社交媒体发文，承诺与中国政府共同抗击新冠病毒，并准备好向中国提供各种形式的援助。阿联酋多次向中国提供医疗物资帮助。中国国家主席习近平和阿布扎比王储穆罕默德就抗疫合作和双方关系发展通电话。④ 两国也为世界抗击新冠肺炎疫情展开合作。4 月 17 日，阿联酋航空将中国捐赠的 20 吨防护用品运送至世界卫生组织位于迪拜"人道主义城"（International Humanitarian City）的地区物流中心。⑤

---

① 《习近平主席特使、科技部部长王志刚会见阿联酋副总统兼总理、迪拜酋长穆罕默德》，新华网，2019 年 2 月 12 日，http：//www. xinhuanet. com/world/2019 - 02/12/c_ 1124101655. htm，访问日期：2020 年 8 月 7 日。

② 《阿联酋阿布扎比王储穆罕默德会见魏凤和》，中华人民共和国中央人民政府，2019 年 3 月 22 日，http：//www. gov. cn/guowuyuan/2019 - 03/22/content_ 5375857. htm，访问日期：2020 年 8 月 7 日。

③ 《外交部中阿合作论坛事务大使李成文访问阿联酋》，中华人民共和国外交部，2019 年 5 月 24 日，https：//www. fmprc. gov. cn/web/gjhdq_ 676201/gj_ 676203/yz_ 676205/1206_ 676234/xgxw_ 676240/t1666298. shtml。

④ 《习近平同阿联酋阿布扎比王储穆罕默德通电话》，新华网，2020 年 2 月 25 日，http：//www. xinhuanet. com/politics/leaders/2020 - 02/25/c_ 1125625216. htm，访问日期：2020 年 8 月 10 日。

⑤ 《上外学者王煜：中国 - 阿联酋合作抗疫，守望相助》，中阿合作论坛网站，2020 年 5 月 25 日，http：//www. chinaarabcf. org/chn/zagx/ltdt/t1782476. htm，访问日期：2020 年 8 月 11 日。

二 阿联酋经济形势与中国-阿联酋经贸合作

阿联酋拥有丰富的油气资源，具备一定的工业基础，金融业和航运业发展潜力较大，是中东地区的经济强国。截至 2018 年底，阿联酋已探明的石油储量为 978 亿桶（约 133 亿吨），居世界第 7 位，已探明的天然气储量为 5.9 万亿立方米（约 209.7 万亿立方英尺），居世界第 8 位。[①] 石油、天然气生产在阿联酋经济中仍占据重要的地位，2018 年阿联酋石油产业产值占 GDP 比重约 32%。[②] 为了逐步减少国家经济对石油的依赖，阿联酋在 20 世纪 80 年代制定了经济多元化发展的长期战略，大力发展促进非石油经济的发展。中国和阿联酋经贸合作从 1988 年开始迅速发展：2014~2016 年中国连续三年成为阿联酋第一大贸易伙伴；[③] 阿联酋连续多年成为中国在中东地区的第二大贸易伙伴。

（一）阿联酋经济形势

2000~2006 年，阿联酋的年均 GDP 增速达到了 8.4%。但受 2008 年国际金融危机的影响，阿联酋的 GDP 从 2008 年的 3154.75 亿美元骤减到了 2009 年的 2535.47 亿美元，2009 年的 GDP 增长仅为 -5.24%。[④] 如图 1 所示，阿联酋经济从 2009 年开始恢复，2010~2014 年 GDP 年均增幅约 5%；但后续受到 2014 年开始的国际能源价格持续下降及财政支出削减的影响，

---

① BP, "BP Statistical Review of World Energy 2019," https://www.bp.com/content/dam/bp/business-sites/en/global/corporate/pdfs/energy-economics/statistical-review/bp-stats-review-2019-full-report.pdf, pp. 14, 30, 访问日期：2020 年 8 月 14 日。

② Central Bank of the UAE, "Annual Report 2019," https://www.centralbank.ae/sites/default/files/2020-05/Annual%20ReportENG19.pdf, p. 26, 访问日期：2020 年 8 月 14 日。

③ 《中国连续三年位居阿联酋第一大贸易伙伴》，中华人民共和国驻阿拉伯联合酋长国经济商务参赞处，2017 年 8 月 22 日，http://ae.mofcom.gov.cn/article/zxhz/tjsj/201708/20170802631105.shtml，访问日期：2020 年 8 月 14 日。

④ The World Bank, "Data: United Arab Emirates," https://data.worldbank.org/country/united-arab-emirates? view=chart, 访问日期：2020 年 8 月 16 日。

阿联酋此后几年的经济增长速度不断放缓。根据阿联酋中央银行的数据，受增值税影响逐渐消退、阿联酋货币迪拉姆升值、能源价格下跌、租金下降等因素的影响，2018 年和 2019 年，阿联酋非石油产业经济增速分别为 0.7%和 1%，低于石油行业经济增速 2.5%和 3.4%的同期水平。① 虽然阿联酋经济对石油资源依然存在较大的依赖，非石油产业经济增速仍呈现波动，但阿联酋政府将继续执行经济多元化发展、扩大贸易和增加非石油收入在国内生产总值中比重的长期战略。

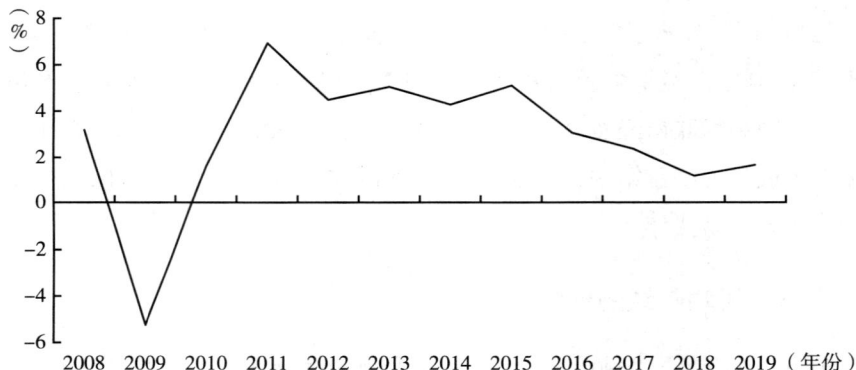

图1　2008～2019 年的阿联酋 GDP 年均增长率

资料来源：笔者从 The World Bank，"Data Bank：World Development Indicators" 数据库导出整理绘制。

虽然阿联酋近年来经济增长速度放缓，但其国内基础设施发达、商业环境宽松、法律制度健全，是中东地区贸易和投资最具吸引力的国家之一。在世界经济论坛发布的《2019 年全球竞争力报告》中，阿联酋的全球竞争力指数（competitiveness index）居世界第 25 位，在中东地区仅次于以色列，居该地区第 2 位，阿拉伯世界第 1 位。在该指数的次级指标方面，阿联酋在

---

① Central Bank of the UAE，"Annual Report 2019," https：//www. centralbank. ae/sites/default/files/2020 - 05/Annual%20ReportENG19. pdf，p. 24，访问日期：2020 年 8 月 14 日。

宏观经济稳定方面居全球第 1 位。① 2019 年，在流入中东地区的外商直接投资（Foreign Direct Investment，FDI）同比下降 7% 的整体形势下，阿联酋因为大规模的油气投资交易，吸引了 140 亿美元的国外直接投资，同期增幅近 1/3，成为西亚地区最大的 FDI 接收国。② 2019 年，阿联酋又成立了阿布扎比投资办公室（Abu Dhabi Investment Office）来促进 FDI。而在世界银行用来分析全球各经济体内公司启动和运营的监管环境的营商便利度（ease of doing business）排名中，阿联酋从 2008 年的第 47 位上升至 2020 年的第 16 位。③ 从上述指标来看，阿联酋是中东地区营商环境最好的国家之一。

（二）中国和阿联酋的经济合作进展

2019 年，中国和阿联酋商品贸易总值约 4866893 万美元，同比增长 6.1%。当年中国从阿联酋进口 1525516 万美元，同比下降 6.1%；中国向阿联酋出口约 3341377 万美元，同比增长 12.7%。阿联酋是中国在中东地区的第一大出口市场。④

2018 年，中国向阿联酋的直接投资额约为 10.8 亿美元，占中国对阿拉伯国家的 12 亿美元直接投资总额的 90%，居当年中国对共建"一带一路"国家直接投资的第 6 位。⑤

---

① World Economic Forum，"Global Competitiveness Report 2019，" http：//www3. weforum. org/docs/WEF_ TheGlobalCompetitivenessReport2019. pdf，pp. 20，577，访问日期：2020 年 8 月 14 日。

② United Nations Conference on Trade and Development，"World Investment Report 2020：International Production beyond the Pandemic，" https：//unctad. org/en/PublicationsLibrary/wir2020_ en. pdf，p. 44，访问日期：2020 年 8 月 14 日。

③ World Bank Group，"Doing Business 2020 Indicators：Economy Profile of United Arab Emirates，" https：//www. doingbusiness. org/content/dam/doingBusiness/country/u/united－arab－emirates/ARE. pdf，访问日期：2020 年 8 月 17 日。

④ 《2019 年 12 月进出口商品国别（地区）总值表（美元值）》，中华人民共和国海关总署，2020 年 1 月 23 日，http：//www. customs. gov. cn/customs/302249/302274/302277/302276/2851396/index. html，访问日期：2020 年 8 月 17 日。

⑤ 《中国对外投资发展报告 2019》，中华人民共和国商务部，http：//images. mofcom. gov. cn/fec/202005/20200507111104426. pdf，第 16 页，访问日期：2020 年 8 月 17 日。

2018～2019年，中国和阿联酋在劳务承包、传统能源和新能源合作、产能合作等方面进行了全方位合作。2018年，阿联酋是中资企业在西亚地区的最大市场。中资企业在该国新签合同90份，新签合同额76.4亿美元，同比增长53%，相关新签合同额在中国的全球市场中排名第7位。当年中国在阿联酋完成营业额36.1亿美元，同比增长44.8%；相关业务集中在电力工程建设、一般建筑、交通运输建设、石油化工等领域，占比分别为41.7%、27.1%、7.6%和7.6%。① 油气能源领域依然是两国经济合作的重要内容：2019年，中国石油天然气集团有限公司（下文简称"中石油"）的阿联酋阿布扎比项目提前一年实现原油权益产量超1000万吨的目标；阿联酋陆海三维地震项目开工；阿布扎比巴布油田综合设施升级改造等"一带一路"沿线重点项目进展顺利。中石油成立了迪拜、阿布扎比技术支持分中心和中东工程技术中心，为实现中东地区高质量油气开发提供技术支持。②

中国和阿联酋在海湾铁路网阿联酋段的建设、清洁能源等领域也加强了合作。2020年7月23日，中车长江集团与阿联酋铁路公司举行了线上签约仪式。中车长江集团获得阿联酋铁路二期项目1600余辆铁路货车整车和长期维保服务订单合同，总金额3.5亿美元。该项目规划分为三期，全长1200公里，是海湾铁路网的重要组成部分。目前在建的二期线路运营车辆，将为连通该地区贸易中心、工业中心、制造业中心、生产中心、物流中心、人口中心和进出口点提供铁路物流运输装备支撑。③ 此外，海电气集团股份有限公司承建的迪拜太阳能发电园区四期700兆瓦光热电站项目，以及迪拜

---

① 《中国对外投资发展报告2019》，中华人民共和国商务部，http：//images. mofcom. gov. cn/fec/202005/20200507111104426. pdf，第16页，访问日期：2020年8月17日。

② 《2019年度报告》，中国石油天然气集团有限公司，http：//www. cnpc. com. cn/cnpc/lncbw/202006/bbdaaf7f18a047bbb83fece7056143e3/files/7031d6f93df344cda72190caea57fdd2. pdf，第46、52、53页，访问日期：2020年8月20日。

③ 《中车长江集团与阿联酋铁路公司"云签约"仪式成功举行》，中华人民共和国驻阿拉伯联合酋长国大使馆经济商务处，2020年7月27日，http：//ae. mofcom. gov. cn/article/jmxw/202007/20200702986752. shtml，访问日期：2020年8月17日。

哈翔（Hassyan）清洁燃煤电站等重点基建合作项目在顺利推进中。①

中国和阿联酋在清洁能源领域的合作也取得了新进展。2020 年，中国晶科电力科技股份有限公司（下文简称"中国晶科"）与法国电力公司合作获得了阿布扎比的迪哈夫拉（Al Dhafra）光伏项目。该项目将在阿布扎比开发建设世界上最大的太阳能发电厂，总装机容量为 2GW。该项目拟在 2022 年下半年开始全面建成发电，其中阿布扎比国家能源公司和马斯达尔（Masdar）将占项目 60% 的股权，法国电力公司和中国晶科共占 40% 的股权。该项目建成运营后，将可满足约 16 万户阿联酋家庭的用电需求，使阿布扎比的光伏装机总容量提高到 3.2GW，每年可减少碳排放超过 360 万吨。② 值得注意的是，包括清洁能源在内的高增长行业是 2015 年设立的中国－阿联酋共同投资基金（China-UAE Joint Investment Cooperation Fund）的主要投资方向。③

2019 年 11 月，中国能建葛洲坝国际公司与法国 SIDEM 公司组成联营体，在阿联酋首都阿布扎比与沙特国际电力和水务集团签约承建一座海水淡化厂。该项目是排名世界前五的海水淡化工程，是阿联酋重要的民生工程。④

中国和阿联酋还在第三国开展合作投资项目。埃及在位于首都开罗以东约 50 公里处兴建新行政首都，2019 年 12 月，迪拜环球港务集团苏赫奈泉港（DP World Sokhna）和中国建筑工程总公司、中国远洋运输公司签署了

① 《中国对外承包工程发展报告 2018～2019》，中华人民共和国商务部、中国对外承包工程商会，http://images.mofcom.gov.cn/fec/202005/20200509174729295.pdf，第 6、29 页，访问日期：2020 年 8 月 23 日。

② 《中国晶科与阿联酋水电公司就 Al Dhafra 项目签署购电协议》，中华人民共和国驻阿拉伯联合酋长国大使馆经济商务处，2020 年 7 月 29 日，http://ae.mofcom.gov.cn/article/xmzs/202007/20200702987588.shtml，访问日期：2020 年 8 月 23 日。

③ 《中国－阿联酋共同投资基金正式设立》，中华人民共和国国家发展和改革委员会，2015 年 12 月 15 日，https://www.ndrc.gov.cn/fzggw/jgsj/wzs/sjjdt/201512/t20151215_1037212.html，访问日期：2020 年 8 月 20 日。

④ 《中企签约建设阿联酋大型海水淡化工程》，中华人民共和国中央人民政府，2019 年 11 月 15 日，http://www.gov.cn/xinwen/2019-11/15/content_5452576.htm，访问日期：2020 年 8 月 20 日。

建立三方伙伴关系协议。根据该协议，迪拜环球港务集团将成为建设埃及新行政首都所需建筑材料的进口中心，中建公司负责开发新行政首都的商业和金融中心。①

三 中国和阿联酋的文化、科技合作

中国和阿联酋的文化交流可以追溯到西汉时期开辟的"海上丝绸之路"，两国的人文交流在正式建交后更加密切。截至 2018 年底，近 30 万名中国人在阿联酋工作、生活。2018 年 7 月，习近平主席访问阿联酋之后，两国已确立开展常态化人文交流合作机制，两国政府签署了共建"一带一路"谅解备忘录，并就互设文化中心达成协议。

中国已经成为海合会国家最大的旅游客源市场。2018 年，海合会国家接待了中国游客 140 万人次。2019～2020 年，中国游客分别是阿布扎比和迪拜的第二大和第四大客源市场。2019 年，迪拜接待了中国游客 989000 人次，同比增长 15.5%，中国是迪拜当年游客人数增长最快的旅游来源国。②

中国和阿联酋继续展开合作加强文化交流、促进民心相通。2019 年 7 月 20～24 日，为了庆祝两国建交 35 周年和阿布扎比王储穆罕默德访华，阿联酋文化与知识发展部（Ministry of Culture and Knowledge Development）在北京组织了"阿联酋 – 中国周"（UAE-China Week）系列活动。活动期间，阿联酋艺术家表演了被联合国教科文组织列为非物质文化遗产的传统民俗表

---

① 《DP World 同中国公司合作开发埃及新行政首都》，中华人民共和国驻阿拉伯联合酋长国大使馆经济商务处，2019 年 12 月 18 日，http://ae.mofcom.gov.cn/article/jmxw/201912/20191202923326.shtml，访问日期：2020 年 8 月 26 日。

② Arabian Business，"Revealed：The Growing Importance of Chinese Tourists to the Gulf," December 18, 2019, https://www.arabianbusiness.com/travel-hospitality/435662 – revealed-the-growing-importance-of-chinese-tourists-to-the-gulf，访问日期：2020 年 9 月 10 日；Reuters，"Dubai Registers 16.7 Million Tourists in 2019, Chinese Visitors Rise," January 22, 2020, https://www.reuters.com/article/us-emirates-dubai-tourism/dubai-registers – 16 – 7 – million-tourists-in – 2019 – chinese-visitors-rise-idUSKBN1ZK2L5，访问日期：2020 年 9 月 10 日。

演，向中国观众介绍阿联酋文化。① 9 月 13 日，中国北京世界园艺博览会"阿联酋国家日"在活动园区的阿联酋馆举行。阿联酋馆占地面积约为 1850 平方米，重点展示了阿联酋通过科技实现沙漠绿化的成就，并在文化区域部分展示了阿联酋的历史传统和文化传承。②

2020 年 2 月 2 日，迪拜的哈利法塔、城市步行街、阿布扎比国家石油公司通过亮灯的形式表达了对中国抗击疫情的关切。3 月 12 日晚，哈利法塔和阿布扎比国家石油公司总部大楼再次点亮中国国旗，并打出"海内存知己，天涯若比邻""中国必胜！"的标语，表达对中国抗击新冠肺炎疫情的支持。③ 阿联酋社会对中国抗击疫情的支持在中国国内引起了积极、正面的回应。

2020 年，虽然受到新冠肺炎疫情的影响，但两国仍举行了形式多样的线上活动。2020 年 7 月 5～9 日，阿联酋外交与国际合作部以线上直播的方式举行了"阿联酋－中国文化周"，活动包括文化论坛、艺术工作坊、音乐表演等系列线上文化交流活动。④ 7 月 16 日，中国文化和旅游部与阿联酋经济部以视频连线方式，共同主办了中国－阿联酋旅游合作论坛。该论坛是 2020 年 7 月 15～21 日举行的首届中国－阿联酋经济贸易数字博览会的核心板块。论坛邀请中阿双方文化和旅游主管部门、文化和旅游的相关企业及相关机构参加，并引荐双方领先的文化和旅游项目在此次数字博览会上进行展览。⑤

---

① 《文化与知识发展部正在北京组织阿联酋－中国周》，阿联酋通讯社，2019 年 7 月 22 日，http：//wam. ae/zh-CN/details/1395302775868，访问日期：2020 年 8 月 24 日。

② 《2019 北京世界园艺博览会迎来"阿联酋国家日"》，中国新闻网，2019 年 9 月 14 日，http：//www. chinanews. com/gn/2019/09－14/8956166. shtml，访问日期：2020 年 8 月 24 日。

③ 《中国必胜！阿联酋地标再度点亮五星红旗》，中阿合作论坛，2020 年 3 月 13 日，http：//www. chinaarabcf. org/chn/zagx/zajw/t1755559. htm，访问日期：2020 年 8 月 26 日。

④ 《驻阿联酋大使倪坚出席"中国－阿联酋文化周"开幕式》，中华人民共和国驻阿拉伯联合酋长国大使馆，2020 年 7 月 6 日，https：//www. fmprc. gov. cn/ce/ceae/chn/xwdt/t1795166. htm，访问日期：2020 年 8 月 29 日。

⑤ 《中国－阿联酋旅游合作论坛成功举行》，中华人民共和国文化和旅游部，2020 年 7 月 17 日，https：//www. mct. gov. cn/whzx/whyw/202007/t20200717＿873573. htm，访问日期：2020 年 8 月 29 日。

除了文化交流，中国和阿联酋还逐步深化科技合作。2019 年 7 月 22 日，在阿联酋阿布扎比王储穆罕默德访华期间，中国科技部部长王志刚与阿联酋外交与国际合作部部长阿卜杜拉·本·扎耶德·阿勒·纳哈扬（Abdullah Bin Zayed Al Nahyan）交换了《中华人民共和国科学技术部与阿拉伯联合酋长国总理办公室人工智能办公室关于人工智能科学技术合作的谅解备忘录》。根据该备忘录，双方将持续落实好两国领导人会晤的重要共识，推动两国在人工智能领域的科技合作，共同探索在"一带一路"科技创新行动计划框架下两国科技合作的新模式。① 中国和阿联酋两国高校、研究机构之间也建立了更密切的合作关系，如清华大学和哈利法科技大学（Khalifa University of Science and Technology）建立了联合研究合作关系；2019 年 10 月成立的穆罕默德·本·扎耶德人工智能大学（Mohamed bin Zayed University of Artificial Intelligence）也和中国科研机构展开了合作。②

结　语

2019~2020 年，阿联酋国内政局稳定，经济发展速度虽然放缓，但宏观经济环境较稳定。中国和阿联酋政治高层互访频繁，经济合作、文化和科技合作领域都在不断拓展和深化，两国之间的合作继续呈现全面、快速发展态势。可以预见的是，两国在非油气产业的经济领域、高科技领域的合作，以及加强文化合作、民心相通，增强互信方面将取得更大进展。

---

① 参见《科技部与阿联酋总理办公室人工智能办公室签署关于人工智能科技合作的谅解备忘》，中华人民共和国科学技术部，2019 年 7 月 29 日，http：//www. most. gov. cn/kjbgz/201907/t20190729_ 147997. htm，访问日期：2020 年 8 月 28 日。
② 这所以阿联酋王储的名字命名的新大学，是世界第一所培养研究生的研究型人工智能大学。阿里·扎希里：《阿中共筑百年繁荣（大使说）》，《人民日报》（海外版），2020 年 6 月 29 日，第 8 版。

B.10
中国－卡塔尔关系（2019~2020）

林昕煜*

摘　要： 2019~2020 年，随着"一带一路"倡议和卡塔尔"2030 国家愿景"规划对接的不断深化，中国－卡塔尔双边关系全面发展。政治交往方面，中卡政治互信加强，高层互访密切；经贸合作方面，双方在能源、基础设施、金融投资、数字经济等领域的合作持续推进；人文交流方面，双方在旅游推介、文化教育、体育赛事和媒体互动等领域取得丰硕成果。新冠肺炎疫情出现后，中卡双方联合抗疫、共克时艰，共建中卡健康之路、经济复苏之路，为中阿抗疫合作提供范本，为中阿共建命运共同体注入活力。

关键词： 中国　卡塔尔　"一带一路"　能源合作

卡塔尔（全称"卡塔尔国"）是位于亚洲西南部的阿拉伯国家，地处阿拉伯半岛东部，该国绝大部分领土为波斯湾环绕，与巴林、阿曼和伊朗等海湾国家隔海相望，仅南部领土与沙特阿拉伯接壤。卡塔尔国土面积约为11521 平方公里，常住人口约 264 万人，其中卡塔尔公民约占 15%。①

---

* 林昕煜，上海外国语大学中东研究所硕士研究生，国家公派卡塔尔多哈研究生院联合培养硕士研究生。

① 《卡塔尔国家概况》，中华人民共和国驻卡塔尔国大使馆，http：//qa. china－embassy. org/chn/zjkter/t1265747. htm，访问日期：2020 年 8 月 6 日。

一 中国－卡塔尔政治往来——深化互信，加强共识

卡塔尔是君主制阿拉伯国家，是海湾阿拉伯国家合作委员会的成员国之一。卡塔尔国家元首称埃米尔，掌握国家最高权力。1970 年卡塔尔颁布第一部临时宪法，规定卡塔尔为独立的主权国家，伊斯兰教为国教，埃米尔之位由阿勒萨尼家族世袭，埃米尔在内阁和协商会议的协助下行使权力。2003 年，卡塔尔全民公投通过"永久宪法"，于 2005 年正式生效。卡塔尔现任埃米尔是塔米姆·本·哈马德·阿勒萨尼。

古丝绸之路将中国和卡塔尔等海湾阿拉伯国家连接起来，两国自此开始贸易往来。中卡两国的正式外交关系可追溯到 1988 年，双方于当年 7 月 9 日建交。建交后双方关系发展顺利，2014 年 11 月，中国与卡塔尔共同宣布建立中卡战略伙伴关系。自建交以来，中卡双方领导人均高度重视发展中卡双边关系，两国平等相待，相互尊重。

近年来，两国政治交往的一个重要特点便是高层交往密切，政治互信不断增强。

在高层交往方面，中国国家主席习近平和卡塔尔埃米尔塔米姆多次会面和通电话。2019 年 1 月，卡塔尔埃米尔塔米姆应习近平主席之邀正式对中国进行国事访问。在会谈中习近平强调，中方愿同卡方加强沟通，深化政治互信。中方支持卡方自主探索符合本国国情的发展道路。卡方积极评价中方在多边事务以及中东和海湾地区问题上的建设性立场，愿同中方加强沟通协调，深化反恐和反极端主义合作。[①]

2019 年 6 月，中国国家主席习近平在塔吉克斯坦杜尚别参加亚洲相互协作与信任措施会议第五次峰会期间会见卡塔尔埃米尔塔米姆。习近平强调了双方巩固政治互信、在核心利益问题上相互理解支持等原则。塔米姆

---

① 《习近平同卡塔尔埃米尔塔米姆举行会谈》，新华网，2019 年 1 月 31 日，http：//www.xinhuanet.com/politics/leaders/2019-01/31/c_1124071966.htm，访问日期：2020 年 8 月 6 日。

表示坚定支持中方维护主权、打击恐怖主义的努力，并高度评价中国在国际上主张通过对话解决国家间分歧的公正立场，愿密切同中方在多边事务中的协调。①

新冠肺炎疫情出现后，2020年2月11日和4月1日，中国国家主席习近平和国务委员兼外长王毅分别同卡塔尔埃米尔塔米姆和副首相兼外交大臣穆罕默德通电话，双方对彼此在疫情时期互相提供的帮助与支持表示感谢，并愿进一步加强沟通交流，共同抗击疫情。②

在政治领域，中卡双方坚持不干涉内政的原则，在涉及国家独立、主权和领土完整的问题上给予对方支持。③ 卡塔尔坚定地奉行一个中国政策，反对外国干涉中国内政，支持中方捍卫核心利益。在涉及中国台湾、新疆、西藏问题上给予中国坚定支持，认为台湾是中国领土不可分割的一部分。在中国新疆、云南等地发生暴恐事件时，卡方政府及时发表声明谴责，支持中国政府维护国家秩序。

中方重视发展与卡塔尔的双边关系，支持卡塔尔的主权和领土完整。对于海湾"断交危机"，中国国家主席习近平在同卡塔尔埃米尔塔米姆举行会谈时指出，区域合作和海湾稳定是该地区繁荣的重要基础。中方支持在海湾阿拉伯国家合作委员会和阿拉伯框架内，通过政治外交手段妥善解决分歧和矛盾，恢复海湾阿拉伯国家间团结和睦。中方愿根据海湾阿拉伯国家合作委员会国家的愿望，继续发挥建设性作用。④ 2021年1月，沙特等国与卡塔尔恢复全面外交关系，并开始相互开放边境。中方表示

① 《习近平会见卡塔尔埃米尔塔米姆》，新华网，2019年6月15日，http：//www. xinhuanet. com/politics/2019－06/15/c_ 1124628009. htm，访问日期：2020年8月6日。

② 《习近平同卡塔尔埃米尔塔米姆通电话》，新华网，2020年2月11日，http：// www. xinhuanet. com/politics/leaders/2020－02/11/c_ 1125561324. htm；《王毅同卡塔尔副首相兼外交大臣穆罕默德通电话》，新华网，2020年4月1日，http：//www. xinhuanet. com/ 2020－04/01/c_ 1125801841. htm，访问日期：2021年2月21日。

③ 《中华人民共和国和卡塔尔国关于建立战略伙伴关系的联合声明》，《人民日报》2014年11月4日。

④ 《习近平同卡塔尔埃米尔塔米姆举行会谈》，新华网，2019年1月31日，http：// www. xinhuanet. com/politics/leaders/2019－01/31/c_ 1124071966. htm，访问日期：2020年8月6日。

支持海合会国家加强团结合作，共同促进地区稳定与发展。① 这表明中卡双方在涉及双方利益的关键问题上实践政治互信，卡塔尔支持中国维护的主权与领土完整、打击恐怖主义的努力，中国支持海湾地区的和平与发展。

二　中国－卡塔尔经贸合作——稳定发展，拓宽领域

卡塔尔是海湾阿拉伯国家中的重要经济体，是世界贸易组织成员。它拥有丰富的石油和天然气资源，是世界第一大液化天然气（LNG）生产和出口国，其首都多哈是重要的国际航空枢纽。卡塔尔推出"2030 国家愿景"规划（Qatar National Vision 2030），制定"第二个五年发展规划（2018～2022）"（Qatar Second National Development Strategy 2018 – 2022, NDS），积极摆脱国家对油气收入的依赖，促进经济发展多元化。此外，卡塔尔于 2022 年举办世界杯足球赛，是阿拉伯地区中首个承办该项赛事的国家。

卡塔尔战略地理位置优越，位于全球贸易的十字路口，具有相对成熟的经济合作条件，其国内政治局势稳定，社会风气开放，社会治安良好，支付能力强，市场化程度高，法律条款完善，设有《卡塔尔投资法》，给予外国投资者优惠和激励，投资条件较成熟。卡塔尔已建立两个自由贸易区和物流区吸引外资。

在竞争力方面，世界经济论坛发布《2019 年全球竞争力报告》，卡塔尔在全球最具竞争力的 141 个国家和地区中，排名第 29 位。② 据瑞士洛桑国际管理发展学院（IMD）发布的《2019 年世界竞争力年报》，卡塔尔在经济

---

① 《卡塔尔埃米尔塔米姆会见杨洁篪》，新华网，2020 年 2 月 20 日，http：//www. xinhuanet. com/2021 – 02/20/c_ 1127120327. htm，访问日期：2020 年 2 月 23 日。

② "The Global Competitiveness Report 2019，" World Economic Forum，http：//www3. weforum. org/docs/WEF_ TheGlobalCompetitivenessReport2019. pdf，访问日期：2020 年 8 月 6 日。

表现方面位居世界第三。①

但卡塔尔国土面积小，人口数量少，市场容量相比体量较大的邻国沙特、阿联酋而言较为有限；卡塔尔过于依赖油气出口作为其财政收入主要来源，与中国有较大的贸易顺差。此外，2017年发生的海湾断交危机加剧了海合会的分化，尽管2020年以来地区局势出现缓和迹象，但地区局势的不稳定一定程度上削弱了卡塔尔对周边经济的辐射作用，增加了卡塔尔投资的潜在风险。2020年受新冠肺炎疫情影响，卡塔尔经济受到一定冲击，油气出口和航空业损失惨重。目前，卡塔尔正在实施"第二个五年发展规划（2018~2022）"，该规划着眼于增加非石油经济部门在国民经济中的贡献为优先任务，聚焦于推动制造业、科技及专业服务、金融服务、信息通信、旅游和物流六个领域的发展。

卡塔尔是中国在中东和海湾地区重要的经贸合作伙伴，中国－卡塔尔的经贸关系在中卡战略伙伴关系的保障下稳定发展。中卡经贸往来较早，自20世纪50年代开始民间贸易往来，1993年签订了政府间经贸联委会机制，2000年召开了经贸联委会首次会议，2019年召开第二次会议。中国对外贸易工作中心小组也于2019年9月在卡塔尔开展广交会推介工作。② 2019年11月6日，在第二届中国国际进口博览会期间，中国（上海）自由贸易试验区临港新片区管委会与卡塔尔自由区管理局签署谅解备忘录，加强两机构合作交流。③

截至2019年底，在卡塔尔运营的中资企业有14家，资本额为1600万里亚尔。卡塔尔和中国成立的合资公司有181家，资本总额为8900万里亚

---

① 《卡塔尔2019年经济表现位居世界第三》，半岛电视台中文网，2019年5月30日，https://chinese.aljazeera.net/economy/2019/5/30/qatar‐ranked‐third‐in‐world‐in‐economic‐performance‐2019，访问日期：2020年8月6日。

② 《中国对外贸易中心工作小组在卡塔尔开展广交会宣传推介工作》，中华人民共和国驻卡塔尔国大使馆经济商务处，2019年9月24日，http://qa.mofcom.gov.cn/article/jmxw/201910/20191002902844.shtml。

③ 《中国（上海）自由贸易试验区临港新片区与卡塔尔自由区合作》，上海市人民政府，2019年11月7日，http://www.shanghai.gov.cn/nw2/nw2314/nw2319/nw11494/nw44727/nw44734/nw44742/u21aw1410489.html，访问日期：2020年8月6日。

尔，这些公司主要从事贸易、建筑、信息技术、食品、家具和工程咨询等领域的业务。①

从贸易数据（见表1）来看，中卡两国贸易总体规模不大，但发展势头良好。据中国海关数据，2019年，中卡货物贸易总额为111.2亿美元，同比下降4.4%，中国是卡塔尔第二大贸易伙伴国。其中卡塔尔对中国出口额87.1亿美元，同比下降4.8%，中国是卡塔尔第四大出口目的国；中国是卡塔尔第二大进口来源国。卡塔尔对我国贸易顺差额为56.6亿美元，同比增长11.3%。② 卡塔尔主要向中国出口液化天然气、液化丙烷、原油、液化丁烷以及聚乙烯类产品等能源产品。

表1 2019年中卡双边贸易额与中国－阿拉伯国家双边贸易额

单位：亿美元

经贸合作额	阿拉伯国家	卡塔尔
双边贸易额	2664	111.2
中国出口额	1204	24.1
中国进口额	1460	87.1

资料来源：中华人民共和国商务部、中国海关。

2020年上半年，受新冠肺炎疫情影响，中国与卡塔尔双边贸易额为46.7亿美元，同比下降14.7%。其中，中方出口11.4亿美元，同比增长5.2%，进口35.3亿美元，同比下降19.6%。③

中卡经济互补性强，发展战略的契合度高。近年来，在经贸领域，中卡

① 《卡塔尔：外资进入的理想之地》，中国贸易新闻网，2019年2月13日，http://www.ccpit.org/Contents/Channel_4126/2019/0213/1125397/content_1125397.htm，访问日期：2020年8月6日。

② 《卡塔尔2019年外贸数据》，中华人民共和国驻卡塔尔国大使馆经济商务处，2020年8月9日，http://qa.mofcom.gov.cn/article/zxhz/tjsj/202008/20200802990709.shtml，访问日期：2020年8月26日。

③ 《中国－卡塔尔经贸合作简况》，中华人民共和国商务部西亚非洲司，2020年8月19日，http://xyf.mofcom.gov.cn/article/tj/hz/202008/20200802993683.shtml，访问日期：2020年8月26日。

双方形成了以油气合作为主轴、以基础设施建设为重点、以金融和投资为新增长点的合作新格局。双方将继续统筹推进能源建设、基础设施建设、高新技术、投资四大领域合作。[①]

（一）能源合作是中卡经贸合作的"压舱石"

卡塔尔石油天然气资源丰富，已探明石油储量为 28 亿吨，居世界第十二位；天然气储量 25 万亿立方米，居世界第三位。[②] 卡塔尔是世界上最大的液化天然气（LNG）生产国和出口国，以油气出口为主要经济收入来源，卡塔尔石油公司（Qatar Petroleum）是全球最大的 LNG 权益持有者。中国是能源消费国，于 2017 年超越美国成为全球最大原油进口国，2018 年超过日本成为全球最大天然气进口国。

能源是中卡经贸合作的"压舱石"，卡塔尔与中国等能源消费国在经济和贸易结构上存在高度互补性，为双方开展能源合作奠定了基础。中卡两国在油气领域优势互补。对于卡塔尔来说，为实现经济的运转必须保证稳定的油气出口，在邻国地缘政治不确定的条件下，中国等亚洲经济体可以作为卡塔尔油气的出口方向，保证卡塔尔稳定的油气出口收入；对于中国来说，卡塔尔稳定的油气供应有助于满足中国的能源需求。

卡塔尔对中国出口额大于进口额，其主要原因即中国是卡塔尔天然气最大进口国。卡塔尔是首批向中国供应天然气的国家之一，占中国需求的40%。卡塔尔天然气公司重视与中方的战略合作，很早就设立了驻华办事处。2018 年，中国向卡塔尔进口液化天然气 127 亿立方米，占天然气总进

---

① 《习近平同卡塔尔埃米尔塔米姆举行会谈》，新华网，2019 年 1 月 31 日，http：//www.xinhuanet.com/politics/leaders/2019－01/31/c_1124071966.htm，访问日期：2020 年 8 月 26 日。

② 《卡塔尔国家概况》，中华人民共和国外交部，https：//www.fmprc.gov.cn/web/gjhdq_676201/gj_676203/yz_676205/1206_676596/1206x0_676598/，访问日期：2020 年 8 月 26 日。

口量的十分之一。① 2019 年，卡塔尔向中国输出矿物燃料、矿物油类产品货值达 73.8 亿美元。其中，液化天然气约 832 万吨，货值约 46.7 亿美元。②

为满足日益增长的能源多样化需求，中国开始转向使用清洁能源和可再生能源，以此减少对传统能源的依赖，实现经济的绿色、可持续发展，这使得卡塔尔的油气供应更加重要。2019 年 11 月，卡塔尔石油公司与万华化学集团控股有限公司在多哈签署为期十年的液化石油气（LPG）供气协议，每年向万华提供 80 万吨液化石油气。③ 液化石油气是清洁能源，这一合作体现了双方企业参与共建"一带一路"国家环保产业建设。

除了直接购买能源，中国也在能源开采、运输中为卡塔尔油气公司提供高质量服务。2019 年，北方钻井与卡塔尔石油公司签署海洋油气田钻井服务合同，提供两座钻井平台为卡塔尔石油公司进行油气钻井服务。④ 2020 年 4 月，中国船舶集团与卡塔尔石油公司签署总金额超过 200 亿元人民币的"液化天然气船建造项目"协议，⑤ "中国制造"受到了卡塔尔的肯定。

（二）基础设施建设合作是中卡经贸合作的核心

促进基础设施建设和互联互通是共建"一带一路"的核心内容之一，也是中卡合作的重点领域。

基础设施建设是卡塔尔国家经济多元化建设中的重要部分。中国改革开放 40 多年以来，基础设施建设逐渐完善，积累了在恶劣气候等不利条

---

① 《卡塔尔 LNG 的发展雄心与中国机遇》，中国石油新闻中心，2020 年 4 月 28 日，http://news. cnpc. com. cn/system/2020/04/28/001773281. shtml，访问日期：2020 年 8 月 26 日。

② 《卡塔尔 LNG 的发展雄心与中国机遇》，中国石油新闻中心，2020 年 4 月 28 日，http://news. cnpc. com. cn/system/2020/04/28/001773281. shtml，访问日期：2020 年 8 月 26 日。

③ "QP Announces 10-year LPG Supply Agreement with China's Wanhua Chemicals，" *Gulf Times*，13 November 2019，https://full. gulf - times. com/story/647467/QP - announces - 10 - year - LPG - supply - agreement - with - China - s - Wanhua - Chemicals，访问日期：2020 年 8 月 26 日。

④ 《北方钻井与卡塔尔石油公司正式签署服务合同》，山东海洋集团有限公司，2019 年 8 月 2 日，https://www. sdmg. com. cn/document/1608. html，访问日期：2020 年 8 月 26 日。

⑤ 《中国船舶集团获卡塔尔石油公司 LNG 船订单，总金额超过 200 亿人民币》，新华网，2020 年 4 月 22 日，http://www. xinhuanet. com/2020 - 04/22/c_ 1125891651. htm，访问日期：2020 年 8 月 26 日。

件下施工的经验。卡塔尔是中资企业在中东地区的重要承包工程市场。中资企业积极参与哈马德港口、哈马德国际机场、世界杯主场馆卢塞尔体育馆、大型战略蓄水池和大部分高速公路等重大基础设施的建设。早在2016年，中铁建中标卡塔尔2022年世界杯主体育场建设项目，总合同额为28亿卡塔尔里亚尔，当时约合51.7亿元人民币。① 随着世界杯脚步的临近，尽管面临新冠肺炎疫情，中方企业防疫施工两不误，以保障如期完成相关场馆建设。

2019年1月31日，在中国国家主席习近平和卡塔尔埃米尔塔米姆见证下，商务部部长钟山与卡塔尔副首相兼外交大臣穆罕默德·阿勒萨尼在北京人民大会堂共同签署《中华人民共和国政府与卡塔尔国政府关于加强基础设施领域合作的协议》。② 这份协议的签署，旨在推动双方在基础设施等方面拓宽合作领域、提升合作水平，推动双方共建"一带一路"。2019年中资企业在卡塔尔新签承包工程合同额5.3亿美元，同比增长116.7%。2020年上半年，中国在卡新签承包工程合同额4.8亿美元，同比增长595.7%；完成营业额1.9亿美元，同比增长62%（见图1）。在卡塔尔摆脱油气依赖、经济转型的过程中，中卡基础设施合作方兴未艾，未来，中国企业在卡新签承包工程合同额有望再创新高。

（三）中卡金融投资合作稳步推进

金融合作是中卡合作的重要组成部分，也是中卡务实合作新的开拓方向。中卡双方的油气合作和基础设施合作建设离不开"资金融通"。中资金融机构布局海外是中资企业"走出去"行稳致远的重要支撑，也是推进中国公共外交的重要手段。

---

① 《中铁建中标卡塔尔世界杯主体育场项目》，新华网，2016年11月30日，http://www.xinhuanet.com/world/2016-11/30/c_129383802.htm，访问日期：2021年2月21日。

② 《中华人民共和国政府与卡塔尔国政府关于加强基础设施领域合作的协议》，中华人民共和国商务部，2019年2月1日，http://www.mofcom.gov.cn/article/ae/ai/201902/20190202832658.shtml，访问日期：2020年8月26日。

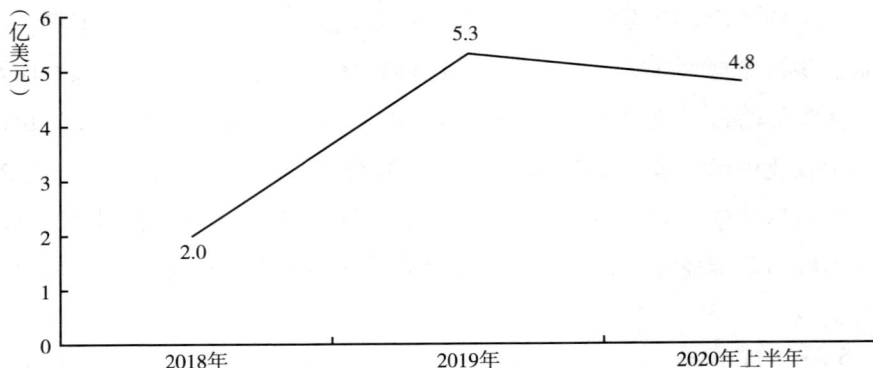

图 1　2018 年至 2020 年上半年中国在卡塔尔新签承包工程合同额

资料来源：笔者根据中华人民共和国商务部数据绘制。

　　中卡金融合作在海湾阿拉伯国家中开始较早。早在 2014 年，中卡双方便签署 350 亿元人民币本币互换协议；2015 年多哈人民币清算中心正式启动，中方给予卡塔尔"人民币合格境外机构投资者"（RQFII）资格，这也是中国首次向海湾阿拉伯国家开放国内资本市场。中国工商银行和中国银行均已在卡塔尔金融中心设立分行，也是该中心内资产规模最大的两家金融机构，截至 2019 年两家银行 70% 的资金都提供给本地企业，为服务卡塔尔实体经济、支持卡塔尔经济多元化做出了贡献。① 卡塔尔中央银行行长阿卜杜拉·阿勒萨尼表示，卡方高度重视对华合作，积极支持并参与共建"一带一路"，愿与中方在金融技术、金融安全等领域加强交流互鉴，并进一步深化双方在贸易结算、债券发行和监管协作等方面合作。②

　　在投资方面，卡塔尔是亚投行的创始成员国之一。据中国商务部统计（见图 2），2019 年中国对卡塔尔直接投资额为 3500 万美元，2018 年中国对

----

① 《周剑大使到任拜会卡塔尔中央银行行长》，中华人民共和国驻卡塔尔国大使馆，2019 年 10 月 11 日，http：//qa. china – embassy. org/chn/zkgx/t1707097. htm，访问日期：2020 年 8 月 26 日。

② 《周剑大使到任拜会卡塔尔中央银行行长》，中华人民共和国驻卡塔尔国大使馆，2019 年 10 月 11 日，http：//qa. china – embassy. org/chn/zkgx/t1707097. htm，访问日期：2020 年 8 月 26 日。

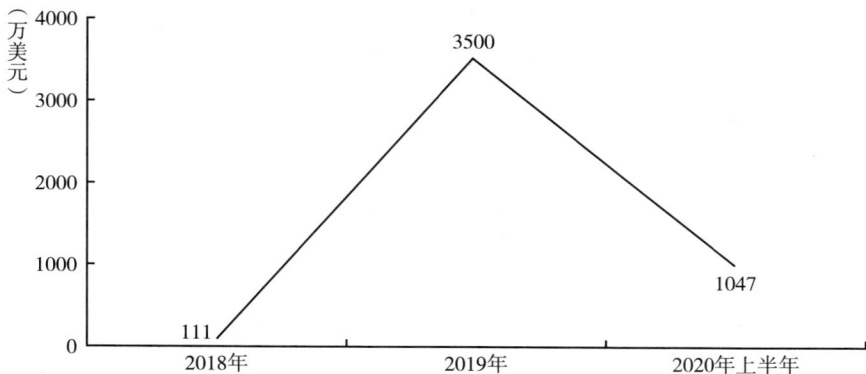

（万美元）

4000

3500

3000

2000

1000

111

1047

0

2018年　　　　　2019年　　　　　2020年上半年

图2　2018年至2020年上半年中国对卡塔尔直接投资额

资料来源：根据中华人民共和国商务部数据绘制。

卡塔尔直接投资的111万美元。这些投资全部为非金融类，主要投资合作涉及能源、基础设施等多个领域。与此同时，卡塔尔也利用自己丰厚的投资资本关注中国市场。卡塔尔主权基金已对阿里巴巴、中信集团、中国工商银行和中国农业银行等中资企业进行投资。中卡金融与投资合作已成为中国与海湾阿拉伯国家在"一带一路"框架下实现资金融通的范例。

（四）高科技与数字经济成为中卡合作新方向

高科技与数字经济领域是中卡统筹推进的合作新领域。2019年，华为公司、华为通信基本覆盖了卡塔尔40%以上的通信类基础设施建设。华为公司与沃达丰（Vodafone）卡塔尔分公司签署战略合作协议，在卡塔尔实施大规模5G技术，并助力卡塔尔进行第一次实时5G全息通话。[①] 在中国（上海）自由贸易试验区临港新片区与卡塔尔自由区签署谅解备忘录时，双方

---

① "Vodafone Qatar Continues Investing in Wireless Network through Strategic Partnership with Huawei," 29 April 2019, https：//www.gulf-times.com/story/630137/Vodafone-Qatar-continues-investing-in-wireless-network-through-strategic-partnership-with-Huawei，访问日期：2020年8月6日。

聚焦的领域主要在集成电路、人工智能、生物医药、民用航空等前沿科技产业。① 卡塔尔也期待在跨境电商领域与中国企业探索合作。此外，宁夏绿色智能节水灌溉技术落地卡塔尔，② 中卡双方合作在农业科技领域开花结果。

三 中卡人文交流——互相了解，层次丰富

民心相通是最基础、最坚实、最持久的互联互通。③ 中卡在共建"一带一路"中的合作，不仅仅体现在双方的经贸往来中，也体现在双方不断扩大与深化的文化领域。2019 年初卡塔尔埃米尔塔米姆访华时，国家主席习近平在与其会谈中指出，"双方要进一步密切人文交流，推动旅游、文化、体育和媒体合作，特别是相互支持、共同办好 2022 年分别在中国和卡塔尔举行的冬奥会和世界杯足球赛这两大体育盛会"。④

由于引入了更多航线⑤和中卡政府签订的于 2018 年 12 月 21 日生效的《中华人民共和国政府和卡塔尔国政府关于互免签证的协定》，中国游客入境卡塔尔的数量显著增多。卡塔尔重视发掘中国在旅游上的潜力，加强同中方有关部门和航空公司的合作，扩展中国旅游和航空市场。卡塔尔国家旅游委员会秘书长、卡塔尔航空公司首席执行官阿克巴·巴克尔（Akbar Al Baker）表示，"在 2018 年，中国游客数量比前一年同期大幅上涨38%"。⑥

---

① 《中国（上海）自由贸易试验区临港新片区与卡塔尔自由区合作》，上海市人民政府，2019 年 11 月 7 日，http://www.shanghai.gov.cn/nw2/nw2314/nw2319/nw11494/nw44727/nw44734/nw44742/u21aw1410489.html，访问日期：2020 年 8 月 6 日。
② 《宁夏绿色智能节水灌溉技术落地卡塔尔》，宁夏日报数字版，2020 年 8 月 14 日，http://www.nxrb.cn/szb/pc/navigation_005001001/2020/08/14/01/12940350085924 70024.html，访问日期：2020 年 8 月 26 日。
③ 《民心相通是最基础的互联互通》，《人民日报》2017 年 6 月 9 日，第 23 版。
④ 《习近平同卡塔尔埃米尔塔米姆举行会谈》，新华网，2019 年 1 月 31 日，http://www.xinhuanet.com/politics/leaders/2019-01/31/c_1124071966.htm，访问日期：2020 年 8 月 6 日。
⑤ 卡塔尔航空公司目前已开通多哈至北京、上海、广州、成都、重庆和杭州以及香港的直航航班。
⑥ "Qatar Sees 38% Growth in Chinese Arrivals," 3 May 2019, https://www.thepeninsulaqatar.com/article/03/03/2019/Qatar-sees-38-growth-in-Chinese-arrivals，访问日期：2020 年 8 月 6 日。

卡塔尔国家旅游委员会首席市场营销及推广官拉希德·赛义德·阿·奎尔斯
（Rashed Saeed AL-Qurese）向《海湾时报》表示，"中国是我们最近两年的
主要客源地市场之一。我们希望在未来几年内，中国游客的数量持续增
加"。① 卡塔尔国家旅游委员会也在中国开设办事处，在微博、微信等平台
上设立官方账号，积极宣传卡塔尔旅游产品，开发中国旅游市场。2020 年卡
塔尔购物节设置魅力中国周，此时正值中国春节，卡塔尔在各大商场设置中
国主题的文艺表演、传统文化体验等活动来增强当地居民对中国文化的了解。
与此同时，卡塔尔多家酒店加入"欢迎中国"项目，为吸引中国游客来卡提
供便利服务。面对卡塔尔 2022 年世界杯，阿克巴表示，将增加往返中国与卡
塔尔之间的航班量，同时更换大型客机，方便更多中国球迷前往观赛。② 2022
年世界杯组委会也已开通中文官方微博"启程 2022"来推介卡塔尔世界杯和
旅游项目。近年来，中国已成为卡塔尔增长最快的入境旅游市场。③

　　除了吸引中国游客，卡塔尔的文化交流也主动"走出去"。2018 年末和
2019 年元旦，卡塔尔爱乐乐团在清华大学和延安分别举行"一带一路"新
年音乐会，演奏中西方知名曲目，为中国观众带来视听盛宴。卡塔尔积极参
加 2019 年北京世界园艺博览会，设立"卡塔尔国家日"介绍卡塔尔的传统
习俗文化。此外，卡塔尔驻广州总领事用阿拉伯语撰写《阳光之路》一书，
介绍郑和在古代海上丝绸之路沿线与各国人民友好交往的故事，帮助阿拉伯
读者了解郑和与丝路精神，该书后被翻译成中文在中国出版。

　　中卡两国加强教育联系。卡塔尔人渴望了解中国文化。位于卡塔尔多哈
教育城的哈马德·本·哈利法大学（以下简称"哈马德大学"），其人文与
社会科学学院的语言中心开设有中文课程项目，为在卡塔尔对中文与中国文

---

① "Qatar Sees Double Digit Growth in Tourists' Traffic," *Gulf Times*, 04 January 2020, https://www. gulf-times. com/story/652496/Qatar-sees-double-digit-growth-in-tourists-traffic，访问日期：年 8 月 6 日。

② 《上海临港新片区和卡塔尔自由区多项合作酝酿中》，中华人民共和国驻卡塔尔国大使馆，2019 年 9 月 17 日，http://qa. china-embassy. org/chn/zkgx/t1698169. htm，访问日期：2020年 8 月 6 日。

③ 见《卡塔尔国家旅游委员会与航班管家联合大数据报告》。

化感兴趣的人们提供不同水平的中文课程。如今在卡塔尔，越来越多的年轻人开始学习中文，中卡双方也在加紧推进中国文化中心和孔子学院在卡落地。此外，哈马德大学还在中国举行博士招生工作坊，积极吸纳中国优秀学生前往卡塔尔学习。① 中央文史研究馆代表团赴卡塔尔等海湾阿拉伯国家开展文化交流，与卡塔尔文化与体育大臣顾问布鲁什进行座谈，参访卡塔尔国家博物馆。陈来馆员在哈马德大学伊斯兰研究学院做题为"孔子思想的道德力量"专题文化讲座。② 中国源远流长的哲学文化也得到了卡塔尔的关注，卡塔尔文化中心研究部主任、卡塔尔首位艺术哲学女博士纳迪娅·阿勒穆迪哈克表示，"我喜欢博大精深的中国文化，特别是独具东方特色的中国哲学理论"。她希望可以学习独成一派的中国哲学理论。③

在 2020 年 1 月 9 日开幕的多哈国际书展中，中国图书"走进"卡塔尔，中国出版社也应邀参展。来自中国的五洲传播出版社和宁夏智慧宫文化传媒有限公司设立的展位都吸引了当地读者的驻足。在书展期间，卡塔尔文化大臣办公室主任还莅临了五洲传播出版社展位，对五洲传播出版社的图书给予了高度赞扬。④

卡塔尔媒体对华态度总体友好。在"一带一路"的媒体传播联盟合作框架下，中卡媒体加强资源共享和平台共建，以此促进共建"一带一路"国家的民心相通。2019 年 1 月，五洲传播中心与半岛新闻网签署建立伙伴关系的谅解备忘录，于 2019 年 2 月在半岛电视台纪录片频道播出《丝路时间》纪录片栏目，向阿拉伯受众介绍中国传统文化。

---

① "HBKU Colleges Attend China PhD Student Recruitment Event," *HBKU News*, December 09, 2019, https：//www. hbku. edu. qa/en/news/hbku-phd-china，访问日期：2020 年 8 月 6 日。

② 《中央文史研究馆代表团赴卡塔尔、科威特、阿联酋开展文化交流》，国务院参事室、中央文史研究馆，2019 年 12 月 12 日，http：//www. counsellor. gov. cn/gjhz/2019 - 12 - 12/58297. shtml，访问日期：2020 年 8 月 6 日。

③ 《专访："我喜欢博大精深的中国文化"——访卡塔尔文化中心研究部主任阿勒穆迪哈克》，新华网，2020 年 3 月 9 日，http：//www. xinhuanet. com/culture/2020 - 03/09/c_ 1125682869. htm，访问日期：2020 年 8 月 6 日。

④ 《中国春节走进卡塔尔——五洲传播出版社亮相多哈国际书展》，五洲传播，2020 年 1 月 21 日，http：//www. cicc. org. cn/html/2020/dtzx_ 0121/5817. html，访问日期：2020 年 8 月 26 日。

城市交往与地方合作是中卡合作的重要组成部分。中国（上海）自由贸易试验区临港新片区和卡塔尔自由区建立"一带一路"友好合作关系，英语广播《魅力上海，丝路花语》在卡塔尔广播平台播出，"70年70个瞬间——上海庆祝新中国成立70周年图片展"也在卡塔尔文化村举行。[①] 让卡塔尔民众在声音和图片中走进上海。在图片展上，有许多卡塔尔民众参与上海各项活动的照片。

体育交往是中卡关系的一部分。中卡双方在大型体育赛事筹办与安保、运动员交流与培训、体育经济发展等方面加强了合作。2018年11月，中国足协与卡塔尔足协签署5年合作协议，在青少年足球发展方面进行全面合作。[②] 2019年9月，四川省常委、成都市委书记范锐平率队前往卡塔尔，以"体育＋"为重点与卡方进行交流。[③] 2020年3月国际乒联卡塔尔公开赛期间，卡塔尔乒协给予中国乒乓球队周到安排，架起中卡体育友谊合作的桥梁。借助中卡双方即将举行各种体育赛事的契机，双方在医学领域也进行了互访。卡塔尔皇家Aspetar医院访问华山医院运动医学科，就多维度合作展开交流。[④]

四 新冠肺炎疫情下的中卡联合抗疫

新冠肺炎疫情下，中卡两国患难与共、互帮互助，政府、企业和医学界等多层级参与其中，为双方合作抗击疫情注入了新动力。

---

① 《上海临港新片区和卡塔尔自由区多项合作酝酿中》，中华人民共和国驻卡塔尔国大使馆，2019年9月17日，http://qa.china-embassy.org/chn/zkgx/t1698169.htm，访问日期：2020年8月26日。

② Qatar Football Association, "QFA, CFA SIGN 5-YEAR MEMORANDUM OF COLLABORATION, Qatar Football Association," 26 November 2018, https://www.qfa.qa/qfa-cfa-sign-5-year-memorandum-of-collaboration/，访问日期：2021年2月23日。

③ 《范锐平率队在卡塔尔开展对外交流活动》，成都市人民政府，2019年9月5日，http://www-chengdu-gov-cn/chengdu/home/2019-09/05/content_7df2184a46f14e90a4010f5fd11f34a6.shtml，访问日期：2021年2月23日。

④ 《卡塔尔皇室Aspetar医院代表团访问华山医院运动医学科》，华山医院，2019年6月20日，https://www.huashan.org.cn/phone/news/detail/9656.html，访问日期：2020年8月26日。

卡塔尔是首批向中国提供防疫物资援助的国家之一。在中国抗击疫情的最艰难时刻，卡塔尔领导人第一时间向中国表示支持。

2020年2月11日，在中国国家主席习近平和卡塔尔埃米尔塔米姆的电话会谈中，习近平感谢卡方多次表达对中方支持和提供帮助，表示"中方愿同卡方保持密切沟通，及时通报疫情最新情况，保障在华卡塔尔公民生活和健康，切实维护好两国人民健康安全"。① 塔米姆高度赞赏中方采取的强有力措施，并"完全相信中方有能力、有把握尽快战胜疫情"。②

卡塔尔航空公司利用其覆盖全球170多个国家和地区的航空网络，为中国驻外使馆开设"绿色通道"，将中国驻外大使馆、领事馆募集的500万只医用口罩和100万瓶消毒洗手液等紧急防疫物资免费运送至中国。③ 卡塔尔航空集团首席执行官阿克巴表示，"面对疫情挑战，卡塔尔人民和中国人民站在一起，卡塔尔航空公司与中国并肩作战"。④

卡塔尔自2020年2月底发现首位确诊病例后，疫情态势迅速蔓延，4月成为疫情重灾区，感染率曾高居全球第一。中方伸出援助之手，及时向卡方分享防控和救治信息和经验。

在卡塔尔抗疫过程中，中资企业积极履行社会责任，以实际行动助力卡塔尔打赢疫情防控阻击战。2020年3月，中国工商银行多哈分行向卡塔尔慈善组织捐赠20万只医用手套。3月下旬，中国医药健康产业股份有限公司向卡塔尔运送200万只医用口罩和10万瓶手部消毒液。此外还有200万

---

① 《习近平同卡塔尔埃米尔塔米姆通电话》，新华网，2020年2月12日，http：//www.xinhuanet.com/politics/leaders/2020-02/12/c_1125561324.htm，访问日期：2020年8月26日。

② 《习近平同卡塔尔埃米尔塔米姆通电话》，新华网，2020年2月12日，http：//www.xinhuanet.com/politics/leaders/2020-02/12/c_1125561324.htm，访问日期：2020年8月26日。

③ 《卡塔尔航空公司决定使用其全球网络驰援中国》，《北京日报》2020年2月4日。

④ 《卡塔尔航空公司利用绿色通道向中国运送5架次抗疫物资》，中华人民共和国驻卡塔尔国大使馆，2020年2月22日，http：//qa.china-embassy.org/chn/zkgx/t1748233.htm，访问日期：2020年8月26日。

只医用口罩和 54 瓶手部消毒液防疫物资，于 3 月底运出。① 4 月，中国银行卡塔尔金融中心分行向卡塔尔慈善中心捐赠医用手套 90000 只、防护服 7500 件，总价值约 30 万元人民币。② 中资企业的物资捐赠也见证了中卡两国在抗疫中的精诚互助。

4 月 1 日，中国国务委员兼外长王毅应约同卡塔尔副首相兼外交大臣穆罕默德通电话。在谈到卡塔尔居高不下的新冠每日新增确诊数量时，穆罕默德代表卡方感谢中方提供物资援助和采购便利，并提出愿认真借鉴中方经验，同中方进一步加强沟通交流，共同抗击疫情。③ 中国驻卡塔尔大使周剑为卡塔尔发行量最大的阿拉伯语报纸《旗帜报》录制抗疫宣传视频，表达对卡塔尔人民的抗疫支持。

中卡两国也在医学领域进行密切交流。4 月 9 日，中国同阿拉伯国家联盟举行新冠肺炎疫情卫生专家视频会议，其中卡塔尔国家卫生部负责人和专家通过网络与会。7 月 8 日，中国工程院院士钟南山等中国医疗专家与卡塔尔卫生部官员和专家连线，与卡方专家交流相关问题。卡塔尔卫生部次大臣萨利赫表示，他相信中国防治疫情的成功经验和科研成果将有助于卡塔尔早日控制疫情。④

中卡的联合抗疫体现了中卡人民同舟共济、守望相助的传统友谊，双方以实际行动践行人类命运共同体，也为中国与共建"一带一路"国家和地区的联合抗疫提供了范本。

---

① 《中国医药 400 万只口罩助力卡塔尔战"疫"》，人民网，2020 年 3 月 27 日，http：//bj. people. com. cn/n2/2020/0327/c233086 - 33907938. html，访问日期：2020 年 8 月 26 日。

② 《中国银行向卡塔尔慈善组织捐赠抗疫物资》，中华人民共和国商务部，2020 年 4 月 15 日，http：//www. mofcom. gov. cn/article/i/jyjl/k/202004/20200402955509. shtml，访问日期：2020 年 8 月 26 日。

③ 《王毅同卡塔尔副首相兼外交大臣穆罕默德通电话》，新华网，2020 年 4 月 1 日，http：//www. xinhuanet. com/2020 - 04/01/c_ 1125801841. htm，访问日期：2020 年 8 月 26 日。

④ 《钟南山连线卡塔尔专家交流防疫经验》，新华网，2020 年 7 月 9 日，http：//www. xinhuanet. com/world/2020 - 07/09/c_ 1126213839. htm，访问日期：2020 年 8 月 26 日。

五 "一带一路"下中卡双边关系展望

疫情影响下，中卡合作机遇与挑战并存，机遇大于挑战。

卡塔尔面临传统地缘安全的风险，卡塔尔奉行"小国大外交"原则，凭借独立、自主和多元的外交政策平衡地游走在地区各方势力中，与伊朗、土耳其等保持良好关系，而沙特、阿联酋等又视伊朗为地区安全的威胁者；此外，卡塔尔近年来对地区事务的积极参与引起邻国龃龉，而2017年断交危机更是导致沙特等对卡塔尔的全面封锁。尽管2021年1月沙特等与卡塔尔恢复全面外交关系，但海合会国家的离心力不断增大，沙特、阿联酋、卡塔尔在政治影响力、能源、旅游业等领域的竞争已是不争事实，海湾地区稳定的不确定性会一定程度上削弱卡塔尔对周边经济的辐射作用，增加了卡塔尔的投资风险。卡塔尔是美国在中东的坚实盟友，卡塔尔与美国的关系"由三个中心支柱锁定：军事和安全协定、商业和经济利益，以及教育和文化倡议"，[1] 美国对中卡合作带来一定影响。

国际评级机构惠誉评级的报告显示，随着卡塔尔与邻国地缘关系的改善、卡塔尔疫情的缓解，卡塔尔的旅游业、房地产业等非石油经济将在中期内得到显著提高。[2] 卡塔尔营商环境的改善增强了中卡经贸合作的信心。在此前提下，中卡可以继续深化能源合作，随着卡塔尔扩建 LNG 出口项目，提高 LNG 生产能力，中资企业可以凭借强大的融资能力和广阔的消费市场参与卡塔尔油气领域的投资、建设。此外，中卡可以继续深化数字经济领域的合作。中卡都属于信息高度发达的国家，近年来，双方信息科技进步日新月异，数字经济蓬勃发展。在抗击新冠肺炎疫情影响下，中卡科技合作将进

---

[1] MehranKamrava, *Qatar：Small State，Big Politics*, Cornell University Press, 2013, p. 80, 转引自吴冰冰《卡塔尔外交政策的基本要素研究》，马丽蓉主编《新丝路学刊》总第8期，社会科学文献出版社，2019，第26页。

[2] "Debt to Weigh on Qatar's Ratings, Even After GCC Detente," https：//www.fitchratings.com/research/sovereigns/debt－to－weigh－on－qatars－ratings－even－after－gcc－detente－15－12－2020#insights. 访问日期：2021年2月20日。

一步深化，中国可以与卡塔尔展开创新合作，加强在远程医疗、在线教育等"无接触经济"以及5G、大数据等"新基建"的合作，并进行大规模商业推广，不断扩展双方在高科技数字领域的合作空间。在政治领域，中卡应继续深化互信，卡塔尔可以成为中国实践新发展观、亚洲新安全观、全球治理观和文明观的重要舞台，并成为中国通过"一带一路"倡议推动国际体系转型不可或缺的重要力量。

总体来看，在"一带一路"倡议和卡塔尔"2030国家愿景"规划的对接下，中卡合作互利共赢，中卡战略伙伴关系将会稳定快速发展。

B.11
中国－科威特关系（2019~2020）

冯璐璐 *

摘　要： 科威特作为共建"一带一路"国家，积极支持"一带一路"倡议，在"一带一路"框架之中，中国－科威特关系取得良好发展，双方持续加强全方位合作，有效落实，成绩显著。在 2020 年新冠肺炎疫情影响背景下，中科双方守望相助，合作抗疫。本报告从政治、外交、经济、能源、文化等方面出发，探究近年来两国关系动态，展望中国－科威特未来发展愿景。

关键词： 中国　科威特　"一带一路"　中科关系

自 1971 年中科两国签署联合公报建交以来，中科双方互动密切，多领域合作频繁。2018 年，中科建立战略合作伙伴关系，"这符合两国和两国人民的共同利益，也有利于促进两国的共同发展和繁荣"。[①] 在新时代的今天，双方就促进各自良好发展达成共识。这无疑符合双方国情，并能有效促进多领域发展。2020 年新冠肺炎疫情肆虐，中科双方相互支持，抗击疫情，两国情谊更深一层。

---

* 冯璐璐，宁夏大学中国阿拉伯国家研究院教授，浙江外国语学院环地中海研究中心高级研究员，主要研究方向为中东经济现代化、中东国际问题、中东地区治理。

① 《中华人民共和国和科威特国关于建立战略伙伴关系的联合声明》，新华网，2018 年 7 月 9 日，http://www.xinhuanet.com/world/2018 - 07/09/c_ 1123100948.htm，访问日期：2020 年 8 月 3 日。

一　中国－科威特政治互信不断增强

科威特奉行"温和平衡"外交政策，采取和平共处原则来开展国家政治外交。中科1971年建交，双方珍视两国人民之间的友情，高层互访频繁，并不断深化合作。"从中国朋友的脸上和眼中，我可以看到他们希望彼此成为朋友，希望提升两国及两国人民的友谊……科威特愿与中国一起，在复杂多变的国际局势中携手并进，共同发展。"[①] 科威特驻华大使赛米赫·伊萨·焦哈尔·哈亚特从国际局势出发，对中科合作发展寄予厚望，相信双方能取得更加丰硕的成果。

良好的政治基础是双方关系长期稳定向好的基石。良好稳定的政治关系是双方合作共赢的前提，中科双方秉持一贯的平等互利原则，为双方发展创造了良好的政治生态。2004年7月6日，中国国务院总理温家宝在人民大会堂与科威特首相萨巴赫举行会谈，双方展望中科关系，温家宝表示："希望中科继续本着政治互信，平等相待精神，进一步密切政治交往，加强在国际事务中的配合，扩大两国经贸合作。"萨巴赫提出："科中关系发展势头良好，前景广阔，两国政治关系非常好。"同时，萨巴赫支持中国在相关问题上的政治立场，期望与中国建立牢固的伙伴关系。[②]

"一带一路"——中科关系迎来新契机。2013年习近平主席提出共建"丝绸之路经济带"和"21世纪海上丝绸之路"的倡议，在世界大发展大变革大调整的关键时期，"一带一路"倡议为全球治理提出中国方案。2014年6月，科威特首相贾比尔访华期间，双方签署《关于共同推进"丝绸之路经济带"与"丝绸城"有关合作的谅解备忘录》，科成为全球首个与中国

---

① 《科威特驻华大使：努力将科威特和中国"拼"出更美图案》，百通社，2019年5月19日，https：//www.sohu.com/a/314030826_ 433398，访问日期：2020年8月3日。

② 《温家宝称中国与科威特关系有着良好的政治基础》，中国新闻网，2004年7月6日，http：//www.chinanews.com/news/2004year/2004－07－06/26/456605.shtml，访问日期：2020年8月3日。

签署"一带一路"合作文件的国家。① 双方以此为契机，加强多领域合作，
2018 年 7 月，习近平主席与科威特埃米尔萨巴赫举行会谈，这是萨巴赫第
七次访华，"两国元首一致决定建立中科战略伙伴关系，为新时期中科关系
注入新动力、开辟新前景"。② 萨巴赫高度赞扬中国在国际事务中所秉持的
和平方针，"科方愿同中方在互信的基础上，本着务实的精神，加强在政
治、经济、文化、安全等领域合作关系，合作建设'一带一路'，共同促进
海湾地区乃至世界的和平与安全"。中科共识符合构建人类命运共同体的核
心理念，"一带一路"倡议为中科巩固、增强政治互信带来强大动力，中科
关系已进入快车道。

中科关系持续向好——书写中科关系新篇章。2019 年 9 月 22 日，中国
驻科威特使馆隆重庆祝中华人民共和国成立 70 周年，驻科威特大使李名刚
指出："去年 7 月，中科建立战略伙伴关系，为两国关系发展注入了新的强
大动力。目前，中科关系正处于历史最好时期。"科威特外交部副大臣（大
臣级）贾拉拉对中国国庆致以美好祝愿，并表示："科中关系历史悠久，在
两国元首的关心和指导下，科中战略伙伴关系正取得日新月异的发展成就。
科方愿同中方共同努力，落实萨巴赫埃米尔访华成果，推动科中关系取得更
大发展。"③ 对于相关问题的立场，科方坚持一贯的原则，"中国只有一个，
这是不容置疑的事实，科方将坚持这一立场不会改变"。④

2020 年 2 月 17 日，习近平主席祝贺科威特国庆 59 周年并致电科威特埃
米尔萨巴赫，"愿同科方一道努力，深化两国战略伙伴关系，在共建'一带

---

① 《科威特与"一带一路"的关系》，http：//history. mofcom. gov. cn/？bandr = kwtyydyldgx，访
问日期：2020 年 8 月 5 日。
② 《中方把科威特作为共建"一带一路"重要伙伴》，新华社，2018 年 7 月 9 日，http：//
www. xinhuanet. com/politics/leaders/2018 – 07/09/c_ 1123100702. htm，访问日期：2020 年 8
月 5 日。
③ 《驻科威特使馆举行国庆 70 周年招待会》，中华人民共和国驻科威特国大使馆，http：//
kw. chineseembassy. org/chn/sgxx/sgxw/t1700536. htm，访问日期：2020 年 8 月 5 日。
④ 《科威特支持中国在涉港问题上的立场》，中华人民共和国驻科威特国大使馆，http：//
kw. chineseembassy. org/chn/sgxx/sgxw/t1711282. htm，访问日期：2020 年 8 月 5 日。

一路'框架内推动各领域务实合作，造福两国和两国人民"。① 中科合作成果丰硕，形式多样的交流在不断开展之中。2020 年之于中科双方是不同于以往任何时期——中科建交 49 周年、突遇新冠肺炎疫情。2 月 11 日，科威特萨巴赫埃米尔就当前中国疫情形势致电习近平主席表示，"科威特对友好的中国遭受疫情表示慰问，赞赏中方为应对疫情采取的预防措施，有效防止疫情蔓延，祝愿患者早日康复"。② 3 月 24 日，中国驻科威特大使李名刚在当地《消息报》上发表题为《阳光总在风雨后》的署名文章强调，"山川异域，风月同天，中科在经历新冠肺炎疫情这场风雨大考之后，将成为更加紧密的命运共同体。我坚信，有了这样的基础，两国战略伙伴关系将迎来更加坚实的未来，两国一定会战胜任何前进中的困难"③。面对疫情，双方第一时间伸出互助援手，就疫情防控交流经验，携手共战疫情，使得纪念日更具深意，中科合作交流有序进行。

习近平主席强调，"中国人讲：'志之所趋，无远弗届。'各国人民对美好生活的向往，谁都无法阻挡"。④ 中国－科威特两国人民亦是如此，自建交以来，双方在政治、经贸、文化等诸多领域硕果累累，这对于两国人民都是有益的，同样也是两国人民所期盼的。"中方将科威特视为在海湾方向共建'一带一路'和维护地区稳定的重要合作伙伴，愿同科方在战略伙伴关系的框架下加强发展战略对接，密切沟通和协调，深化各领域务实合作，共

---

① 《习近平主席向科威特埃米尔萨巴赫致国庆贺电》，中华人民共和国驻科威特国大使馆，2020 年 2 月 17 日，http：//kw. chineseembassy. org/chn/sgxx/sgxw/t1745907. htm，访问日期：2020 年 8 月 5 日。

② 《科威特萨巴赫埃米尔就新冠肺炎疫情向习近平主席致慰问电》，中华人民共和国驻科威特国大使馆，http：//kw. chineseembassy. org/chn/sgxx/sgxw/t1743774. htm，访问日期：2020 年 8 月 5 日。

③ 《驻科威特大使李名刚在科当地主流媒体发表中科建交 49 周年署名文章》，中华人民共和国驻科威特国大使馆，2020 年 3 月 24 日，http：//kw. chineseembassy. org/chn/sgxx/sgxw/t1760406. htm，访问日期：2020 年 8 月 5 日。

④ 《坚持可持续发展共创繁荣美好世界——习近平在第二十三届圣彼得堡国际经济论坛全会上的致辞》，2019 年 6 月 8 日，http：//www. xinhuanet. com/world/2019 - 06/08/c_ 1124596100. htm，访问日期：2020 年 8 月 5 日。

同促进地区发展繁荣与和平稳定。"① 中科关系将在"一带一路"框架之下达到新的发展水平，实现共同繁荣。

二 中国－科威特经贸合作稳步推进

位于中东地区的科威特具有独特的人文地理优势，与沙特和伊拉克相邻，石油和天然气是科威特国民经济的主要支柱，储量丰富，被称为"浮在石油上的国家"，同时是石油证实储量前 10 位国家之一（截至 2019 年底），具有独特的发展优势。

中国和科威特经贸关系由来已久，大致可分为三个阶段，"1949 年之前与中国的经贸关系、1949 年后与中国的经贸关系、21 世纪以来与中国的经贸关系"，② 1971 年中科建交之后，双方达成诸多协定，如航空运输协定、贸易协定、经济技术合作协定等，为中科经贸合作奠定了坚实的基础。科威特作为海合会成员国之一，务实推进中科经贸合作，也有助于促进中国同其他海合会成员国的关系。

中科经贸合作需要一个良好的政治、投资环境。科威特奉行温和平衡的外交政策，并主张在和平共处原则的基础上发展同所有国家的关系，当前已有 120 多个国家与科威特建立了外交关系。世界经济论坛 2019 年发布的《全球竞争力报告》显示，科威特排第 54 位。2019 年，中国商务部对外投资和经济合作司发布《对外投资合作国别（地区）指南——科威特》一文对科威特投资环境做了全面翔实的介绍，对到科威特投资的中资企业，有着积极的指导作用。该指南指出，当前科威特政局保持稳定、稳妥应对地区和国内安全形势、经济保持平稳、法制不断完善、主权信用良

---

① 《李名刚大使在科主流媒体发表署名文章纪念中国人民抗日战争暨世界反法西斯战争胜利 75 周年》，中华人民共和国驻科威特国大使馆，2020 年 9 月 6 日，http://kw.chineseembassy.org/chn/sgxx/sgxw/t1812540.htm，访问日期：2020 年 9 月 10 日。
② 《科威特与中国的经贸关系》，商务历史网站，http://history.mofcom.gov.cn/? bandr = kwtyzgdjmgx，访问日期：2020 年 8 月 5 日。

好、对外开放程度高，无疑体现较强的投资吸引力，更是对中科经贸合作提供了必要保障。

（一）中科经贸合作势头良好

"一带一路"倡议对于科威特经济发展有积极的促进作用，中科经贸合作继续保持良好势头，平稳前行。2018 年，中国与科威特双边贸易额为 186.9 亿美元，同比增长 55.2%，其中，中方出口 33.1 亿美元，同比增长 6.5%；进口 153.8 亿美元，同比增长 72.2%；[1] 2019 年，中国与科威特双边贸易额为 172.8 亿美元，同比下降 7.5%，其中，中方出口 38.4 亿美元，同比增长 15.8%；进口 134.4 亿美元，同比下降 12.6%（见图 1）。[2] 2020 年新冠肺炎疫情对经济和民生有一定冲击，双边贸易额有小幅波动，但整体向好。2020 年上半年中科经贸成绩可喜，中科双边贸易额达 71.7 亿美元；2020 年 1～6 月，中资企业对科全行业直接投资额为 2057 万美元，全部为非金融类。[3]

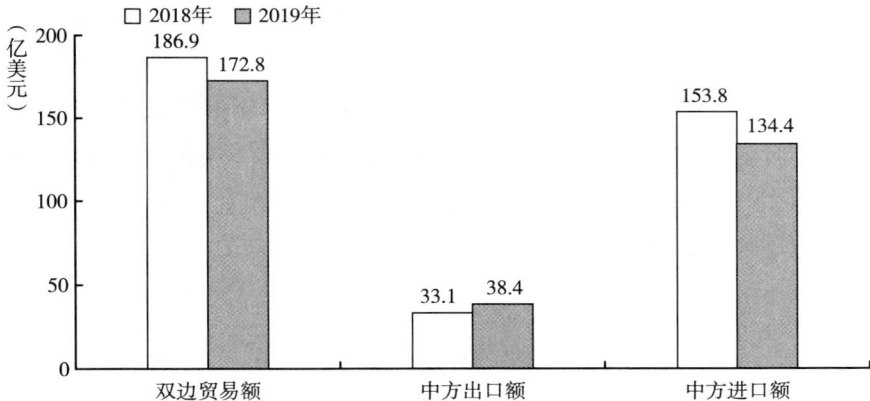

图 1　中科 2018～2019 年双边贸易额

资料来源：笔者根据中华人民共和国商务部数据绘制。

---

① 信息引自中华人民共和国商务部西亚非洲司，2019 年 2 月 27 日，http://xyf. mofcom. gov. cn/ article/tj/hz/201902/20190202838581. shtml，访问日期：2020 年 8 月 9 日。

② 信息引自中华人民共和国商务部西亚非洲司，2020 年 3 月 9 日，http://xyf. mofcom. gov. cn/ article/tj/hz/202003/20200302943102. shtml，访问日期：2020 年 8 月 9 日。

③ 信息引自中华人民共和国商务部。

在工程承包方面，2020 年 1～6 月，中国在科新签工程承包合同额为 2.3 亿美元；2019 年在科新签工程承包合同额为 10.4 亿美元；2018 年在科新签工程承包合同额为 22.1 亿美元。

经贸合作是中科关系的"推进器"，当前世界形势复杂，各国应携手共同发展，将人类命运共同体理念融入国际合作中来。中科经贸合作，秉持互利友好原则，加强贸易合作，着实为两国人民谋福祉。

（二）中科能源合作务实有序

"能源合作与经济贸易关系是中国与中东国家关系发展的亮点和主线，也是构建二十一世纪中国－中东'新丝绸之路'的主要内容。"① 产能与投资合作是中科双方合作的重要内容，中资企业在科威特承包项目涉及油田服务、勘探、炼化、住房、基础设施、电信等诸多领域，中科能源领域合作由来已久，"早在 1994～1999 年，我国从科威特进口原油、成品油、液化石油气和塑料原料"。② 近年来，中科能源合作愈加密切和重要。中国驻科威特大使李名刚表示，双方将继续扩大在能源领域的合作，"中国继续保持科威特第一大进口来源国和第二大出口目的地国地位，是科威特非石油类最大贸易伙伴。科威特是中国第九大原油进口来源国"。③ 为积极推进能源合作，2019 年 4 月，"一带一路"能源合作伙伴关系成立仪式在北京举行，截至2019 年 4 月，成员总数已达 30 个，科威特为其中之一。伙伴关系的确立，将助力各国能源合作。

2019 年 12 月 13 日，中东地区最大炼厂——科威特阿祖尔炼厂主装置建成，标志着科威特成为中东地区最大的清洁油品生产国，在为市场提供高附加值、高品质清洁燃料的同时，更重要在于对推动科威特实现国家经济转

---

① 《科威特与"一带一路"的关系》，http：//history. mofcom. gov. cn/? bandr = kwtyydyldgx，访问日期：2020 年 8 月 10 日。

② 《科威特石油和中科石油合作建议》，中华人民共和国驻科威特国大使馆经济商务处，http：//kw. mofcom. gov. cn/article/ztdy/200302/20030200068458. shtml，访问日期：2020 年 8 月 10 日。

③ 《中科双方继续扩大在能源等领域合作》，新华网，2019 年 7 月 9 日，http：//www. xinhuanet. com/world/2019 - 07/09/c_ 1124729695. htm? baike，访问日期：2020 年 8 月 10 日。

型具有标志性意义。① 阿祖尔炼厂主装置的建成，标志着中国技术得到科方进一步认可。

新能源领域是中科未来合作的重点。近年来，我国在风能、太阳能、生物质能等新能源领域持续加大投入力度，"中国在'一带一路'相关国家可再生能源项目投资额每年维持在 20 亿美元以上，总体呈现增长态势，高质量合作正在从理念变为现实"。② 科威特作为以传统能源为主的国家之一，历来重视新能源的发展，2018 年"共有 17 家公司或联合体通过科威特国家石油公司（KNPC）的 1GW（千兆瓦）太阳能项目资格预审（其中有 10 家中国公司或联合体入围）"，③ 能源结构多样化是科威特今后发展的方向。"一带一路"能源合作伙伴关系为双方新能源合作提供了重要平台。

在"一带一路"框架下，中科能源合作务实有序，并扩大合作领域，在促进经济发展的同时，减少相关国家对石油和天然气的依赖，以实现经济多元化发展。

三　中科科技合作再助力

中科合作交往，是民心相通的体现。科技助力中科关系再向前，携手合作共谋发展。大数据、5G 网络是影响当前世界经济发展不可或缺的元素，网络现代化将助力远程医疗、教育等多方面发展。据中国驻科威特使馆经商处数据，截至 2015 年，科威特科技投资额列全球第 101 位，科技发展将与经贸、文化、教育等相融合，科威特领导人提出的"2035 愿景"就是一个旨在将科威特转变为现代、活跃、多元、繁荣的国家的宏伟构想。在此指导

---

① 《中东最大炼厂主装置全面建成》，中国企业网，http：//wap. zqcn. com. cn/qiye/content/201912/13/c517231. html，访问日期：2020 年 8 月 10 日。

② 《第二届"一带一路"能源合作伙伴关系论坛在京召开》，2020 年 12 月 3 日，http：//www. nea. gov. cn/2020－12/03/c_ 139561240. htm，访问日期：2020 年 12 月 10 日。

③ 《十七家公司通过科威特太阳能项目资格预审》，中华人民共和国驻科威特国大使馆经济商务处，2018 年 6 月 21 日，http：//kw. mofcom. gov. cn/article/jmxw/201806/20180602757539. shtml，访问日期：2020 年 8 月 10 日。

下，科威特近年推出了数字政府、电子政务、智慧城市等项目，都让人感受到国家着眼未来、着眼发展的积极姿态。①

5G 技术为科威特城市发展带来了新机遇。华为在信息与通信方面有着全球领先的技术，"事实上，虽然美国政府一再声称华为设备可能存在安全漏洞，但似乎收效甚微。观察者网注意到，截至今年 9 月（2019），已有来自阿联酋、沙特阿拉伯、科威特、阿曼和巴林等中东国家的 11 家电信公司与华为签署了 5G 技术协议"。② 与此同时，为助力科威特网络现代化发展，华为与科威特运营商 VIVA 合作，助力建设科威特 5G 商用，为科威特市场提供最佳数字解决方案。③ 助力科威特城市、企业发展建设，预示中科科技合作发展进入另一个新时代。

为应对当前的环境问题，处理好人与自然关系，创造良好的人文宜居环境，中国在环境治理方面有丰富的经验和技术，科威特环保专家哈立德·赫杰里对"中国经验""中国技术"评价道："中国在环保事业研究和技术方面拥有巨大优势，这正是包括科威特在内的阿拉伯国家应对环境难题所急需的。科威特方面希望借鉴中国在环保方面的经验并从中受益。"④ 中科科技合作将会有效促进科威特环保事业的发展，为人居环境的改善带来诸多可能性。

四 中国－科威特文化教育交流频繁

"透视中科典籍史册文献，两国自古便是'一带一路'沿线友好国家。

---

① 《感受科威特 5G——大使日记》，中华人民共和国驻科威特国大使馆，2019 年 12 月 31 日，http：//kw. chinaembassy. org/chn/kwtgk/gkly/t1728963. htm，访问日期：2020 年 8 月 13 日。

② 《任正非接受中东媒体采访：华为没犯错，美国制裁是政治目的》，观察者网，2019 年 11 月 4 日，https：//www. guancha. cn/ChanJing/2019_ 11_ 04_ 523846_ s. shtml，访问日期：2020 年 8 月 13 日。

③ 参见《科威特运营商 VIVA 携手华为，商用发布全国范围 5G 网络》，讯石光通讯网，2019 年 6 月 18 日，http：//www. iccsz. com//Site/CN/News/2019/06/18/20190618060209510948. htm，访问日期：2020 年 8 月 13 日。

④ 《科威特环保专家：科威特希望借鉴中国环保经验》，新华网，2019 年 4 月 29 日，http：//www. xinhuanet. com/2019－04/29/c_ 1124432687. htm，访问日期：2020 年 8 月 13 日。

中科两国虽相距万里之遥，但相互交往的历史悠长。"① 1971 年 3 月 22 日中华人民共和国和科威特国建交以来，两国政治互信不断增强，传统友谊持续加深，文化深度交融。1982 年，中科签署《中华人民共和国政府与科威特国政府文化、教育、新闻合作协定》，制订相关文化教育交流计划，加快高等学校交流学习，中国诸多高校学历已获科威特教育部承认。2018 年 7 月 7 日，科威特国埃米尔萨巴赫·艾哈迈德·贾比尔·萨巴赫殿下应邀对中华人民共和国进行国事访问，鉴于两国友好关系和各领域深化合作情况，中科宣布建立战略伙伴关系，"两国愿积极开展两国人民间形式多样的交流，加强在文化、教育、卫生、科研、旅游、新闻等领域合作，加强各自国家旅游宣传推广，鼓励更多学生赴对方国家留学，加强在新闻出版、广播影视、智库等领域合作，增进两国人民之间的了解和友谊"。② 中科双方多次举办活动，展示各自国家文化特色，旨在促进相互间文化了解。

文化教育交流形式多样。2018 年以来中科两国在文化交往上频繁互动，且内容丰富、形式多样，进一步加深了两国之间的友谊。2018 年 6 月，在中国驻科威特使馆和科威特文化、艺术与文学委员会共同组织下，广西艺术团参加科威特"第 21 届国际音乐节"，并上演"美丽中国·心仪广西"主题文艺演出。中国艺术团将具有浓厚中国底蕴的节目呈现给观众，并获得称赞。在一场场精彩演出中，展现了中华文化的无限魅力。③

教育是发展的根本，受教育者是中科友谊的传承者，人民友谊之桥的搭建者。为了使科威特广大青年对"一带一路"倡议的确切内涵有更深入了解，2018 年 3 月，"一带一路"倡议推广活动在科威特澳大利亚学院成功举办，以活动为契机，宣传"一带一路"倡议的丰富内涵、合作理念以及中

---

① 吴富贵主编《我们和你们：中国和科威特的故事》，五洲传播出版社，2018。

② 《中华人民共和国和科威特国关于建立战略伙伴关系的联合声明》，新华网，2018 年 7 月 9 日，http://www.xinhuanet.com/world/2018－07/09/c_1123100948.htm，访问日期：2020 年 8 月 15 日。

③ 参见《"美丽中国·心仪广西"文艺演出震撼科威特》，中华人民共和国驻科威特国大使馆，2018 年 6 月 5 日，http://kw.china－embassy.org/chn/sgxx/sgxw/t1571554.htm，访问日期：2020 年 8 月 15 日。

科在此框架下进行战略对接的广阔前景，有利于促进中国"一带一路"倡议与科威特"2035 愿景"发展战略更好地对接，进而助力实现双方政策沟通、设施联通、贸易畅通、资金融通和民心相通。① 2018 年 11 月，为进一步落实《中华人民共和国和科威特国关于建立战略伙伴关系的联合声明》就增进中科人文交流达成的重要共识，帮助科威特儿童亲历科学探索与发明的过程，并借此机会更多地感知中国，② 中国驻科威特使馆与科威特科研院合作举办儿童科学实验展，通过此次实验展，让科威特儿童认识到科学的魅力，并更多地理解中国和科威特之间的情谊，能成为中科友谊的继承人。科学实验展上，展示了关于中国文化、历史和风俗人情的特色传统手工艺品。中华文化体验活动让当地民众体验了毛笔字、剪纸等富有中华文化特色的诸多项目。在一系列的互动中，享受中华文化带来的乐趣，了解中华传统文化及习俗，体验中国文化魅力。一系列文化活动的成功举办，在增进中科人文交流的同时，也起到了夯实民意、传承友谊的目的。

节日文化是历史文化体现的一种形式。国家之间的节日互动对于国家间多元文化的交流与交融发挥着重要作用。2018 年科威特举行"亚洲文化展"活动，数十个亚洲国家驻科使馆应邀参展，其中中国使馆"欢乐春节——中国文化"更是魅力十足，独具特色。③ 同样，2018 年 3 月，在科威特举办的"第 29 届未来一代艺术节"中，由四川艺术职业学院艺术团参演的"锦绣中国"文艺节目，将中华文化展现得淋漓尽致。④ 2019 年 1 月 18 日，中国驻科威特使馆参加了由科威特文化、艺术与文学委员会（文委）与艾哈迈迪省合作举

---

① 《"一带一路"倡议推广活动走进科威特高校》，新华网，2018 年 3 月 29 日，http：//www. xinhuanet. com/2018 – 03/29/c_ 1122609370. htm，访问日期：2020 年 8 月 15 日。

② 《驻科威特使馆与科威特科研院合作举办儿童科学实验展》，中华人民共和国外交部，https：//www. fmprc. gov. cn/web/zwbd_ 673032/gzhd_ 673042/t1610451. shtml，访问日期：2020 年 8 月 15 日。

③ 《"欢乐春节——中国文化"展台点亮科威特亚洲文化展》，中华人民共和国驻科威特国大使馆，2018 年 1 月 31 日，http：//kw. chineseembassy. org/chn/sgxx/sgxw/t1530590. htm，访问日期：2020 年 8 月 15 日。

④ 《"锦绣中国"文艺演出闪耀科威特》，中华人民共和国驻科威特国大使馆，2018 年 3 月 18 日，http：//kw. chineseembassy. org/chn/sgxx/sgxw/t1543168. htm，访问日期：2020 年 8 月 15 日。

办的"国际美食节"。中国展台色彩缤纷，大红的灯笼高高挂，吉祥如意的中国结欢快喜庆，为活动现场带来浓郁的"中国风"。中国驻科使馆以食会友，热情为来宾介绍中国美食和悠久的历史文化传统，展现从容自信的精神风貌。在"一带一路"的带动之下，中科文化教育交流愈加频繁。2019年11月，"中国之夜"活动在科威特举行。李名刚大使表示，希望通过活动，"让科威特及各国朋友更多了解中国文化，了解中国故事，促进民心相通"。①

文化交流是联系不同国家人民的重要纽带。中科两国文化交往源远流长，当前双方文化合作蓬勃开展，对促进中科文化交流，增进两国人民相互了解和增进友谊具有重大而深远的意义。近年来，中国积极倡导构建人类命运共同体和新型国际关系，就是为了实现世界范围更广泛、更深入的交流与合作。相信在这样的大背景下，中科合作一定会继续快速深入发展。像中科关系这样彼此认同、互利共赢的国际关系模式也一定会像雨后春笋般越来越多地涌现。

五　中国-科威特并肩抗疫迎未来

新冠肺炎疫情给世界经济发展带来深刻影响。"此次疫情通过交通运输、旅游、贸易、消费和制造业等方面，对主要经济体带来巨大的冲击，严重削弱了企业和金融市场的信心，对全球经济造成较2008年国际金融危机时期更大的不利影响。"②

自疫情发生以来，中科双方就抗疫经验保持密切交流。2020年1月28日，中国驻科威特大使李名刚同科威特外交部领事事务大臣助理哈马德就新冠肺炎疫情和防控工作进行交流，双方就疫情形势和防控方法进行沟通，科方表示："愿为中方提供力所能及的帮助，助力中方早日战胜

---

① 《科威特吹起"中国风"——"中国之夜"活动在科盛大举行》，中华人民共和国驻科威特国大使馆，2019年11月25日，http：//kw. chineseembassy. org/chn/sgxx/sgxw/t1718727. htm，访问日期：2020年8月15日。

② 李霞等：《2020年新冠疫情对世界和中国宏观经济的影响》，《当代石油石化》2020年第3期。

疫情。"① 科威特萨巴赫埃米尔在就新冠肺炎疫情向习近平主席致慰问电表示，科方对中国应对疫情所采取的措施表示赞赏，愿同中方一道打赢疫情防控阻击战。4 月 15 日，由华为提供技术支持的中科抗击新冠肺炎疫情视频交流会如期举行，双方就疫情防控措施细节进行了交流。科威特卫生部公共卫生事务助理次大臣布赛娜对中方第一时间毫无保留分享抗疫经验表示感谢。保持畅通的信息交流是中科共抗疫情的基础措施，也是重要的环节，并体现出两国深厚友谊。

守望相助，共克时艰。历史上的中科双方，均能在对方危难时刻第一时间伸出援手，"1998 年，正值中国人民抗洪救灾的紧迫时刻，科威特政府曾向中国捐款 300 万美元，这是该年中国抗洪救灾期间收到的最大一笔外国政府捐助"，② 这是双方关系友好的深刻体现，亦是双方政治互信的体现。2020 年 3 月，科威特政府向中国捐赠了 2100 万元防疫物资和医疗设备，科驻华大使表示应秉持人类命运共同体理念。③ 此次抗击疫情，中国医疗队勇于拼搏的精神受到科威特各界称赞。2020 年 4 月 27 日，中国医疗队抵达科威特，将中国精神、中国智慧、中国经验融入疫情防控工作中，"用自己的行动切实践行人类命运共同体理念"。④ 民间支援也在进行之中，中国企业积极应对疫情影响，尽显担当的中国石化支援科威特方舱医院建设；中国福田汽车向科威特捐赠 50 辆水罐车，用于当地防疫期间的道路清洁和消毒工作。⑤

面对当前国际局势的复杂多变，中科携手应对，进一步加深合作。中科建立战略伙伴关系以来，双方合作紧密务实，理念高度一致，在各领域均取

① 《驻科威特大使李名刚同科外交部领事事务大臣助理哈马德就防控病毒进行工作交流》，中华人民共和国驻科威特国大使馆，2019 年 1 月 29 日，http：//kw. china - embassy. org/chn/sgxx/sgxw/t1736885. htm，访问日期：2020 年 8 月 15 日。

② 冯璐璐：《中国与科威特经贸关系发展战略研究》，《国际经济合作》2009 年第 12 期。

③ 《科威特 2100 万元抗疫物资援华，驻华大使：应秉持人类命运共同体理念》，百通社，2020 年 3 月 24 日，https：//www. sohu. com/a/382438000_ 433398，访问日期：2020 年 8 月 15 日。

④ 《中国政府抗疫医疗专家组抵达科威特》，中华人民共和国驻科威特国大使馆，2020 年 4 月 28 日，http：//kw. china - embassy. org/chn/sgxx/sgxw/t1774113. htm。

⑤ 《驰援海外抗击疫情中国商用车企显担当》，《中国汽车报》2020 年 4 月 2 日，http：//www. cnautonews. com/tj/tjjdt/202004/t20200402_ 633459. html，访问日期：2020 年 8 月 20 日。

得一定成效。2021 年是中科建交 50 周年，两国关系必在一个新的历史起点上，各领域务实合作将持续巩固，迎来更大的发展机遇，并焕发更大的生机与活力。①

六　新形势之下中国－科威特合作关系展望

中国－科威特有良好的历史合作发展基础，随着中科关系的深化，政治互信不断增强，合作领域多元化，影响中科合作的因素是多方面的，保持良好合作关系的前提是双方发展理念具有高度的契合性与同向性。自中科建立战略伙伴关系以来，双方就传统领域合作、政治热点问题达成一致，促进两国共同发展和繁荣。

科威特"2035 愿景"的提出，宗旨是"让科威特转变为金融和商业中心，吸引投资，让私营部门主导经济活动；促进竞争精神，借助国家体制机构的支持，提高生产效率；秉承牢固的价值观，维护社会认同，实现人的均衡发展；建设充足的基础设施，颁布先进的立法，创造有利的商业环境"，②并实现经济多元化。2013 年"一带一路"倡议的提出，得到国际社会的广泛关注。自倡议提出以来，中科在政策沟通、设施联通等多方面进展迅速，科威特未来发展趋势将呈现多元化，从战略层面来说，科威特埃米尔提出的科威特"2035 愿景"与习近平主席提出的"一带一路"倡议高度契合，诸多项目一一落实，科威特"2035 愿景"给予中资企业更大的机遇和挑战，加速两国企业的合作，"自科威特政府决定将其'2035 年愿景'与中国的'一带一路'倡议融合以来，更多的中国公司愿意来到科威特寻求机会"。③相信未来双方合作更加密切，内容更加丰富。

---

① 《驻科威特大使李名刚接受〈消息报〉书面专访》，中华人民共和国驻科威特国大使馆，2020 年 6 月 2 日，http：//kw. china－embassy. org/chn/sgxx/sgxw/t1785088. htm，访问日期：2020 年 8 月 20 日。

② 见 https：//docstore. ohchr. org/SelfServices/FilesHandler. ashx? enc ＝ FhOD6sgqgzAhFXD9F% 2FeKaFMm83LbFY75RhkIFGrig% 2B4Ebs0STPgyvRP55xQBS5PSgMGAO2thEUiCY8Wo7BQJDld08 fdr5WlF9kE70PbJcIdDhDxpLjmanwNRk5l% 2F4R1f，accessed at August 17，2020。

③ "Chinese Companies in Kuwait Hold Marathon to Mark PRC Founding Anniversary," September 21, 2019，https：//www. globaltimes. cn/content/1165075. shtml，accessed at August 20，2020。

　　中国和科威特之间的合作发展是多方面、多元化的。"在各自核心利益的问题上相互支持，并在联合国在国际舞台上保持密切合作"，① "一带一路"联通中科民心，展望中国和科威特合作之未来，双方将以为两国人民谋利益为旨归，为促进区域和平发展增添动力。

---

① "China-Kuwait Strategic Partnership Hits New Level," *Current Affairs Correspondent East Asia*, July 15, 2020, https：//www. beltandroad. news/2020/07/15/china－kuwait－strategic－partnership－to－new－level/, accessed at August 20, 2020.

B.12
中国－巴林关系（2019~2020）

王广大 李雪婷*

摘 要： 随着中国与巴林共建"一带一路"的步伐不断加快，中巴政治互信不断增强，经贸合作稳步推进，人文交流成果丰硕，双方在传统产能、基础设施、信息通信、高新科技、国际物流、农业技术等领域的合作不断深化，双方友好合作关系健康稳定向前发展。新冠肺炎疫情出现后，双方贸易往来受到一定影响，但中巴继续合作，围绕共建"一带一路"和实现"2030 经济愿景"共同发力，以共克时艰，促进两国繁荣发展，构建互利共赢的人类命运共同体。

关键词： 中国 巴林 "一带一路" "2030 经济愿景"

巴林系西亚岛国，位于海湾西南部、阿拉伯半岛东北部，与沙特、卡塔尔、阿联酋等相邻，地处众多阿拉伯国家"一小时经济圈"内。巴林自古以来就是丝绸之路上的重要节点，自 1989 年中国和巴林两国建交以来，双方在政治、经贸、文化、新闻等领域的友好合作不断发展，成效显著。2013 年，巴林国王哈马德首次访华取得圆满成功。2018 年，双方签署共同推进"一带一路"建设的谅解备忘录，中国提出的"一带一

---

* 王广大，博士，上海外国语大学教授，中国－阿拉伯国家改革发展研究中心执行主任，研究领域为中阿关系、阿拉伯伊斯兰文化、阿拉伯人和犹太人关系史；李雪婷，硕士，中国－阿拉伯国家改革发展研究中心助理研究员，研究领域为中阿关系。

路"倡议与巴林"2030 经济愿景"完美对接，为两国务实、创新合作提供了更明确的方向和机遇。2019 年是中巴建交 30 周年，两国关系又上新台阶。新冠肺炎疫情出现后，中巴双方互帮互助，再次诠释了彼此信任的友谊，也为中巴人民继续携手同心，推动共建人类命运共同体奠定了良好基础。

一 中国－巴林政治互信不断增强

进入 21 世纪后，中国和巴林两国领导人交往频繁。巴林首相哈利法于 2002 年 5 月访华、2008 年 11 月出席南京第四届"世界城市论坛"。国王哈马德于 2013 年 9 月对华进行首次国事访问并获得圆满成功。2014 年 11 月，全国政协主席俞正声访问巴林。中国外交部中阿合作论坛事务大使李成文于 2017 年 6 月和 2018 年 6 月访问巴林。近年来，巴林积极参与"中阿合作论坛"活动，先后承办论坛第三届部长级会议、"中阿新闻合作论坛"等，还主办了中国－海湾国家经贸合作论坛。双方频繁的高层互访和交流推动了两国各层面关系的全面发展，增加了双方的政治互信。

2019 年是中巴建交 30 周年，双方高层交往愈发密切。2019 年 4 月 18 日，中国国家主席习近平同巴林国王哈马德互致贺电，热烈庆祝两国建交 30 周年。习近平表示："我高度重视中巴关系发展，愿同哈马德国王一道努力，以中巴建交 30 周年和两国共建'一带一路'为契机，推动中巴各领域合作迈向新台阶，造福两国和两国人民。"哈马德表示："巴方珍视同中国的牢固友谊和各领域互利合作，将继续致力于深化和发展巴中关系，祝中国人民不断取得更大进步。"① 同日，国务院总理李克强同巴林首相哈利法也互致贺电。两国领导人赞赏双方在各领域取得的丰硕成果，许下以"一带一路"为契机加强务实合作，推动双边关系迈向新台阶的诺言，为之后中

---

① 《习近平同巴林国王哈马德就中巴建交 30 周年互致贺电》，中阿合作论坛网站，http：//www. China arabcf. org/chn/zyhd/t1655488. htm，访问日期：2020 年 8 月 12 日。

巴进一步深化双边合作、发展友好关系指明方向。同月，巴林文化与文物局局长谢赫梅率团来华参加第二届"一带一路"国际合作高峰论坛，以实际行动深化双边关系。①

2020年新冠肺炎疫情期间，中巴人民互相支持，进一步巩固传统友谊。2020年7月，巴林外交大臣扎耶尼出席中阿合作论坛第九届部长级会议并发言，高度评价阿中和巴中各领域务实合作成果，赞赏中方为抗疫付出的巨大努力和阿中抗疫合作成果，支持"一带一路"倡议，加强双边合作和共同抗疫。②

中巴两国在政治交往中互相尊重、互相支持，坚持和平共处五项原则，互不干涉内政，并在涉及两国核心利益与重大关切的问题上互相予以支持。中方尊重巴林独立、主权和领土完整，支持巴方维护国家稳定的努力，实现国家长治久安。③ 巴方重视中国大国地位，在涉台、涉疆、涉藏、人权等问题上对中国予以支持。2019年7月12日，巴林等国常驻日内瓦大使联名致函联合国人权理事会主席和人权高专，积极评价中国新疆人权事业发展成就和反恐、去极端化成果，支持中国在涉疆问题上的立场。④ 面对当前国际和地区形势深刻复杂变化，中巴双方共同致力于构建长期稳定的友好合作关系，都主张通过对话谈判解决争端，一同为维护世界和平与地区稳定作出贡献。当前，中巴两国正推动双方友好合作关系不断走深走实，共同促进两国繁荣发展。

---

① 《中国－巴林双边关系》，中阿合作论坛网站，https：//www. fmprc. gov. cn/zalt/chn/albsj/bl/t541129. Htm，访问日期：2020年8月3日。
② 《驻巴林大使安瓦尔在〈中国日报〉（海外版）发表署名文章介绍中巴抗疫合作成果》，中阿合作论坛，http：//www. chinaarabcf. org/chn/zagx/sjfc/t1805595. htm，访问日期：2020年8月5日。
③ 《习近平同巴林国王哈马德会谈时强调构建长期稳定的中巴友好合作关系》，中华人民共和国外交部，https：//www. fmprc. gov. cn/web/zyxw/t1077330. shtml，访问日期：2020年8月3日。
④ 《37国大使联名致函联合国积极评价新疆人权成就和反恐、去极端化成果》，http：//www. xinhua net. com/world/2019－07/13/c_ 1124749009. htm，访问日期：2020年8月3日。

二　中国－巴林经贸合作稳步推进

巴林不仅是阿盟和海合会重要成员国，也是中国在海湾地区推进共建"一带一路"的重要合作伙伴。巴林奉行温和务实的外交政策，主张加强海湾国家间的团结与合作，是中资企业进入海湾市场的重要门户。

作为海湾地区经济开放程度最高的较发达国家，巴林享有"海湾明珠"的美誉，其国内政治相对稳定，经济形势基本平稳，社会治安总体良好，刑事犯罪案件较少，投资环境良好，基础设施和配套保障服务完善，商务成本低于周边阿联酋、卡塔尔市场，交通物流便利，经济政策法规健全，市场透明度较高，社会风气较宽松，英语普及，对外籍人士友好。[1] 根据联合国发展署发布的 2018 年度人类发展报告，巴林的人类发展指数在 189 个国家（地区）中排第 43 位。根据世界经济论坛发布的《2019 年全球竞争力报告》，2019 年巴林竞争力指数为 65.4，较上一年增加了 1.7 分，在被统计的 141 个国家中排第 45 位，上升 5 个位次。[2]

自 20 世纪 70 年代末开始，巴林开始实行自由开放的经济政策，积极推进经济多元化战略，重点发展金融、贸易、旅游和会展等产业，减少对油气资源的过度依赖。2007 年，巴林政府推出了"巴林 2030 经济愿景"（Bahrain Vision 2030），由巴林经济发展委员会负责持续推进国家经济多元化。[3] 根据巴林财政和国民经济部公布的经济运行数据，2019 年巴林国内生产总值为 398 亿美元，增长率为 1.8%，其中非石油收入增长了 63%，[4] 人均国内生产总值为 2.6 万美元，增长了 2.1%，其中非石油收入

---

[1] 《对外投资合作国别（地区）指南——巴林（2019 年版）》，中华人民共和国商务部，2019 年 11 月发布，第 10 页。

[2] 《2019 年全球竞争力报告》，世界经济论坛，http://www3.weforum.org/docs/WEF_The GlobalCompeti tivenessReport2019.pdf，访问日期：2020 年 8 月 5 日。

[3] 王广大：《当代巴林社会与文化》，世界知识出版社，2016，第 108 页。

[4] 《2019 年巴林财政赤字同比下降 24%》，中华人民共和国商务部，http://www.mofcom.gov.cn/article/i/jshz/rlzykf/202002/20200202935134.shtml，访问日期：2020 年 8 月 10 日。

增长 2.3%，可见其经济多元化战略已经取得一定成果。当前，金融、物流、制造业、信息通信技术及旅游业已成为巴林五大经济支柱产业。根据巴林开放数据平台发布的数据，巴林各部门对国民生产总值的贡献中服务贸易活动占比 51.79%，产品贸易活动占比 41.77%（见图 1），细分行业中其他服务贸易，矿产、金融项目、制造业、交通通信和建筑业位列前六，商业、餐饮住宿等贡献也不小（见图 2）。

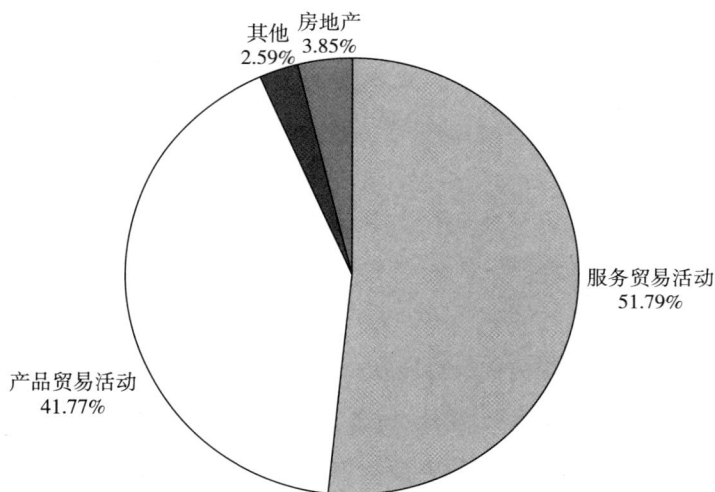

图1 2019 年各部门对国民生产总值的贡献占比

资料来源：《2019 年第四季度国民经济报告》，巴林信息与电子政务局，https://www.data.gov.bh/ar/Resou rceCenter/，访问日期：2020 年 8 月 15 日。

与此同时，巴林政府开始"向东看"，瞄准"一带一路"商机，大力吸引中国投资者，以期实现自身经济转型的同时将巴林打造成中国与中东地区经贸合作的桥梁。中国"一带一路"倡议与巴林"2030 经济愿景"深入对接，双方进一步挖掘合作潜力，两国全方位经贸合作继续提升。双方在进出口贸易、转口贸易、基础设施建设、信息通信技术等领域的合作都有实质性进展。

在加强对巴经贸联系的同时，中国也需要注意潜在风险，做到防范风险、趋利避害，推动中巴利益共同体走得更远。政治层面，目前巴林总体形势稳

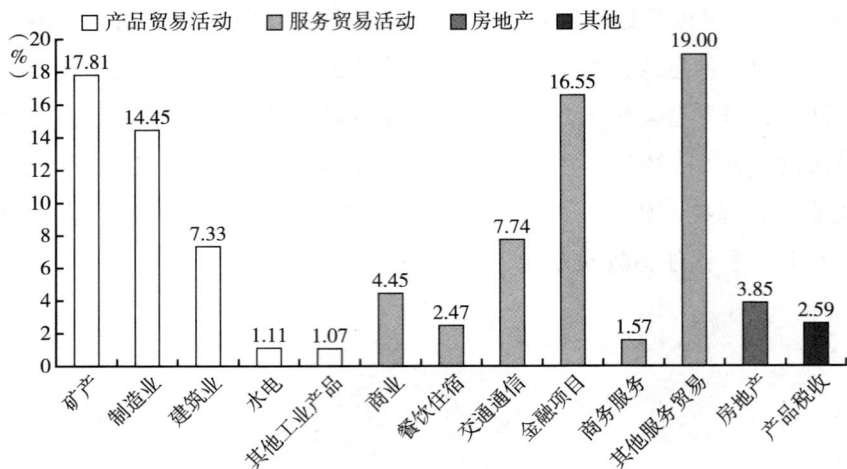

图2　2019年各部门对国民生产总值的贡献占比

资料来源：《2019年第四季度国民经济报告》，巴林信息与电子政务局，https：//www.data.gov.bh/ar/Resou rceCenter/，访问日期：2020年8月15日。

定，基本可控，但在地区安全形势加剧动荡的大背景下，教派冲突加剧、税收负担加重、民生压力加大，社会治安类案件时有发生。经济层面，由于国际油价持续低迷和受疫情影响，巴林财政负担居高不下，巴林政府已采取系列措施增收节支，一些项目搁浅或推迟，对投资者造成不利影响。因此，中资企业在加强对巴经贸联系的同时也需考量其背后的投资风险，做好应急预案。

（一）双方经贸合作稳中有进

中巴两国自20世纪50年代建立贸易关系以来，经贸合作稳步发展。两国通过战略对接，在传统制造业、机电、矿产资源、纺织品等进出口贸易领域实现重要合作。当前，中国是巴林第二大贸易伙伴国、第一大进口来源国和第六大出口目的地国。①

---

① 《中国同巴林的关系》，中华人民共和国外交部，https：//www.fmprc.gov.cn/web/gjhdq_676 201/gj_ 676203/yz_ 676205/1206_ 676356/sbgx_ 676360/t6264.shtml，访问日期：2020年8月3日。

　　根据巴林开放数据平台发布的相关数据，2019 年中巴进出口贸易总额为 26.84 亿美元，比 2018 年的 24.94 亿美元增长了 7.6%；其中中国向巴林出口贸易总额为 22.93 亿美元，比 2018 年的 21.09 亿美元增长了 8.7%；中国从巴林进口贸易额为 3.91 亿美元，比 2018 年的 3.85 亿美元增长了 1.6%（见图 3）。①

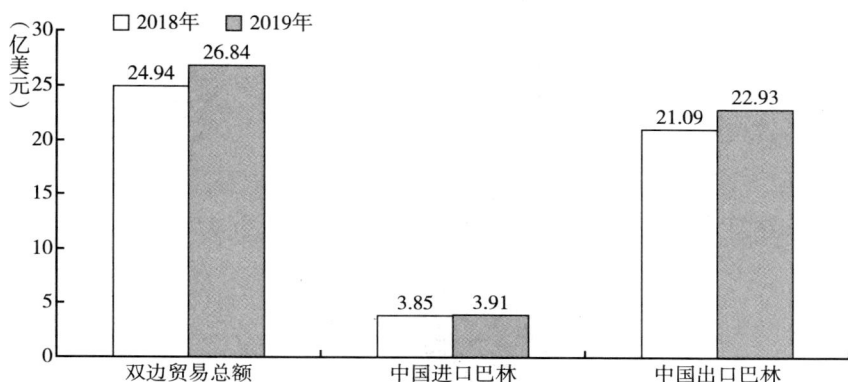

图 3　中国－巴林 2018/2019 年双边贸易额对比

资料来源：根据巴林开放数据平台数据绘制。

　　2019 年，巴林进出口总额为 353.8 亿美元，中国与巴林进出口贸易总额占比 7%；巴林进口总额为 172.6 亿美元，自中国进口总额占比 13.3%，主要从中国进口机电产品、钢铁、纺织服装等；巴林出口总额为 181.2 亿美元，向中国出口总额占比 2.1%，向中国出口石化产品、球团矿、铝等资源类产品（见图 4）。②

　　2019 年，中国同巴林的贸易总额占中国同阿拉伯国家贸易总额的 0.93%，占出口总额的 1.9%，占进口总额的 0.26%（见表 1）。

---

① 《中国－巴林历年贸易数据》，巴林信息与电子政务局，https：//www. data. gov. bh/ar/ Resource Center/，访问日期：2020 年 8 月 5 日。

② 《巴林国家概况》，中阿合作论坛，http：//www. chinaarabcf. org/chn/albsj＿1/bl/t53933 3. htm，访问日期：2020 年 8 月 3 日。

2019 年 1~12 月，对巴投资方面，中资企业对巴全行业直接投资额为 132 万美元，全部为非金融类。承包劳务方面，中国在巴林新签承包工程合同为 4 万美元，完成营业额为 777 万美元，同比增长 7.3%。[①]

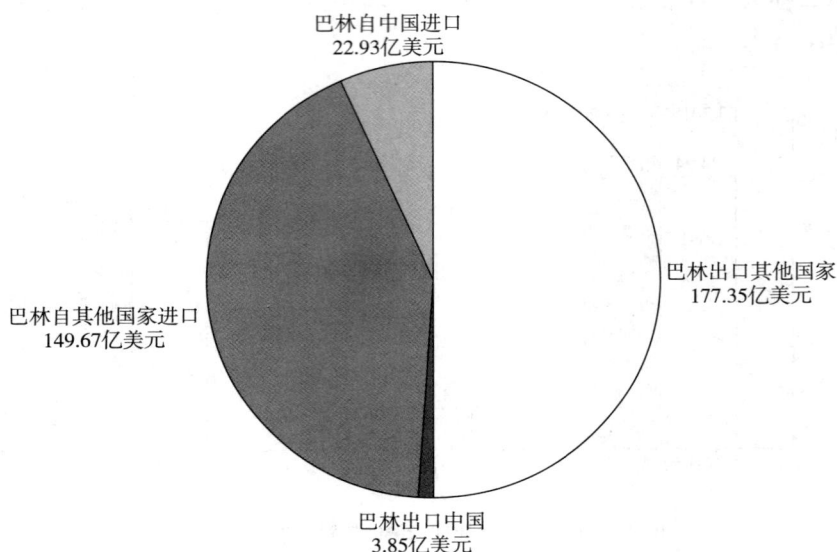

图 4 巴林 2019 年进出口贸易总额分布

资料来源：笔者根据巴林开放数据平台数据绘制。

表 1 2019 年中国同阿拉伯国家和巴林贸易情况

单位：亿美元

经贸合作额	阿拉伯国家	巴林
双方贸易总额	2664	24. 94
中国对外出口额	1204	22. 93
中国对外进口额	1460	3. 85

资料来源：笔者根据巴林开放数据平台数据制作。

---

① 《2019 年中国 - 巴林经贸合作简况》，中华人民共和国外交部，http://xyf. mofcom. gov. cn/ article/tj/hz/202003/20200302943098. shtml，访问日期：2020 年 8 月 3 日。

2019 年，中国与巴林经贸合作的亮点之一是"巴林龙城"项目。该项目位于巴林首都麦纳麦东北部的穆哈拉克区，总占地面积超过 10 万平方米，集多种功能于一体，是巴林乃至海合会国家最大的开发项目之一。"巴林龙城"临近巴林国际机场、世界级港口巴林港和海湾地区金融中心麦纳麦，交通十分便利。该项目是继"迪拜龙城"之后中国在中东地区开发的又一个以中资企业和中国商品为主、汇聚中国品牌商品的转口、批发与零售大型商品分拨中心。来自中国和巴林的贸易商利用"巴林龙城"在当地及周边沙特、科威特、阿联酋等国家的知名度和影响力，推广和销售中国优质产品。此外，"巴林龙城"还是一个区域性东方文化和休闲娱乐的旅游景点，2018 年其客流量超过 800 万人次，[①] 其中约 50% 来自巴林当地，40% 来自距巴林 40 分钟车程的沙特，10% 来自科威特等国。作为中国民营企业在中东地区的重要海外贸易平台，"巴林龙城"使中资小型民营企业能够有组织、有规模地走进海湾，走进中东。据悉，自 2015 年开业以来，"巴林龙城"颇受巴林市民欢迎，电子产品、灯具、服装及玩具等尤为热销。粗略统计，2016 年约有 5000 个标准集装箱的货物通过"巴林龙城"进口到巴林，货值近 2 亿美元，2018 年店铺出租率高达 99%，日均人流量达到 2 万人次，周末和节假日达到 3 万人次。"龙城模式"有望成为中国"一带一路"倡议构想下民营企业"走出去"值得借鉴的模式。[②]

此外，大量中资企业以巴林为"撬动海湾的支点"，将巴林作为"进军"中东的枢纽，利用巴林相对低廉的运营成本、较为宽松的政策环境和包容开放的社会环境，立足巴林，深耕中东，进一步开拓欧洲和非洲市场。当前，在巴中资企业包括巴林华为公司和华为公司中东地区总部、CPIC（重庆复合国际）阿巴桑玻璃纤维有限公司、中集车辆巴林工厂、山东电力建设第三工程公司及巴林龙城管理公司等。

---

① 周聪：《巴林龙城》，《巴林生活》2019 年 4 月 4 日。
② 《中国龙城落户巴林》，http://www.xinhuanet.com/politics/2015 - 12/28/c_ 128571859.htm，访问日期：2020 年 8 月 3 日。

（二）双方产能合作持续深化

随着中国"一带一路"倡议与巴林"2030 经济愿景"的深入对接，中国许多有国际竞争力的产能开始向巴林转移。正处于经济多元化、工业化发展转型阶段的巴林则吸收了部分产能，以推进本国现代化建设。未来，双方在加强国际产能合作方面仍有很大空间。

能源矿产层面，双方正进一步深化开采、炼油等油气上游领域的合作。2018 年 4 月，巴林发现一座预估储量达 800 亿桶石油和 10 万亿~20 万亿立方英尺天然气的新油气田。① 而中企已成功进入阿联酋等海湾阿拉伯国家油气上游领域，在油气勘探开发、储运、炼化等领域有丰富经验、成熟技术和先进设备，双方可在巴林新油田加强合作。

制造业层面，巴林希望成为地区制造业中心，这与中国产业转移需求吻合，双方需求对接，进一步加强合作。巴林全国有 9 个工业区，区内项目可免除原材料进口关税，交通便利，配套设施完善且有一系列优惠政策，吸引了大批国际企业落户其中。中国与巴林在制造业方面的合作主要集中于玻璃纤维、玻纤产品、冷藏车组装生产等。例如，CPIC（重庆复合国际）阿巴桑玻璃纤维有限公司是中巴合资的玻璃纤维和玻纤产品生产公司，主要从事高性能玻璃纤维增强材料的研发、生产和销售，2018 年年生产能力达到 9.5 万吨，未来目标年产量为 20 万吨，产品主要销往中东、欧洲和北美市场。②

基础设施层面，中企积极参与巴林基础设施建设，满足其日益增长的基建需求，助力巴经济发展，实现民生改善和繁荣稳定。巴林政府希望通过加大基建投入，带动本国经济快速增长。2020 年 6 月 11 日，山东电力建设第三工程公司负责承建的巴林阿杜尔二期电站项目第二次倒送厂用电成功，标志着项目又一重要里程碑节点顺利完成，为后续工作顺利进行打

① 《巴林称发现储量 800 亿桶大油田》，http://www.xinhuanet.com/2018-04/05/c_1122641575.htm，访问日期：2020 年 8 月 3 日。
② 《CPIC 巴林公司年产 7 万吨 ECT 玻璃纤维生产线竣工点火》，http://fiberglass365.com.cn/zxzx/detail.aspx?id=37011&mtt=24，访问日期：2020 年 8 月 3 日。

下坚实基础。① 2019 年 12 月，双方在住房建设方面达成新的合作项目，巴林住房部与中国机械工程公司 CMEC 签署实施东锡特拉保障性住房项目的合同，合同包括在巴林锡特拉省东部建设 3100 余套保障房及相关市政配套工程，合同金额 6.91 亿美元。② 该项目是该部发起的为低收入家庭提供 4 万套住房的众多项目之一，总体规划还包括医疗、教育和商业设施、礼拜场所、商业中心、加油站、警察局和海岸警卫队、青年中心、老年人护理中心和公园，是巴林的重大民生工程，也是保持当地经济平稳较快发展的重要措施，将成为双方合作的典范，为促进双方进一步开展更广泛合作奠定良好基础。

（三）新兴产业合作规模不断扩大

近年来，巴林政府致力于将国家打造为海湾地区高新科技和创新创投的中心，巴林是地区内最先设定金融"监管沙箱"政策的国家，制定金融科技相关政策鼓励业态创新，设立金融科技园区吸引数字货币、区块链等相关产业外资公司入驻。电子商务、电子竞技、应用本地化、动漫、教育本地化等成为国家支持的重点行业，也是其经济发展中新的增长点。③

信息技术与通信产业是巴林支柱产业之一，也是当地发展"互联网＋"产业的重要基础。巴林一直走在中东地区信息及通信技术行业开放的前列，根据世界经济论坛发布的《2019 年全球竞争力报告》，2019 年巴林手机渗透率为 133.3%，移动宽带渗透率为 126%，互联网渗透率为 98.6%，居全球第四位。④ 巴林国内拥有巴林电信公司、巴林无线通信公司及 VIVA、ZAIN 等跨国电信公司，以及十多家宽带、语音、服务提供商。当前，中巴

---

① 《巴林阿杜尔二期项目 GT12 主变、厂变倒送电一次成功》，http：//www.sepco3.com/cn/news_ article.aspx？NewsId＝2856&CateId＝72，访问日期：2020 年 8 月 3 日。

② 《巴林国家概况》，中阿合作论坛网站，http：//www.chinaarabcf.org/chn/albsj_ 1/bl/t539333.htm，访问日期：2020 年 8 月 3 日。

③ 中国国际数码互动娱乐展览会官网，https：//www.chinajoy.net/c/2020－07－29/499753.shtml，访问日期：2020 年 8 月 17 日。

④ 世界经济论坛：《2019 年全球竞争力报告》，2019 年 10 月 8 日发布，第 78~80 页。

双方在信息技术与通信领域的合作主要集中在 5G 网络及其设施领域，中国科技公司华为 2004 年落户巴林，2009 年在巴林设立中东区域总部，早前华为与 VIVA 在巴林主要地区开展的 5G 基础设施项目已顺利完工，2019 年双方在该领域又取得了新的合作成果。2019 年 2 月巴塞罗那世界移动大会上，VIVA 巴林分公司和华为签署了 5G 服务合作备忘录，为巴林全境 VIVA 客户提供 5G 服务。① 该备忘录的签署将进一步深化双方的合作关系，持续加速巴林数字化转型，为其打造多元化的知识型经济，提高巴林人民的生活质量。

巴林政府对发展高新科技产品非常重视，积极主动为中国高新科技企业进驻巴林提供便利。目前，巴林已连续四年参加了中国高新技术成果交易会（简称"高交会"）。以深圳高交会为契机，巴林代表团连续六年到访深圳及中国其他城市，并与中资企业和贸易组织达成多项备忘录及合作协议，包括创新创业直通车、跨境电子商务合作、电信人才联合培养等，支持中资企业出海中东，同巴林和中东北非地区的科创生态共同蓬勃发展。2019 年第 21 届高交会上，巴林经济发展委员会（EDB）成为深圳 - 巴林科技经贸合作论坛的主办方，分别同深圳互联网文化市场协会（SICA）、福建网乐科技有限公司、海南安麦云科技有限公司（Hash2One）、艾穆克斯（北京）科技有限公司（AMECS）签署了 4 份具有里程碑意义的谅解备忘录。② 2020 年，巴林经济发展委员会参展 2020 中国国际数码互动娱乐展览会（ChinaJoy 2020），为有意到巴林投资的中国数字娱乐企业提供指导协助与注册服务，并协助其在巴林建立商业网络。③

当前巴林已成为各大国际科技公司进入中东北非市场的首选之地，中资科技公司也不例外。2019 年 4 月，中国福建网乐科技有限公司正式启动位于巴林

① 《VIVA 巴林与华为签署全国 5G 服务 MoU》，https：//www. huawei. com/cn/news/2019/2/viva - bahrain - agreement - huawei，访问日期：2020 年 8 月 18 日。
② 《巴林王国参加第 21 届高交会并签署四份谅解备忘录深化两地科技交流》，http：//ex. chinadaily. com. cn/exchange/partners/82/rss/channel/cn/columns/snl9a7/stories/WS5dd25c87a31099 ab995ec952. html，访问日期：2020 年 8 月 20 日。
③ 中国国际数码互动娱乐展览会官网，https：//www. chinajoy. net/c/2020 - 07 - 29/499753. shtml，访问日期：2020 年 8 月 17 日。

的中东区域总部，计划在未来三年内向该地区投资 5000 万美元，雇用 500 名当地职工，以便向海合会国家中具有电商和金融科技相关软件需求的客户提供服务。① 海南安麦云科技有限公司计划在巴林建立该公司在中东北非地区的云计算中心，认为巴林是其辐射海合会国家乃至更广阔的地区的理想基地。艾穆克斯（北京）科技有限公司则把握住了中东北非地区持续增长的游戏市场，认为巴林拥有成熟的科技发展和高度连通的基础设施，非常适合在此成立游戏分发公司。

与电商紧密相连的是物流行业，巴林对国际物流行业非常支持，希望能够打造地区电商物流中心。当前，巴林境内有 5 个机场，无铁路，首都和主要城镇有公路相连，各级公路总长 4274 公里。巴林和沙特之间由长达 25 公里的法赫德国王大桥相连。萨勒曼深水港有 14 个泊位、2 个集装箱轮泊位和一个滚装轮泊位，可停泊 6 万吨级轮船。哈利法港吞吐能力达 110 万个集装箱。② 2019 年，巴林制造交通物流局执行官一行访问中国一站式综合物流服务商友和道通集团，双方就跨境物流等合作进行了洽谈，为巴林和友和道通架设了友好往来的沟通之桥，为双方进一步深度合作奠定了良好基础。③随着友和道通航线的不断扩展，友和道通可以将巴林作为中转非洲、欧洲及中东各地的重要枢纽，为公司国际航空搭建货运通途；而巴林也可凭借友和道通国际航空货运及跨境物流、商贸等资源优势，拓展中国及更多市场，促进巴林跨境电商发展。

（四）双方农业合作持续不断

中巴农业合作主要围绕两个方面，一是少量的农产品进出口，二是双方在渔业领域的技术交流合作。2019 年，中国向巴林出口农产品总价值约3697 万美元，重量 2.7 万吨，主要包括肉类、蔬果、糖类、面粉等各类新

---

① 《中国科技公司 Wonder News 在巴林开设地区总部》，http：//arabic. people. com. cn/n3/2019/0422/ c31660 - 9570449. html，访问日期：2020 年 8 月 17 日。

② 《巴林国家概况》，中阿合作论坛，http：//www. chinaarabcf. org/chn/albsj_ 1/bl/t539333. htm，访问日期：2020 年 8 月 3 日。

③ 《巴林王国制造交通物流局执行官一行到访友和道通集团》，http：//www. uni - top. com/News/Show. aspx? ArticleId = 2056，访问日期：2020 年 8 月 20 日。

鲜货或冷藏食物、食物种子。①

巴林四面环海，本身渔业资源比较丰富，鱼是巴林民众赖以生存的主要食品之一。中方曾多次向巴援助渔业养殖设备，移交鱼病实验室，中巴农牧渔技术合作已进行了四期，时间总跨度超过 10 年，帮助巴林提升了农牧渔技术水平，为巴林经济发展作出了贡献。2019 年 7 月，中国与巴林签署《中巴农牧渔技术合作第五期渔业项目可行性研究会议纪要》，② 此次纪要签署意味着未来中方将帮助巴方学习掌握先进的渔业养殖技术，提高渔业养殖技能，推动巴林渔业养殖产业快速发展。这不仅有利于保障巴林国内鱼类消费，同时也将助力巴林经济多元化战略深入实施，进一步推动中巴两国关系在新时期不断深入务实发展。

三　中国－巴林人文交流成果丰硕

近年来，中巴人文交流日益密切，两国友好民意基础和社会共识进一步巩固和夯实，已成为两国关系突出亮点。双方在教育、旅游业、文艺交往、新闻出版等领域都取得了一定成果。中巴两国文化主管部门已就签署互设文化中心协议文本进行商谈，将有望在巴林设立海湾地区首家中国文化中心。

孔子学院是中巴人文交流的重要途径之一。自 2014 年 9 月上海大学和巴林大学合办孔子学院以来，已有超过 2000 名学员修读了中文课，200 余名来自巴林外交、内政、国防等重要部门的官员接受培训。巴林大学孔子学院创办短短 6 年，就掀起了"中国热"和"中文潮"，成为巴林民众感知中国历史文化和中国发展成就的重要窗口，有力推动了两国教育交流与人文合作。2019 年，巴林大学孔子学院除常规教学活动外，首次尝试在巴林其他

---

① 巴林开放数据平台，https：//www.data.gov.bh/ar/ResourceCenter/，访问日期：2020 年 8 月 3 日。

② 《安瓦尔大使与巴林工程部次大臣签署中巴渔业技术合作会议纪要》，中华人民共和国驻巴林王国大使馆，http：//bh.china－embassy.org/chn/zbgx/t1679169.htm，访问日期：2020 年 8 月 21 日。

学校开设教学点，在巴林理工大学开设中文学分选修课程，并组织 6 名教师访华实地体验中国风土人情，积极筹办春节"体验年夜饭"、元宵节文化体验、扇面文化讲座与扇面画体验等中国文化体验活动，举办中巴艺术交流会、可持续能源国际论坛等活动为中巴双方搭建交流平台，并向巴林理工大学图书馆捐赠中文图书，为双方进一步合作举办汉语角、读书会等活动做了铺垫。① 2019 年，巴林大学孔子学院注册学生达 748 人次，参加各类中文考试的人数共计 2992 人；巴林理工大学教学点也顺利开设两个学期中文课程。② 新冠肺炎疫情出现后，巴林大学孔子学院采用网络远程教学、线上考试的方式"停课不停学"，继续推广中文和中国文化。

中巴教育合作日益密切，两国互派留学生，高校、文化机构交流频繁，签署合作协议，举办文化交流活动。截至 2019 年，已有 1000 名左右巴林留学生在华接受高等教育，学习医学、经济、商业、法律等专业。2019 年 1 月，巴林大学美术学院和汉苑东辰文化中心联合举办徐适新意象画展。③ 2019 年 4 月，北京语言大学代表团出访巴林，并与巴林阿赫利亚大学签署合作备忘录。④ 疫情期间，巴林大学向友好学校上海大学捐赠 1 万只口罩。

中巴文艺交流更加频繁，双方积极互派艺术团访问表演。2012 年以来，中方每年派文化艺术团组访问巴林，成功举办中国文化节、中国文化周、"欢乐春节"等大型文艺活动，并邀请巴林艺术家赴华参加文化交流活动。2019 年 6 月，银川艺术剧院赴巴林演出庆祝中巴建交 30 周年。⑤ 2020 年 1

① 巴林大学孔子学院新闻，http：//www.hanban.org/index.html，访问日期：2020 年 8 月 15 日。
② 《巴林大学孔子学院举行 2019 年度第二次汉语水平考试》，巴林大学孔子学院，http：//www.hanban.org/article/201911/26/content_794195.htm，访问日期：2020 年 8 月 15 日。
③ 《安瓦尔大使出席巴林大学美术学院和汉苑东辰文化中心举办的新意象画展开幕式》，中华人民共和国驻巴林王国大使馆，http：//bh.china－embassy.org/chn/dssghd/t1634430.htm，访问日期：2020 年 8 月 15 日。
④ 《北京语言大学代表团出访巴林》，https：//cn.chinadaily.com.cn/a/201904/26/WS5cc2e253a310e7f8b157963e.html，访问日期：2020 年 8 月 15 日。
⑤ 《安瓦尔大使出席银川艺术剧院访问巴林演出暨庆祝中巴建交 30 周年文艺晚会》，中华人民共和国驻巴林王国大使馆，http：//bh.chinese embassy.org/chn/zbgx/t1674606.htm，访问日期：2020 年 8 月 15 日。

月，甘肃艺术团抵达巴林举办 2020 年"欢乐春节"访问演出，系"欢乐春节"第三次落户巴林。① 中国艺术家们以精湛的表演，讲述中国故事、弘扬中国文化、展现中国精神、彰显中国魅力和共建"一带一路"成果，唱响中巴友好主旋律，在中巴文化交流与人文合作史上留下浓墨重彩的一笔。此外，巴林书法艺术家贾法尔自创了一种吸收中国书法特点的阿拉伯书法字体，将两种艺术结合在一起，以创新的形式推广中阿文化。②

四 疫情下中国与巴林共克时艰

新冠肺炎疫情出现后，中巴双方互相支持，齐心协力对抗疫情。

巴林各界向中国予以慰问和支持，高度评价中国及时果断、高效有力的疫情防控措施，赞赏中国公开透明的信息发布水平，并强调巴林政府与民众同中国政府和人民在一起，相信中国可以尽快战胜疫情。巴林国王哈马德、首相哈利法、王储萨勒曼分别向习近平主席致慰问信，巴林外交部通过驻华使馆向中方捐赠防疫物资，巴林大学向上海大学捐赠防疫用品，巴林大学孔子学院学生录制视频声援中国抗疫。

中国政府积极与巴林政府沟通协调，开展抗疫合作，提供防疫物资，并为巴林在华采购医疗物资提供便利。中国政府邀请巴林卫生部专家参加中阿新冠肺炎疫情卫生专家视频会议，分享疫情防控和医疗救治经验；中国外交部等部门第一时间协助巴林海湾航空前后 10 多架次包机往返广州运输在华采购的医疗物资；河北省向巴林首都省捐赠 2.5 万只口罩，助力巴林疫情防控；中国电力工程有限公司通过巴林驻华使馆向巴林水电局提供医疗物资捐助等。2020 年 3 月 25 日，习近平主席在致哈马德国王复谢函中强

---

① 《甘肃艺术团将抵巴林举办 2020 年"欢乐春节"访问演出》，中华人民共和国驻巴林王国大使馆，http：//bh. china - embassy. org/chn/dss ghd/t1729342. htm，访问日期：2020 年 8 月 15 日。

② 《巴林书法艺术家贾法尔在巴林大学孔子学院宣讲中式阿文字体 SOROBIA》，巴林大学孔子学院，http：//www. hanban. org /article/2019 - 11/22/content_ 793904. htm#，访问日期：2020 年 8 月 15 日。

调，中方愿同巴方加强合作，分享抗疫经验，共同维护全球和地区公共卫生安全。①

疫情影响之下，全球贸易活动受阻，中巴经贸合作也受到影响，根据2020年1～7月的非石油贸易数据，中巴贸易总额为12.13亿美元，同比2019年下降了11.5%；中国向巴林出口额为10.75亿美元，同比2019年下降了11.0%；中国自巴林进口额为1.49亿美元，同比下降了9.0%。②

表2　中国－巴林2019/2020年1～7月贸易额

单位：亿美元

	中巴贸易总额	中国出口巴林	中国自巴林进口
2019年1～7月	13.71	12.08	1.63
2020年1～7月	12.13	10.75	1.49
增长率（%）	−11.5	−11.0	−9.0

资料来源：根据巴林开放数据平台数据整理。

未来，中巴将继续在中阿合作论坛框架下开展卓有成效的合作，围绕"一带一路"和"2030经济愿景"共同发力，进一步在制造业、基础设施建设、金融业、高新科技等领域加强合作，共同促进两国繁荣发展，推动双方友好合作关系不断向前发展，构建互利共赢的命运共同体。

五　"一带一路"倡议下中国和巴林的合作路径与发展展望

今后，中国和巴林可以继续深入对接"一带一路"倡议与"2030经济愿景"，加强产能合作，扩大新兴产业合作。一方面，巴林经济多元化的发

---

① 《驻巴林大使安瓦尔在〈中国日报〉（海外版）发表署名文章介绍中巴抗疫合作成果》，中阿合作论坛网站，http://www.chinaarabcf.org/chn/zagx/sjfc/t1805595.htm，访问日期：2020年8月12日。

② 巴林开放数据平台，https：//www.data.gov.bh/ar/ResourceCenter/，访问日期：2020年8月24日。

展目标拓宽了中巴合作的空间，双方在信息通信、机械制造、工程承包、环保设施、光伏发电等领域合作潜力巨大。另一方面，巴林以"中东门户"为吸引外资的重要特色，拥有诸多优势，为"一带一路"在中东地区走深走实提供了机会，中国应当把握这一机会，开拓海湾地区市场，深入推进"走出去"战略。

中巴双方可继续加强基础设施建设合作。基础设施互联互通是"一带一路"建设的优先领域和重点方向，"建设可持续基础设施"也是中国基建行业一直关注的重点。这与巴林"2030 经济愿景"不谋而合。一方面，巴林政府提出要在 2030 年建成超一流的公路、海路和空路系统，并与全球贸易与信息公路完全接轨，[①] 计划打造地区电商物流中心，这需要各个层面的道路畅通，需要加强数据中心等新基建项目。另一方面，巴林政府计划为本国民众打造更具魅力的生活环境，建设现代化的公共设施，这需要更多保障住房、体育文化设施，为中巴基础设施建设合作带来更多机遇。当前，巴林住房、机场、公路、铁路、通信、发电、光伏、污水处理等领域的项目已陆续推出，其中海合会援助项目、保障房项目、阿杜尔二期电站及海水淡化项目、太阳能电站项目、巴林－沙特铁路桥项目、巴林单轨铁路项目、致密气开采项目、会展城规划项目等都值得关注。[②] 而中方拥有丰富的基建经验，拥有可持续发展的建筑技术，双方可在此领域持续合作。

中巴可继续深化新兴产业多元合作。一方面，巴林"2030 经济愿景"提出"大力开放市场，以科技创新提高生产率，希望通过吸引外资引进先进科技来提高企业竞争力"，[③] 希望"通过高新科技推动生产力和创新力"，中国建设"数字丝路"的倡议与巴林的需求不谋而合。另一方面，当前，巴林作为中东地区金融科技中心，已经拥有大型数据中心所必需的基础设

---

① 王广大：《2030 年巴林经济愿景——从地区先锋到全球竞争者》，《当代巴林社会与文化》，世界知识出版社，2016，第 340 页。

② 中华人民共和国商务部：《对外投资合作国别（地区）报告——巴林（2019 年版）》，2019 年 11 月发布，第 14 页。

③ 王广大：《2030 年巴林经济愿景——从地区先锋到全球竞争者》，《当代巴林社会与文化》，世界知识出版社，2016，第 337～338 页。

施，也是世界上首批全面运营商业 5G 网络的国家之一，巴林金融科技湾为众多金融科技企业提供场地，数据主权法的落实为新兴产业创造了诸多有利条件。未来，双方可以在信息通信、科技创新、数字经济、金融科技、国际物流等领域加强合作。

同时，中巴共建"一带一路"还需要考虑可能面临的风险。首先，中东地区传统安全风险仍应引起注意，巴林国内长期存在逊尼派与什叶派的矛盾不容忽视；其次，国际油价动荡对巴林社会造成较大影响，或造成失业等社会问题，进而引发国内治安问题；再次，作为美国在海湾地区的重要盟友，巴林内政外交政策制定在一定程度上受美国影响；① 最后，疫情之下巴林经济受到一定影响，开始遣返外籍劳工，这对一些产业的用工需求造成一定冲击，或许会造成劳动力成本上升。

从整体看，中国与巴林的合作关系中机遇大于挑战，双方应一致以"发展"为目标，在政治、经济、文化等方面谋求互利共赢。未来，中巴合作前景广阔，中巴人民将继续携手努力，向构建人类命运共同体的目标迈进。

---

① 张华、白荷菲：《"一带一路"投资政治风险研究之巴林》，http：//opinion. china. com. cn/opinion_ 62_ 129962. html，访问日期：2020 年 8 月 2 日。

B.13
中国－阿曼关系（2019~2020）

武桐雨*

摘　要： 在"一带一路"框架下，中国－阿曼合作已成为中东地区范例。2019年至今，两国在战略伙伴关系基础上，基于共建"一带一路"框架，不断深化在政治、经济、文化等领域的务实合作，尤其进一步拓宽在贸易、投资、能源、文化、旅游、人力资源开发等领域的交流与合作，取得较大发展和丰硕的成果，双方实现互利共赢、共同发展。2020年受新冠肺炎疫情影响，中阿贸易额有所下降，但经贸关系依旧稳固，经贸往来并未停滞。在新冠肺炎疫情期间，中阿深化抗疫合作，向国际社会释放同舟共济、共克时艰的积极信号，进一步加深中阿两国之间的战略互信，为中国－阿曼战略伙伴关系赋予新的时代内涵。未来，中国—阿曼关系将不断深化、升华。

关键词： 中国　阿曼　战略伙伴关系　经贸合作

中国与阿曼友好关系历久弥坚。2018年在中国和阿曼建交40周年之际，两国元首宣布建立战略伙伴关系，共同发表《中华人民共和国和阿曼苏丹国关于建立战略伙伴关系的联合声明》，两国关系再上新台阶。此前，

---

* 武桐雨，上海外国语大学国际关系与公共事务学院、上海外国语大学中东研究所博士研究生，研究领域为中东国际关系。

194

双方已签署共建"一带一路"谅解备忘录（《中华人民共和国政府与阿曼苏丹国政府关于共同推进丝绸之路经济带与 21 世纪海上丝绸之路建设的谅解备忘录》）。2019 年，两国在新时代、新平台上各领域的务实合作为两国关系带来新的发展机遇。2020 年，两国关系克服新冠肺炎疫情的影响逐步加深，中阿两国携手合作、共克时艰，不断夯实两国战略伙伴关系。总体上，在两国共同努力下，中阿战略伙伴关系取得新发展，为共建"一带一路"合作奠定了坚实的基础。

一 中国－阿曼政治关系行稳致远

阿曼（全称"阿曼苏丹国"）地处阿拉伯半岛东南端，濒临阿曼湾和阿拉伯海，印度洋岸线绵长，区位优势显著。中国－阿曼关系历史悠久，阿曼是最早与中国开展交往的国家之一，尤其在商品贸易上，从中国的扬州到阿曼的苏哈尔，是中世纪海上丝绸之路上的东西两端国际贸易港。[1] 最早运到中国的阿曼物产主要是乳香、椰枣、珍珠和良马，[2] 古代的"乳香之路"与"丝绸之路"成为连接现代"一带一路"的桥梁。如今，中阿之间在传统贸易之外，于文化、农业、航空、旅游、投资等多领域的合作均处于蓬勃发展阶段。自 2018 年中国－阿曼建立战略伙伴关系至今，中国－阿曼政治关系持续保持稳定发展，两国政治交往密切，双方共同推动两国战略伙伴关系不断迈上新台阶。

2019 年 11 月全国政协主席汪洋对阿曼进行正式访问，就双边关系及共同关心的国际和地区问题保持沟通和协调，以此不断扩大共识，巩固和深化政治互信。汪洋表示："友谊与合作始终是贯穿中阿关系的主旋律。"[3] 阿曼内阁事务副首相法赫德表示："阿曼十分重视发展对华关系，钦佩中国高质

---

[1] 朱江：《中国的扬州与阿曼的苏哈尔》，《阿拉伯世界研究》1991 年第 4 期，第 27 页。
[2] 沈福伟：《中国和阿曼历史上的友好往来》，《世界历史》1982 年第 1 期，第 61 页。
[3] 《汪洋对阿曼进行正式访问》，新华网，2019 年 11 月 16 日，http://www.xinhuanet.com/2019-11/16/c_1125239752.htm?from=singlemessage，访问日期：2020 年 4 月 5 日。

量发展成就，期待'一带一路'合作更加强劲。阿中均秉持不干涉内政和对话解决争端的原则，在重大地区和国际问题上立场相近。"① 同时，阿方赞赏中方维护世界和平与发展的努力，支持中方维护国家主权、安全的举措。阿曼对中国在地区事务中所持的公正立场和发挥的重要作用表示赞赏，中国支持阿曼在地区事务中发挥更大作用。

中国始终重视发展同阿曼关系。2020 年 1 月习近平主席就卡布斯苏丹逝世向阿曼致唁电，并委派特使王志刚前往阿曼出席相关吊唁活动。同时，习近平向阿曼新任苏丹海赛姆致贺电，习近平表示："中阿建交以来，两国关系取得长足发展，彼此成为相互信赖的战略伙伴。我高度重视中阿关系发展，愿同海赛姆苏丹一道努力，推动两国战略伙伴关系不断迈上新台阶。"② 2020 年 3 月，在全球对抗新冠肺炎疫情之际，阿曼苏丹海赛姆表示阿方高度重视两国传统友谊和战略伙伴关系，愿同中国继续相互理解相互支持，在"一带一路"框架内，进一步加强经济、能源等领域的务实合作，造福两国人民。③

中国－阿曼关系的最重要特征是互不干涉内政，坚定支持和尊重各自的文化、政治和经济发展。④ 中国始终坚持促进地区和平与稳定，尊重各国国情，地区国家也坚定支持中国的主权和领土完整。实践证明，中阿两国建立战略伙伴关系符合两国和两国人民的共同利益，有利于促进两国的共同发展和繁荣。

---

① 《汪洋对阿曼进行正式访问》，新华网，2019 年 11 月 16 日，http：//www. xinhuanet. com/2019－11/16/c_ 1125239752. htm？from＝singlemessage。

② 《习近平向阿曼新任苏丹海赛姆致贺电》，新华网，2020 年 1 月 12 日，http：//www. xinhuanet. com/politics/leaders/2020－01/12/c_ 1125452805. htm，访问日期：2020 年 4 月 5 日。

③ 《阿曼苏丹积极评价中国抗疫成果》，人民网，2020 年 3 月 12 日，http：//world. people. com. cn/n1/2020/0312/c1002－31629080. html，访问日期：2020 年 4 月 5 日。

④ 两国在涉及国家独立、主权和领土完整问题上相互支持，强调坚持不干涉内政的原则。阿曼重申坚定奉行一个中国原则，台湾是中国领土不可分割的一部分，支持中国政府在台湾、涉疆、涉藏及南海等问题上的立场。中国支持阿曼为维护主权、独立和领土完整及国家安全与稳定所做的努力。（《中华人民共和国和阿曼苏丹国关于建立战略伙伴关系的联合声明》第二条，中华人民共和国中央人民政府，2018 年 5 月 25 日，http：//www. gov. cn/xinwen/2018－05/25/content_ 5293766. htm）

二　中国－阿曼经济关系再创新高

阿曼作为海合会成员国之一，国内政治局势稳定，社会秩序井然，法律体系健全，经济相对发达。阿曼在连接东亚和欧洲国家的海上航线上拥有重要的出口。同时其拥有的绵延 1800 公里海岸线上的优良港口和阿曼的航海技术使得阿曼在丝绸之路上的位置非常重要，在阿曼的开放经济政策下更加促进了贸易的繁荣。阿曼在海湾阿拉伯国家中的战略位置使其成为亚洲和海湾阿拉伯国家之间的区域枢纽。近年来，阿曼为改变依赖单一尤其产业资源输出经济结构，全力推进经济多元化战略，大力优化引资环境，积极打造制造、物流、旅游、矿业、渔业五大非油气产业。阿曼作为海湾地区安全稳定的国家，其巨大经济潜力、配套战略政策及友好的营商环境，成为共建"一带一路"的重要海湾阿拉伯国家之一。

阿曼素有"中东的香港"之称。[1] 阿曼国内政治较为稳定，长期奉行不结盟、睦邻友好和不干涉别国内政的外交政策，投资政治风险较低。据数据统计，中国对阿曼直接投资的政治风险中国内稳定指标为"1"；法律效率上解决争议指数为 4.6（2017），在共建"一带一路"西亚地区国家中效率较高；同时个人、机构和企业通过法律体系而非专制政府获得公正的效率水平在西亚排名靠前（阿曼 2017 年挑战规则指数 4.7）。[2] 总体上阿曼政治稳定，适宜投资。

在经济风险方面，阿曼经济呈逐年增长，经济潜力较大（见图 1）。作为 WTO 成员之一，阿曼外商投资占比较高且较为稳定，在政策风险方面，外商投资环境风险较小且较为稳定。[3] 同时，阿曼国家信用等级指数为 76，

---

① 高潮：《投资"中东的香港"——阿曼》，《中国对外贸易》2006 年第 2 期，第 67 页。

② 卫平东、孙瑾：《中国对"一带一路"沿线国家直接投资的风险监管体系研究》，《国际贸易》2018 年第 11 期，第 29 页。

③ 卫平东、孙瑾：《中国对"一带一路"沿线国家直接投资的风险监管体系研究》，《国际贸易》2018 年第 11 期，第 33 页。

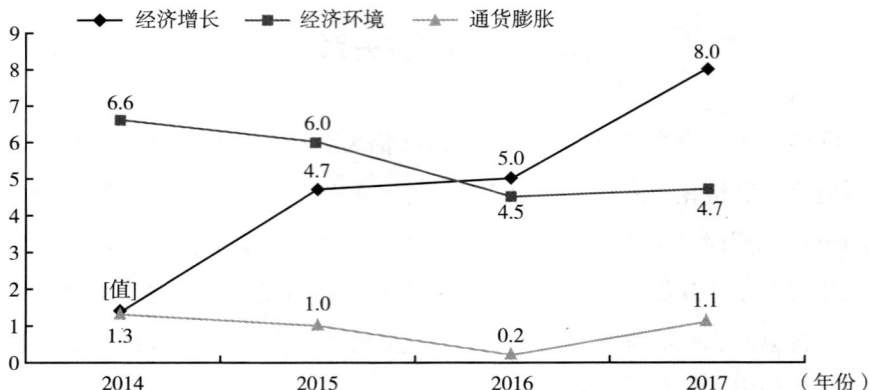

图1 2014～2017年阿曼苏丹国的经济风险

资料来源：卫平东、孙瑾：《中国对"一带一路"沿线国家直接投资的风险监管体系研究》，《国际贸易》2018年第11期，第31页。

高于"一带一路"西亚国家的平均值（56.5），并且在共建"一带一路"国家中排名靠前。[①]

但是也应当看到，当前阿曼财政收入以原油出口收入为主，阿曼财政赤字占GDP比重较大。同时，受新冠肺炎疫情影响全球石油需求下降、各国经济增速放缓，阿曼经济受到一定冲击，阿曼政府要求所有政府机构将外籍专家和顾问的数量削减至少70%，[②] 以缓解经济放缓带来的国内经济压力。未来，阿曼将更加注重对经济多元化改革。阿曼政府于2016年制定"阿曼愿景2040"等计划，随着"九五计划（2016～2020）"的结束，未来，阿曼第十个五年计划（2021～2025）将启动准备工作，预计阿曼政府将继续坚持实行平衡财政政策和经济多元化战略，在多领域开展多元化发展。

经济风险和政治风险高度相关。总体来看，2019年至今阿曼经济环境

---

① 卫平东、孙瑾：《中国对"一带一路"沿线国家直接投资的风险监管体系研究》，《国际贸易》2018年第11期，第34页。

② 《外籍劳工之断舍离：海合六国抗疫与发展两难怎么破》，澎湃新闻网，2020年7月13日，https://www.thepaper.cn/newsDetail_ forward_ 8248210，访问日期：2020年8月1日。

较好，整体环境较好。中国和阿曼的经贸合作关系在中阿战略伙伴关系的保障下保持稳定发展。汪洋在会见阿曼协商会议主席马瓦利时表示，中方愿与阿方密切高层往来，增进政治互信，支持更多有实力的中资企业赴阿曼投资，助力阿曼新型工业化和经济结构转型升级中国全国政协愿同阿曼协商会议进一步加强沟通合作，不断夯实两国友好关系的社会和民意基础。①

（一）中国－阿曼经贸合作稳中有进

2019年中国－阿曼两国共建"一带一路"合作迈上新的台阶（见图2）。中国作为阿曼第一大贸易伙伴，在阿曼承建了一系列项目，涵盖油气资源勘探开发、电力、通信、远洋渔业、加工业等领域，累计完成营业额超过60亿美元。②

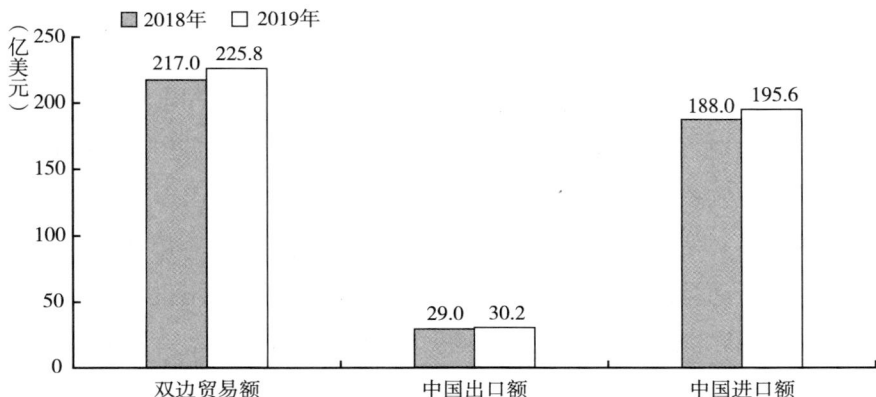

图2 中国－阿曼双边贸易额（2018年和2019年）

资料来源：中华人民共和国商务部。

---

① 《汪洋对阿曼进行正式访问》，新华网，2019年11月16日，http://www.xinhuanet.com/2019－11/16/c_1125239752.htm? from = singlemessage，访问日期：2020年4月5日。
② 《中国国家电网将收购阿曼国家电网公司49%股权》，新华网，2019年12月16日，http://www.xinhuanet.com/2019－12/16/c_1125351856.htm，访问日期：2020年4月5日。

2019 年，中国与阿曼双边贸易额 225.8 亿美元，同比增长 3.9%。其中，中方出口 30.2 亿美元，同比增长 5.1%，进口 195.6 亿美元，同比增长 3.7%。[①]（见表 1）

表 1   中国－阿曼 2019 年双边贸易额

单位：亿美元

经贸合作额	阿拉伯国家	阿曼苏丹国
双边贸易额	2664	225.8
其中： 中国出口额	1204	30.2
中国进口额	1460	195.6

资料来源：中华人民共和国商务部。

通过数据对比可以看出，中国－阿曼经贸合作在中国－阿拉伯国家双边贸易合作中占有重要地位。

其中，中国－阿曼双边贸易额占中国与阿拉伯国家贸易额的 8.5%（2019 年中国与阿拉伯国家贸易额达 2664 亿美元），占出口额的 2.5%（2019 年中国对阿拉伯国家出口额为 1204 亿美元），占进口额的 13.4%（2019 年中国对阿拉伯国家进口额为 1460 亿美元）。中国出口主要为机电产品、钢铁及其制品、高新技术产品、纺织品等；进口主要为原油。

在中国对阿曼投资上，2019 年中资企业对阿曼全行业直接投资 1542 万美元，[②] 且全部为非金融类，主要投资合作涉及能源、电信、基础设施、渔业和商业等多个领域。其中，2019 年中国国家电网收购阿曼国家电网公司 49% 股权的投资项目成为当前中资企业在阿曼规模最大的单笔投资。[③] 2019 年中阿两国双边投资再创新高成为双方共建"一带一路"的重要里程碑，

---

① 信息引自中华人民共和国商务部西亚非洲司，2020 年 3 月 9 日，http：//xyf. mofcom. gov. cn/article/tj/hz/202003/20200302943091. shtml，访问日期：2020 年 4 月 5 日。

② 信息引自中华人民共和国商务部西亚非洲司，2020 年 3 月 9 日，http：//xyf. mofcom. gov. cn/article/tj/hz/202003/20200302943091. shtml，访问日期：2020 年 4 月 5 日。

③ 《中国国家电网将收购阿曼国家电网公司 49% 股权》，新华网，2019 年 12 月 16 日，http：//www. xinhuanet. com/2019－12/16/c_ 1125351856. htm，访问日期：2020 年 4 月 5 日。

双方扩大经贸往来，为深化两国战略伙伴关系提供坚实基础。

在承包劳务上，2019年中国在阿曼新签承包工程合同额2亿美元，同比下降78.5%，完成营业额6.9亿美元，同比下降21.1%。[①]

中国和阿曼共同加强基础设施建设，继续深化基础领域合作。经济特区建设成为中阿合作进展的标志成果、丝路沿线鲜活的优秀范例。尤其是双方以阿曼杜库姆中国产业园为重要载体，持续推进产能与投资合作，不断提升两国务实合作水平。中国－阿曼（杜库姆）产业园作为中阿"一带一路"合作的重要项目，为落实中阿全方位务实合作搭建了广阔平台，其综合型园区设置为各方投资商提供多元选择，已成为中阿达成共识的一项双赢项目。自2016年至2019年10月，位于杜库姆的两条主要道路已施工完成，[②] 园区建设（一期）已粗具规模。园区所有区域均采取现代化、多功能的交通系统相连接，实现方便互通，未来计划在空中和海上交通连接海湾其他国家以及中东、东非和东南亚各国。同时，杜库姆产业园也满足阿曼工业化需求，杜库姆经济特区将为阿曼未来长期经济增长提供重要动力。当前，阿曼政府正竭力满足该地区能源及电力供应需求。阿曼电力传输公司（Oman Electricity Transmission Company，简称OETC）正在努力将杜库姆电力系统与覆盖阿曼北部大部分地区的主要互联系统（MIS）相集成，以实现南北电力系统互联。未来，阿曼计划在实现南北互联后，将光热发电和风力发电等项目均并入当地电网，为该地区的经济可持续发展提供力量。同时，在基础设施建设领域，中资企业在阿曼先后承建了高等级公路、市政污水管线改造、独立电厂暨海水淡化厂、水泥厂生产线建设等重大工程，并完工交付。同时，继2013年起索哈尔港口建设、阿曼国家铁路项目建设、杜库姆

---

① 信息引自中华人民共和国商务部西亚非洲司，2020年3月9日，http://xyf. mofcom. gov. cn/article/tj/hz/202003/20200302943091. shtml，访问日期：2020年4月5日。

② 《中国－阿曼（杜库姆）产业园》，中华全国工商业联合会，2019年10月29日，http://www. acfic. org. cn/zzjg_ 327/nsjg/llb/llbgzhdzt/2019zhinan/2019zhinan_ 1/201910/t20191029_ 144355. html，访问日期：2020年4月5日。

港海事基础设施建设、海水淡化与电力建设等基础设施建设后，2019 年中国丝路基金同意收购 ACWA Power 的重点增长业务——ACWA Renewables 49％股权。[①]

此外，在共建"一带一路"框架下，中阿官民互动共同推动两国经贸关系取得更大发展。中国民营企业近年加大阿曼投资力度，投资建设专营中国商品的商城，并相继开业，有效满足了当地民众多元的消费需求。同时，至 2019 年 9 月阿曼已连续参加三届中阿博览会，并于 2019 年 10 月派出商工会代表团 34 人赴华参加广交会，寻找合作商机，涵盖建筑、食品、医药、服装等多个领域。[②]

（二）中国和阿曼能源合作持续发展

产能与投资合作是中国和阿曼双边务实合作的重要内容。在能源领域，中国和阿曼能源产业合作具有互补性。阿曼是典型的资源输出型国家，原油和天然气产业是其国民经济的支柱，产值占国内生产总值近 30％，出口收入在政府财政收入中的占比近 70％。阿曼 2020 年第一季度出口总额 34.903 亿里亚尔，其中石油与天然气出口总额 23.046 亿里亚尔，占第一季度出口总额的 66％。[③] 中国是阿曼第一大原油出口对象国。2019 年，中国从阿曼进口原油 3387.45 万吨，同比增长 2.94％，累计金额 164.86 亿美元，同比下降 5.12％。

阿曼是中国化学工程积极贯彻落实共建"一带一路"与重点拓展的国

---

① 2016 年，中国电力和 ACWA Power（沙特阿拉伯）签署阿曼 Ibri 和 Sohar 项目的 EPC 合同。该电厂项目总投资约 19.5 亿美元，由沙特阿拉伯 ACWA Power、日本三井电力和阿曼 DIDIC 共同投资建设（详情参见 "China's Silk Road Fund buys 49% of ACWA Power Renewable Energy," Power Technology, June 25, 2019, https：//www.power-technology.com/news/china-silk-road-fund-acwa/）。

② 《李凌冰大使出席阿曼商工会赴华代表团行前动员会》，中华人民共和国商务部，2019 年 10 月 24 日，http：//www.mofcom.gov.cn/article/i/jyjl/k/201910/20191002907163.shtml。

③ 信息引自阿曼国家数据和信息统计中心（National Centre for Statistics and Information），https：//www.ncsi.gov.om/，访问日期：2020 年 4 月 5 日。

外市场。① 2019 年 8 月，中国石油阿曼项目延期合同在阿曼首都马斯喀特签署，标志着中国石油与阿曼油气合作进入新的阶段。② 2019 年 11 月，中国化学工程承建的阿曼杜库姆炼油厂项目正式开工。③ 由中石油参股 50% 并实际管理的达利石油公司已发展成为阿曼第三大外国石油公司，中石油旗下的油气勘探、钻井、测井公司也已成为阿曼油气领域对外合作的重要力量，中国的油田装备和技术广泛服务于阿曼各石油产区。中国驻阿曼大使李凌冰表示："中国是全球第二大经济体，生产能力强，管理水平高，阿曼原油出口总量的 80% 出口到中国，另外海外基建计划也帮助双方经贸合作实现共赢，有助于加强阿曼和中国间的产能合作。"④ 正如两国关于建立战略伙伴关系的联合声明中表示的，两国认为能源合作是双方务实合作的重要支柱，支持两国企业在原油贸易、油气资源勘探开发、服务工程、炼油化工等领域进一步开展合作。未来两国将继续加强新能源、可再生能源领域合作。⑤

（三）中国-阿曼新兴产业合作开拓新边疆

随着数字"一带一路"建设，中国和阿曼在数字化技术和运用方面的合作日益紧密。阿曼是首批以创始成员国身份加入并支持亚投行的国家。在高科技与数字化方面，阿曼在 2017 年得到亚投行提供的 2.39 亿美元贷款用于国家光纤宽带网络建设。在电信领域，华为公司经过十多年的努力

---

① 《中国化学工程承建阿曼杜库姆炼油厂项目开工》，中华人民共和国国务院国有资产监督管理委员会，2019 年 11 月 13 日，http：//www. sasac. gov. cn/n2588025/n2588124/c12653197/content. html，访问日期：2020 年 5 月 4 日。

② 《中国石油阿曼项目高效运行纪实》，中国石油新闻中心，2019 年 8 月 13 日，http：//news. cnpc. com. cn/system/2019/08/13/001740553. shtml，访问日期：2020 年 6 月 1 日。

③ 《中国化学工程承建阿曼杜库姆炼油厂项目开工》，中华人民共和国国务院国有资产监督管理委员会，2019 年 11 月 13 日，http：//www. sasac. gov. cn/n2588025/n2588124/c12653197/content. html，访问日期：2020 年 5 月 4 日。

④ 《中国石油阿曼项目高效运行纪实》，中国石油新闻中心，2019 年 8 月 13 日，http：//news. cnpc. com. cn/system/2019/08/13/001740553. shtml，访问日期：2020 年 4 月 5 日。

⑤ 《中华人民共和国和阿曼苏丹国关于建立战略伙伴关系的联合声明》，中华人民共和国中央人民政府，2018 年 5 月 25 日，http：//www. gov. cn/xinwen/2018 - 05/25/content_ 5293766. htm，访问日期：2020 年 4 月 5 日。

开拓，已成为阿曼电信业的主要设备供应商，在阿曼电信市场所占份额稳居首位。

继 2018 年中国－阿曼科技合作司局级工作会议在阿曼召开后，中阿之间加强科技创新合作，持续推动中国－阿曼技术转移中心建设，筹备共建联合实验室、技术转移、科技人员交流等项目。2019～2020 年，中阿大力促进科技人员交流，合作开展重大科技攻关，共同提升科技创新能力。其中，中资企业不仅成为中阿共建"一带一路"合作桥梁，履行社会责任，同时成为"中国智慧"的民间提供者，与政府共同助力在阿曼开展合作交流活动，形式日益多样化、体系化，受到阿曼官方与民间欢迎。华为公司作为全球 ICT 领军企业，依托先进技术和优质服务为阿曼通讯社产业贡献"中国智慧"，同时为阿曼培养 ICT 人才和工程师，使之成为未来阿曼国家发展的骨干力量。华为通信与信息技术大赛（Huawei ICT Competition）于 2017 年开始举办，2019 年第三届华为通信与信息技术大赛如期举行，超过 1000 名阿曼学生参赛，得到阿曼多部门的大力支持，阿方表示此举对阿曼人才培养作出了积极贡献。[①] 可以看到，两国整合现有资源，积极开拓和推进在人才与科技等方面的务实合作。

5G 基础设施成为中国经济增长的新动能，也成为中国与共建"一带一路"国家共商共建共享的新领域。2017 年国家标准委发布的《标准联通共建"一带一路"行动计划（2018～2020 年)》指出，要深化基础设施标准化合作，支撑设施联通网络建设，推动 5G、智慧城市等国家标准在共建"一带一路"国家应用实施。

（四）中国－阿曼农业合作继续推进

在农业领域，《中国－阿拉伯国家合作论坛 2018 年至 2020 年行动执行计划》确立了中国与阿拉伯国家在农业贸易合作的重点方向和关键领域。

---

① 《驻阿曼大使李凌冰出席华为 ICT 技能大赛启动仪式》，中华人民共和国驻阿曼苏丹国大使馆经济商务处，2019 年 10 月 10 日，http：//om. mofcom. gov. cn，访问日期：2020 年 5 月 5 日。

其中，中国与阿曼的渔业投资合作已开展多年并取得显著成效。阿曼拥有丰富的渔业资源，渔业作为阿曼三大支柱产业之一，在阿曼经济发展中占据重要地位，但是目前只开发了 2%～3%，并且渔业加工和出口在很大程度上仅限于生鱼和初级加工。可以看到，阿曼与中国在渔业合作上形成"产品—技术"优势互补。中资企业积极依据阿曼渔业政策调整转变经营思路，主动进行业务转型，努力建设捕捞、收购、加工、贸易一体化产业链。2019年 8 月中国驻阿曼外交大使李凌冰拜会阿曼农渔大臣哈默德·奥菲时，双方表示未来将进一步拓展两国在渔业领域的合作，推动渔业合作项目尽快落地。[①] 2020 年在阿曼私营企业牵头的 6.4 亿里亚尔（16 亿美元）资金支持和阿曼农渔部指定优先发展的渔业港口的政策推动下，[②] 阿曼渔业进入新的发展阶段，为中阿农渔合作再添新动力。

同期，宁夏大学资源环境学院在阿曼斯瓦迪（Swadi）农场建立了农业节水灌溉试验基地。阿曼积极参与中阿博览会框架下的农业合作交流，与中国进行农业技术交流、技术合作示范，并对人才培训培养、政策沟通与对话等提供支持。未来农业应成为中国和阿曼经贸合作的重点领域，尤其是数字农业的逐渐兴起，对提高粮食生产能力提供较大帮助、这将为"一带一路"中农业合作的深入推进增添新动力，从而真正发挥农业对中阿合作服务、提升农业产业的作用。

三　中国－阿曼人文交往频繁互动

民心相通是共建"一带一路"的社会根基，文化交往不仅传承和弘扬丝绸之路友好合作精神，还为深化双多边合作奠定坚实的民意基础。

---

① 《李凌冰大使拜会阿曼农渔大臣奥菲》，中华人民共和国驻阿曼苏丹国大使馆，2019 年 8 月 10 日，http：//om. chineseembassy. org/chn/dsxx1/dshd1/t1687752. htm，访问日期：2020 年 4 月 5 日。

② 《6.4 亿里亚尔投资推动阿曼渔业发展》，中华人民共和国驻阿曼苏丹大使馆经济商务部，2020 年 2 月 13 日，http：//om. mofcom. gov. cn，访问日期：2020 年 2 月 20 日。

在文化交往上，2019 年中国与阿曼继续保持频繁互动，并且呈现内容与形式多样化的特点，不仅弘扬中阿传统友谊，而且展现了新时代两国人民新的精神面貌，加深相互了解与支持。例如，2019 年中方前往阿曼参加"马斯喀特艺术节"及中阿共同举办的文艺演出，共同举办以中阿历史交往为主题的研讨会和图片展览会，共同制作文艺作品（歌剧《拉克美》）并在阿曼首演，中方组织文艺演出前往阿曼共庆中华人民共和国成立 70 周年和中阿建交 40 周年，共同支持民间摄影协会展现新时代两国国家新变化。近年来阿曼国家博物馆与中国国家博物馆等机构在技术交流、文物联展等方面也开展了富有成效的交流合作。[1] 文化领域多种形式的文化交流活动为促进中国和阿曼文化交流、实现民心相通发挥了重要作用。

人才是共建"一带一路"的桥梁和纽带。在人才交流上，中阿双方通过"一带一路"平台强化人才支撑。中阿在产业投资集中地探索产教合作办学模式，在中国—阿曼（杜库姆）产业园设立技术职业学历教育项目，以实际需求为导向培养人才，计划于 2017 年至 2023 年招录服务于"中国产业园"的阿曼留学生，[2] 弥补人文交流中的人才缺口。同时，阿曼与中国高校进一步深化合作，形成优势互补，努力培养更多服务于中阿两国合作交流的优秀人才。2019 年 5 月，由中国国际教育研究院主办，四川外国语大学成都学院承办的第一届"中国 – 阿曼"国际教育交流会在四川外国语大学成都学院举办。[3] 其间多所高校与阿曼苏哈尔大学达成了国际合作协议，签署合作备忘录，通过人才交流上的务实合作不断提升中阿国际教育合作水平。2019 年 9 月，阿曼政府青年干部代表团访问中阿改革发展研究中心，

---

① 信息引自中华人民共和国驻阿曼苏丹国大使馆。

② 《杜库姆产业园满足阿曼工业化需求》，中国国际贸易促进委员会，2019 年 3 月 14 日，http：//www. ccpit. org/Contents/Channel_ 4126/2019/0314/1139493/content_ 1139493. htm，访问日期：2020 年 2 月 20 日。

③ 《第一届中国 – 阿曼国际教育交流会圆满举行》，中国教育网，2019 年 5 月 27 日，http：//www. cnedunews. com/edu/jyxw/10005. html？from = timeline，访问日期：2020 年 4 月 5 日。

其间参访上海、杭州、北京等地并与相关专家学者进行座谈交流。^① 阿方表示期待与中国在高校交流、学生互换、高教培训等领域进一步加强合作。2019 年 12 月，在阿曼召开了"历史上的伊斯兰世界关系——以中国和阿曼为典范"国际学术会议，会议认为阿曼和中国之间主要是商业上的联系，但两国在其他方面的合作也在加速增多。^② 通过人文交流，中阿继续夯实共建"一带一路"的民意基础。

旅游业在推动阿曼经济多元化发展中起到重要作用，是阿曼政府积极实施的经济多元化战略"坦菲兹计划"的五大关键行业之一，中阿两国旅游市场发展前景光明、潜力巨大。中国和阿曼在旅游领域展开务实合作，相向而行，在政策支持、旅游配套设施建设、航线简化、人员往来便利化等方面加强合作，共同助力阿曼旅游业发展。中国驻阿曼大使馆在 2019 年举办了两次中阿旅游论坛，交流讨论中国与阿曼之间的旅游合作的可能性。2019 年 4 月阿曼旅游部同中国文化和旅游部及中国驻阿曼大使馆共同举办"中阿旅游合作论坛"，^③ 通过"中阿旅游合作论坛"进一步推动中阿在旅游领域务实合作，以此促进人文交流、增进民心相通和文明互鉴。同年 7 月，中国驻阿曼大使李凌冰拜会阿曼旅游大臣迈赫里兹时表示中国欢迎马斯喀特加入北京市倡导发起的世界旅游城市联合会。阿方表示2019 年 1～5 月前往阿曼旅游的中国公民人数达 4.5 万人次，超过 2018 年全年中国前往阿曼旅游人数总和。^④ 未来中国和阿曼在旅游业方面的合作将继续深入发展，联合打造具有丝绸之路特色的国际精品旅游线路和旅游

① 《推动中阿青年互联互通——阿曼政府青年干部代表团访问中阿改革发展研究中心》，上海外国语大学，2019 年 9 月 16 日，http：//carc.shisu.edu.cn/de/06/c7776a122374/page.htm，访问日期：2020 年 4 月 5 日。
② "Oman-China Relations Widened over Years," *Observer*, December 23, 2019, https：//www.omanobserver.om/oman-china-relations-widened-over-years/，访问日期：2020 年 4 月 5 日。
③ 《驻阿曼使馆举行中阿旅游合作论坛招待会》，中华人民共和国外交部，2019 年 4 月 23 日，http：//www3.fmprc.gov.cn/web/zwbd_673032/gzhd_673042/t1656857.shtml，访问日期：2020 年 4 月 5 日。
④ 《李凌冰大使拜会阿曼旅游大臣迈赫里兹》，中华人民共和国外交部，2019 年 7 月 23 日，http：//om.chineseembassy.org/chn/dsxx1/dshd1/t1682724.htm，访问日期：2020 年 4 月 5 日。

产品。

中国和阿曼开展城市交流合作。2019 年 11 月，中阿以人文交流为重点，阿曼佐法尔省与中国广州市互结友好城市，形成鲜活的人文交流合作范例。同时，在《中华人民共和国政府与阿曼苏丹国政府关于推动共建丝绸之路经济带和 21 世纪海上丝绸之路的愿景与行动》指导下，2019 年 9 月，阿曼－中国新闻论坛在北京举行，论坛期间还举办了阿曼－中国关系研讨会和阿曼风情图片展，① 为双边营造良好的文化环境，中阿之间人文交往增进两国人民之间的了解和友谊。

四　新冠肺炎疫情下的中国－阿曼务实合作

2020 年，新冠肺炎疫情席卷全球，国际油价下跌，全球经济下行，对中阿经贸合作产生一定影响，但是并未对中阿关系构成阻碍，中阿战略伙伴关系进一步巩固和加深。

新冠肺炎疫情肆虐阿曼之际，阿曼政府高度重视，采取一系列积极防控措施，并与中国开展及时沟通并寻求帮助。中国在政府与民间层面携手阿曼共同应对疫情挑战。中国驻阿曼大使馆同阿曼卫生部、外交部等部门就疫情防控建立密切联系，第一时间同阿方分享各类疫情防控数据材料。② 在疫情暴发早期，阿曼中资企业已启动抗击疫情相关工作，与阿曼卫生部共同携手，联合各会员单位为阿曼捐赠医疗物资、核酸检测试剂盒。③ 自 3 月以来，中国深圳海关先后保障阿曼等多国政府专机装载出口防疫物资快速通关，进行点对点支援。深圳宝安机场海关快速验放

---

① 《阿曼—中国新闻论坛在京举行》，人民网，2019 年 9 月 11 日，http：//world. people. com. cn/n1/2019/0911/c1002 - 31349296. html，访问日期：2020 年 4 月 5 日。
② 《驻阿曼大使李凌冰在阿媒体发表署名文章〈疫情终将过去，春天必会到来〉》，中华人民共和国外交部，2020 年 5 月 5 日，http：//new. fmprc. gov. cn/web/dszlsjt_ 673036/ds_ 673038/t1776069. shtml，访问日期：2020 年 5 月 10 日。
③ 《携手合作，共抗时艰——阿曼中资企业协会捐赠新冠病毒检测试剂盒运抵阿曼》，中华人民共和国驻阿曼苏丹国大使馆经济商务处，2020 年 3 月 22 日，http：//om. mofcom. gov. cn/article/jmxw/202003/20200302947376. shtml，访问日期：2020 年 4 月 5 日。

阿曼苏丹皇家卫生部采购的一批抗疫医疗物资，保障阿曼皇家空军运送物资专机落地直装，其中包括培养基试剂盒 65 万盒、细胞蛋白裂解液 27 盒、重组蛋白试剂 81 盒、N95 非医用口罩 4.1 万只等，总价值 200.2 万美元。[1] 中国对抗疫情的努力和成果得到了阿曼苏丹海赛姆的积极评价，"中国政府和人民开展的抗击新冠肺炎疫情工作，对抗疫取得的各项成果感到高兴和钦佩"。[2]

在经贸合作上受新冠肺炎疫情对经济的消极影响，中国 2020 年 1～5 月整体对外进出口累计比 2019 年同期均有所下降，与阿曼的进出口商品总值也有所下降（见表 2）。阿曼政府综合财税、金融等措施努力加以应对，一方面以杜库姆等经济特区、工业园区为载体吸引外资，另一方面以新机场、高速公路等重大项目为重点完善基础设施，以调整企业所得税率为抓手拓宽财政来源，经济状况总体保持平稳。

表 2　2020 年 1～5 月阿曼苏丹国进出口商品总值

单位：千美元/美元值

阿曼苏丹国	出口	进口	进出口
2020 年 1～5 月	1032620	6961794	7994414
累计比 2019 年同期 ± %	－ 10.8	－ 12.4	－ 12.2

资料来源：笔者根据中华人民共和国海关总署数据绘制。

习近平主席在致中国－阿拉伯国家合作论坛第九届部长级会议的贺信中指出，新冠肺炎疫情发生以来，中国和阿拉伯国家风雨同舟、守望相助，坚定相互支持，开展密切合作，这是中阿命运与共的生动写照。[3] 中国驻阿曼

---

[1] 《宝安机场海关快速验放阿曼苏丹皇家卫生部采购的一批抗疫医疗物资》，中华人民共和国深圳海关，2020 年 3 月 27 日，http：//www.customs.gov.cn/shenzhen_customs/51 1680/511684/2940934/index.html，访问日期：2020 年 4 月 5 日。

[2] 《阿曼苏丹积极评价中国抗疫成果》，人民网，2020 年 3 月 12 日，http：//world.people.com.cn/n1/2020/0312/c1002 - 31629080.html，访问日期：2020 年 4 月 5 日。

[3] 《习近平向中国－阿拉伯国家合作论坛第九届部长级会议致贺信》，新华网，2020 年 7 月 6 日，http：//www.xinhuanet.com/politics/leaders/2020 - 07/06/c_ 1126203122.htm，访问日期：2020 年 7 月 10 日。

大使李凌冰表示："未来，我们还将充分利用现有的合作机制，同阿方各部门继续保持密切沟通和配合，在力所能及的范围内积极提供支持与援助，为阿曼抗击疫情贡献力量。"①

五 "一带一路" 框架下中国－阿曼合作路径与发展展望

中国和阿曼在政治和经济层面促进务实合作，合作空间大、互补性强，双方充分利用各方面的比较优势，开拓两国互利共赢的新格局。阿曼丰富的投资机会、消费市场、相对灵活的投资政策、重要的地理位置吸引着中国与阿曼维护和稳定双边关系，建立战略伙伴关系。此外，与阿曼的关系为中国提供了一个更加广阔的经济合作平台，深入推进"一带一路"的深度与广度。

阿曼对"中国智慧"——技术、"中国方案"——经济社会全面发展的经验表示较大渴望与需求。与中国保持战略伙伴关系和经贸联系，阿曼在获得投资资本和技术的同时，也有助于其继续坚持"平衡外交"，有效缓解地区和域外国家压力。"一带一路"倡议、亚洲基础设施投资银行和金砖国家新开发银行等均可对接阿曼"九五规划"。

中国与阿曼合作机遇与挑战并存。地区层面，沙特和伊朗博弈、美伊博弈、海合会内部危机、也门内战等地缘政治危机导致该地区不稳定性与不确定性增强。阿曼扼守霍尔木兹海峡并占据重要战略位置，该地区的动荡将会影响中阿合作项目的建设。国家层面，如上文中所提的，阿曼国内政治长期较为稳定，2019 年阿曼的政权交接未引发政治动荡，新任苏丹大力支持与中国继续发展战略伙伴关系；同时，阿曼经济发展良好，投资整体环境较好。但是，阿曼边境地区局势复杂，特别是在佐法尔（Dhofar），投资和建

---

① 《驻阿曼大使李凌冰在阿媒体发表署名文章〈疫情终将过去，春天必会到来〉》，中华人民共和国外交部，2020 年 5 月 5 日，http：//new. fmprc. gov. cn/web/dszlsjt _ 673036/ds _ 673038/t1776069. shtml，访问日期：2020 年 5 月 10 日。

设的风险较高。① 社会层面，阿曼本地劳动力较少、技术水平较低且工资标准较高等人力资源问题给中国企业雇用当地劳动力造成了诸多限制。②

　　从整体上看，中国阿曼关系机遇大于挑战。尽管存在风险和不确定性，但"一带一路"框架下的经济互联互通为阿曼实现其经济多样化、提高生产率和创造就业的发展目标提供了难得的机会。以亚洲基础设施投资银行、中国丝路基金、金砖国家新开发银行为依托，依托"一带一路"投资项目，阿曼将实现经济快速发展。中国阿曼之间合作交流体现了中阿战略伙伴关系在"一带一路"的"五通"领域的顺利推进与持续发展。中国以阿曼为桥梁，"以点带面"，在海湾地区建立多层次、多层面的经济走廊，促进中国与海湾地区经济合作整体和谐发展。中国和阿曼加强在中阿合作论坛框架下的沟通协调，促进中国同海合会国家及阿拉伯国家集体合作水平。2020 年中阿合作论坛第九届部长级会议发表了《中国和阿拉伯国家团结抗击新冠肺炎疫情联合声明》、《安曼宣言》和《中国－阿拉伯国家合作论坛 2020 年至 2022 年行动执行计划》三份成果文件，在 20 大领域共达成 107 项合作举措，为发展中国和阿拉伯国家关系，促进双方建立合作、协调的伙伴关系，构建中国和阿拉伯国家命运共同体发挥了重要作用。

---

① Zhibin Han, and Xiaoqian Chen, "Historical Exchanges and Future Cooperation between China and Oman under the 'Belt & Road' Initiative," *International Relations and Diplomacy*, January 2018, Vol. 6, No. 1, pp. 10 - 11.

② 参考 Zhibin Han and Xiaoqian Chen, "Historical Exchanges and Future Cooperation between China and Oman under the 'Belt & Road' Initiative," *International Relations and Diplomacy*, January 2018, Vol. 6, No. 1, p. 12。

B.14
中国－伊拉克关系
（2019~2020）

马妍哲*

摘　要： 伊拉克战争结束以后，中国积极参与到伊拉克的战后重建工作之中。伊拉克是共建"一带一路"上的重要国家。中伊双方以互利共赢、共同发展为目标，在贸易、能源、基建、劳务、文化等各个领域都开展了交流与合作。2020年新冠肺炎疫情突如其来，中国－伊拉克的经贸关系受到了一定的影响，但中伊经贸关系依旧稳固。在抗击新冠肺炎疫情方面，中伊守望相助、同舟共济，进一步加强了双方的战略合作和互信，经受住了疫情的考验。未来，中国和伊拉克关系将进一步升华，谱写中伊关系新篇章。

关键词： 中国　伊拉克　"一带一路"　能源

中国和伊拉克同为文明古国，都有着深厚的文化内涵和历史底蕴，自古至今交往频繁，中伊合作有天然的基础。2015年中国和伊拉克发表了建立战略伙伴关系的联合声明，两国传统友谊不断加深。2018年中伊建交60周年，双方均举行了庆祝活动，并表达了加强两国战略合作、实现人民福祉的愿望。两国在"一带一路"框架下，不断开展合作。2020年，双方凝聚共

---
* 马妍哲，博士，中山大学国际翻译学院阿拉伯语系主任，副教授，研究领域为阿拉伯语言与文化。

识、共克时艰，携手抗击新冠肺炎疫情，不断夯实两国的战略伙伴关系。总体上来说，中伊双方的共同发展，是中国与海湾阿拉伯国家互动发展中的重要一环，中国－伊拉克关系的不断深化，将为中阿关系的发展注入新的活力。

一　中国－伊拉克政治关系进而有为

（一）中国－伊拉克政治关系概况

伊拉克（全称"伊拉克共和国"）地处阿拉伯半岛东北部，东邻伊朗，南接沙特、科威特，西毗叙利亚、约旦，北连土耳其，东南濒波斯湾。伊拉克地处北半球温带，亚洲、非洲和欧洲三大洲交汇处，地理位置十分重要，还处在印度洋和地中海之间陆路距离最短的地带，从而成为沟通南欧和南亚之间的陆路桥梁，属世界重要的交通枢纽地区之一。[①] 中国和伊拉克关系源远流长，早在公元前4000年前后，伊拉克地区最古的主人苏美尔人已有高度的文明，他们有天文历法方面的创造，和我国发生过联系。[②] 通过古代海上丝绸之路和陆上丝绸之路，中伊之间进行了一系列的经济文化交流，中国的瓷器、纺织品、造纸术等经阿拉伯传入西方，阿拉伯的香料、乳香、椰枣等也运到了中国。

提出构建中阿命运共同体以来，中阿全方位合作进入新阶段。伊拉克战争之后，中伊关系实现平稳过渡和发展，2014年，中国驻伊拉克使馆复馆，2015年两国发表关于建立战略伙伴关系的联合声明。双方政治关系平稳发展，双方的友好合作继续推动着中伊战略伙伴关系不断发展。

---

① 《国家概况——伊拉克》，"一带一路"数据库，2015年6月24日，https://www.ydylcn.com/gjgk/284131.shtml，访问日期：2020年8月30日。

② 张一纯：《中国和伊拉克的历史的友谊》，《西北师大学报》（社会科学版）1960年第Z1期，第60～64页。

中国一直坚持不干涉他国内政的原则，同时负起大国的责任与担当，在伊拉克问题上表示愿积极参与伊拉克的战后重建工作。2019 年 2 月，中国国务委员兼外长王毅在北京会见伊朗外长扎里夫时，伊方表示欢迎"中方在中东地区事务包括叙利亚、伊拉克重建以及阿富汗和平进程等问题上发挥更重要作用"。① 2019 年 9 月中国驻伊拉克大使张涛表示中方在"一带一路"框架下加强两国的务实合作，并鼓励中资企业积极参与伊拉克的战后重建，推动双方战略伙伴关系走深走实。伊方也表示愿积极参与共建"一带一路"并加深合作。② 9 月，在中伊安全保障三方协调机制联席会议上，驻伊拉克大使张涛表示要进一步做好在伊中资机构和人员的安保工作，并鼓励更多的中资企业参与伊拉克的战后重建工作。③

中方也对伊拉克内政问题表明了态度，2020 年 1 月 4 日晚，中国国务委员兼外长王毅在同俄罗斯外长拉夫罗夫通电话中表示，中方主张各方应遵守联合国宪章宗旨以及国际关系的基本准则，尊重伊拉克的主权独立和领土完整，维护中东海湾地区的和平稳定。④

在 2019～2020 年，中伊两国高层领导人也进行了互动交流（见表 1），不断增强双方的政治互信，双方的领导人（总理、外长、副部长、大使等）就核心问题、重要问题进行了一系列的会谈，涉及党际交流、战后重建、新冠肺炎疫情等。

① 《王毅会见伊朗外长扎里夫》，中华人民共和国外交部，2019 年 2 月 19 日，https：//www.fmprc.gov.cn/web/wjbzhd/t1639088.shtml，访问时间：2020 年 8 月 27 日。
② 《驻伊拉克大使张涛拜会伊总理财经顾问穆佐希尔》，中华人民共和国外交部，2019 年 9 月 13 日，https：//www.fmprc.gov.cn/web/zwbd_ 673032/wshd_ 673034/t1697421.shtml，访问时间：2020 年 8 月 28 日。
③ 《驻伊拉克大使张涛召开中伊安全保障三方协调机制联席会议》，中华人民共和国外交部，2019 年 9 月 10 日，https：//www.fmprc.gov.cn/web/zwbd_ 673032/wshd_ 673034/t1696057.shtml，访问时间：2020 年 8 月 28 日。
④ 《王毅同俄罗斯外长拉夫罗夫通电话》，中华人民共和国外交部，2020 年 1 月 4 日，https：//www.fmprc.gov.cn/web/wjbzhd/t1729559.shtml，访问时间：2020 年 8 月 27 日。

表1 中伊高层领导人互动一览（2019~2020）

出访时间	出访领导人	重要活动
2019年4月	中联部副部长李军率中共代表团访问伊拉克	深入宣介习近平新时代中国特色社会主义思想，强调中方愿加强与伊党际交流，为两国关系发展注入不竭动力
2019年9月	伊拉克总理阿卜杜勒马赫迪访华	
2019年9月	驻伊拉克大使张涛拜会伊总理财经顾问穆佐希尔	双方就中伊务实合作等交换意见
2019年11月	驻伊拉克大使张涛会见伊外长哈基姆	双方就两国关系等交换意见
2020年2月	伊拉克总统巴尔哈姆会见驻伊大使张涛	双方就新冠肺炎疫情、两国关系等交换意见
2020年3月	中国驻伊拉克大使张涛、伊拉克卫生和环境部部长贾法尔·阿拉维出席揭牌仪式并致辞	中国援建伊拉克新冠病毒核酸检测实验室在伊拉克首都巴格达医学城医院揭牌
2020年7月	伊拉克第一副外长穆斯塔法	线上出席中阿合作论坛第九届部长级会议
2020年11月	伊拉克石油部长伊赫桑	线上出席第三届中国国际进口博览会暨虹桥国际经济论坛开幕式

资料来源：笔者据外交部、中国驻伊拉克大使馆资料整理而成。

2017年，"伊斯兰国"在外部势力的干预之下被伊拉克政府军驱逐出境，伊拉克处于国家再度重建阶段。经过长时间的战乱，伊拉克民众迫切希望能重建伊拉克，恢复日常生活。在此背景下，伊拉克新政府积极展开经济建设。在扩展中国和伊拉克关系中，中方在多次会谈中公开表态，始终坚持反战立场、不干涉他国内政的外交原则，维护伊拉克和海湾地区和平、发展和伊拉克官方与民间关系，积极支持伊拉克相关地区的战后重建工作。

（二）中国和伊拉克反恐合作进行时

中国始终支持伊拉克人民争取和平民主的反恐战争，并多次向伊拉克提供人道主义援助。

联合国安理会于2019年11月26日审议联合国收集"伊斯兰国"在

伊拉克所犯罪行证据调查组工作，中国常驻联合国副代表吴海涛在会上发言时强调，调查组应充分尊重伊拉克国家主权及伊拉克对在其领土上所犯罪行的管辖权，为加强伊政府追究恐怖组织责任的能力建设发挥积极作用。

中国常驻联合国副代表吴海涛表示中方注意到联合国收集"伊斯兰国"在伊拉克所犯罪行证据调查组第三次工作报告，赞赏调查组克服困难做出的努力，并表示中方支持调查组与联合国伊拉克援助团等开展密切合作，向恐怖主义受害者和幸存者提供支持。中方希望伊拉克政府继续秉持包容性政治理念，进一步推动经济发展、改善人民生活，加快重建进程，在实现伊拉克持久和平与安全方面取得新进展，并愿继续同国际社会一道，推动国际反恐合作取得新的进展。①

2020 年 8 月 26 日，中国常驻联合国副代表耿爽在安理会伊拉克问题视频公开会上发言，呼吁国际社会继续在政治、经济、反恐等方面向伊拉克提供帮助。耿爽表示，当前伊拉克政府和人民正在齐心协力应对经济挑战，稳步推进国内政治议程，多措并举开展反恐行动，努力抗击新冠肺炎疫情。对此，国际社会应给予充分肯定，并加大支持伊方恢复国家安全稳定、促进经济社会发展、持续改善民生的努力。最近伊拉克境内恐怖袭击有所增加，国际社会应继续支持伊拉克打击恐怖主义残余势力，协助其处理好外国恐怖作战分子问题，巩固来之不易的反恐成果。各方也应支持伊拉克根据国内法律将恐怖分子绳之以法，反对在反恐问题上采取双重标准或将其政治化。中方愿继续同伊方深化政治互信，拓展共建"一带一路"等务实合作，继续积极支持和帮助伊方开展重建工作，实现国家的长治久安和人民的安居乐业。②

2017 年 9 月 26 日，在国际刑警组织第 86 届全体大会开幕式上的主旨演

---

① 《中国代表呼吁国际社会支持伊拉克加强反恐能力建设》，人民网，2019 年 11 月 28 日，https：//www.sohu.com/a/356972053_ 114731，访问日期：2020 年 8 月 31 日。
② 《中国代表呼吁国际社会继续向伊拉克提供帮助》，新华网，2020 年 8 月 27 日，https：//baijiahao.baidu.com/s？id = 1676129225092165347&wfr = spider&for = pc，访问日期：2020 年 9 月 1 日。

讲中，习近平主席说："中国愿同世界各国一起分享安全治理的经验，愿为全球安全治理贡献智慧和力量。""普遍安全"为人类命运共同体五个基本方面之一，在涉及伊拉克境内恐怖主义的问题上，中方积极参与并倡导全球安全治理，面对恐怖主义表示坚决打击，中伊双方加强了战略利益的互构和认同。

二 中国 - 伊拉克经济关系稳步发展

世界银行发布的《2019 年营商环境》相关数据显示，伊拉克在 190 个经济实体中，排第 171 位。伊拉克尚未被列入达沃斯世界经济论坛全球竞争力排名中。安全形势动荡、基础设施落后、法律及金融体系不完善，是伊拉克排名靠后的主要原因。中国 - 伊拉克经济合作存在着挑战，中伊合作是两国实现共同发展的途径，中伊在经贸、能源、农业等领域开展了合作交流。

（一）中伊经贸合作逐渐深化

2020 年 1 ~ 6 月，中国与伊拉克双边贸易额为 159.2 亿美元，其中，中方出口 48.4 亿美元，进口 110.8 亿美元（见图 1、表 2）。

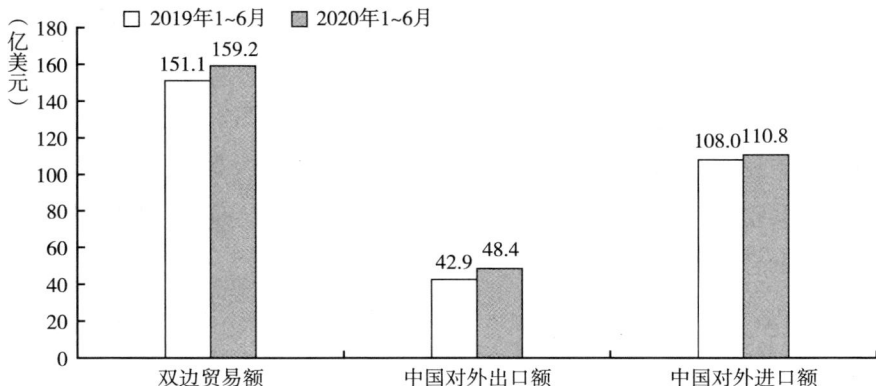

图 1 中国和伊拉克 2019 年 1 ~ 6 月和 2020 年 1 ~ 6 月双边贸易额

资料来源：笔者根据中华人民共和国商务部西亚非洲司网站资料整理而成。

表 2　中国与阿拉伯国家以及伊拉克经济合作额（2020 年 1～6 月）

单位：亿美元

经贸合作额	阿拉伯国家	伊拉克共和国
双边贸易额	961.7	159.2
中国对外出口额	440.2	48.4
中国对外进口额	521.5	110.8

资料来源：笔者根据中华人民共和国商务部网站资料整理而成。

通过数据对比可以看出，中国和伊拉克经贸合作在中国与阿拉伯国家贸易中占有重要比重。

2020 年上半年，中国与阿拉伯国家贸易额达 961.7 亿美元，同比下降 8.4%。其中中国自阿进口 521.5 亿美元，同比下降 10.6%；中国对阿出口 440.2 亿美元，同比下降 5.6%。中国对阿全行业直接投资 6.4 亿美元，同比下降 30.2%。我企业在阿新签承包工程合同额 160.3 亿美元，同比增长 1.8%，完成营业额 124.1 亿美元，同比增长 4.3%。

其中，中国－伊拉克双边贸易额占中国与阿拉伯国家贸易额的 16.6%（2020 年上半年中国与阿拉伯国家贸易额达 961.7 亿美元），占出口额的 11.0%（2020 年上半年中国与阿拉伯国家出口额为 440.2 亿美元），占进口额的 21.2%（2020 年上半年中国与阿拉伯国家进口额为 521.5 亿美元）。中国出口主要为食品、工业制品等；进口主要为原油。

在中国对伊拉克的投资上，2018 年中资企业对伊拉克全行业直接投资为 773 万美元，① 2020 年上半年中资企业对伊拉克全行业直接投资达 50501 万美元，实现了大幅度的增长，主要涉及能源、电力、通信、基础设施建设等多方面的合作。

在承包劳务上，2020 年上半年中国在伊拉克新签承包工程合同额为 20

---

① 《中国和伊拉克经贸合作简况》，中华人民共和国商务部西亚非洲司，2019 年 11 月 29 日，http：//xyf. mofcom. gov. cn/article/tj/hz/201911/20191102917967. shtml，访问日期：2020 年 9 月 2 日。

亿美元，同比增长 30.8%，完成营业额 14.8 亿美元，同比增长 28.7%。①

伊拉克战争之后，伊拉克境内百废待兴，一系列的基础设施等需要重建，中国在其重建中发挥了重要的作用。在 2015 年伊拉克总理海德尔·阿巴迪访华期间，中国和伊拉克发表联合声明，宣布将两国关系升级为战略伙伴关系。中国国家主席习近平在会见阿巴迪时对中伊关系的发展表示肯定，并表示新建立的战略伙伴关系将为两国关系今后发展奠定"更加坚实的基础"。中方愿在"一带一路"框架内，帮助伊拉克加强"能源、电力、通信、基础设施建设"等领域的重建。中国国务院总理李克强在会见阿巴迪时除重申这一承诺外，还提到在水泥、钢铁、平板玻璃、工程机械等领域帮助伊拉克提高生产能力。②

在基建方面，双方合作涉及用水、用电等重要民生领域。2018 年 12 月 4 日，中国电建承建的伊拉克华事德电站隆重举行移交庆典，标志着该工程历时 8 年正式竣工移交当地。伊拉克华事德电站投产后年均发电量达 180 亿千瓦时，占伊拉克全国发电量的近 20%，在伊拉克电力能源行业中扮演举足轻重的作用。项目于 2007 年 12 月签订合同，2010 年 5 月开工。2020 年 8 月，伊拉克电力部签署了华事德电站 4×330MW + 2×610MW 燃油（气）电站项目的最终移交证书，这也是伊拉克政府当前唯一签发的建设工程最终验收证书。作为伊拉克境内装机容量最大的电站，一期在 2014 年 3 月投入商业运行后，凭借着中国电建公司优良的安装工艺和精湛的检修实力，机组年均发电量达 180 亿千瓦时，占伊拉克全国发电量的近 20%，为伊拉克战后重建和缓解当地紧张的用电形势发挥了重要作用。③

---

① 《中国和伊拉克经贸合作简况》，中华人民共和国商务部西亚非洲司，2019 年 11 月 29 日，http://xyf. mofcom. gov. cn/article/tj/hz/201911/20191102917967. shtml，访问日期：2020 年 9 月 2 日。

② 《外媒：中国和伊拉克建立战略伙伴关系》，《参考消息》2015 年 12 月 24 日，http://www. cankaoxiaoxi. com/china/20151224/1036181. shtml，访问日期：2020 年 9 月 3 日。

③ 《中国电建承建的伊拉克华事德电站竣工移交》，国务院国有资产监督管理委员会，2018 年 12 月 7 日，http://www. sasac. gov. cn/n2588025/n2588124/c9942861/content. html，访问日期：2020 年 9 月 3 日。

当地时间 2019 年 6 月 28 日 18 时，伊拉克重要民生项目——巴士拉阿巴斯一期水处理项目正式开工。巴士拉阿巴斯一期水处理项目由中国能建国际公司开发、规划设计集团广东院 EPC 总承包，伊拉克中央政府提供全部资金建设。该项目位于巴士拉市近郊，将建设一座处理能力为 5000 吨/时的城市饮用水处理厂，后续还将建设一座处理能力为 3000 吨/时的反渗透海水淡化厂。作为巴士拉省重建项目群首批紧急项目，该项目建成后，将大大缓解市区居民的日常生活饮用水安全问题，推动地区经济健康与社会和谐发展。[①]

除此以外，中海油首次作为项目的主合同方开发和管理的一个大型整装油田——米桑油田天然气处理厂也顺利投产，这标志着伊拉克境内最大的油气水电一体化处理中心正式建成并投用。天然气处理厂的投用将为当地提供更多清洁能源，并为伊拉克电力部、米桑油田电厂等稳定供气，缓解该地区的电力短缺问题。[②] 中国石油伊拉克哈法亚电站投产发电，有效缓解了哈法亚油田和当地民众用电紧张局面。

（二）中伊能源合作深入发展

能源合作是中国和伊拉克经贸合作中的重要领域。在能源领域，双方具有明显的互补性。伊拉克是典型的资源输出型国家（见图 2、图 3），油气产业在国民经济中始终占有重要地位，是伊拉克的支柱性产业，政府高达 96% 的财政预算来自石油利润。[③] 疫情对国际原油价格产生了重大的影响，伊拉克的原油产量和出口额呈下降趋势，截至 2020 年 7 月，中国对石油、石油产品及有关原料的进口额同比下降了 18.8%。

---

① 《中国能建开发建设的伊拉克阿巴斯一期水处理项目开工》，国务院国有资产监督管理委员会，2019 年 7 月 5 日，http：//www.sasac.gov.cn/n2588025/n2588124/c11649240/content.html，访问日期：2020 年 9 月 3 日。

② 《伊拉克米桑油田天然气处理厂顺利投产》，国务院国有资产监督管理委员会，2018 年 4 月 12 日，http：//www.sasac.gov.cn/n2588025/n2588124/c8853737/content.html，访问日期：2020 年 9 月 3 日。

③ 《近来伊拉克的经济表现》，中华人民共和国驻伊拉克共和国大使馆经济商务处，2011 年 4 月 23 日，http：//iq.mofcom.gov.cn/article/ddgk/201104/20110407514103.shtm，访问日期：2020 年 9 月 5 日。

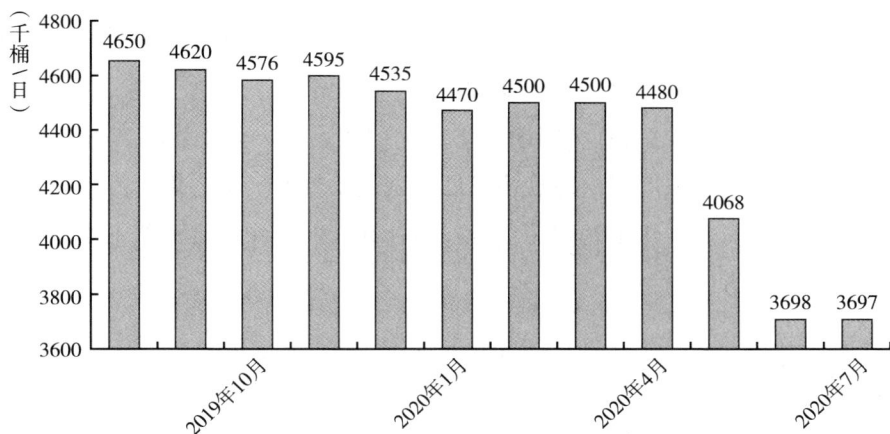

图 2　伊拉克原油产量

资料来源：笔者根据全球经济信息指标数据网网站资料整理而成。

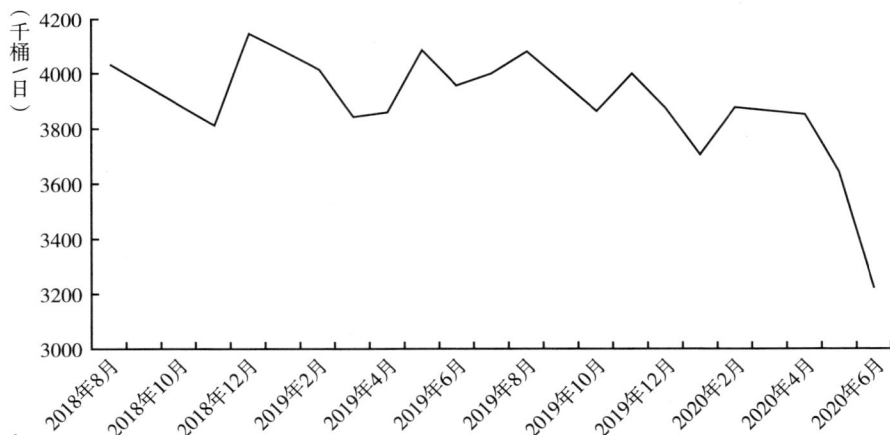

图 3　伊拉克原油出口额（包括伴生气凝析油）

资料来源：笔者根据 Knoema 网站资料整理而成。

2010 年 5 月起，中国海洋石油集团有限公司（简称"中海油"）参与了伊拉克为期 20 年的米桑油田群服务项目。自 2014 年至 2019 年，米桑油田累计完钻并投产 39 口水平井，钻井成功率 100%，水平井累计产油逾

4100 万桶，米桑油田已成为伊拉克南部石油经济的重要推动力。中国驻伊拉克大使馆经商处参赞卞长征表示，在"一带一路"倡议推动下，中伊能源领域合作前景广阔，成为两国共建"一带一路"务实合作的新亮点。伊拉克前石油部长卢埃比说，"米桑油田现代化建设离不开中企卓有成效的管理。项目建设不仅拉动了当地经济发展，创造了就业，也为伊拉克石油工业发展作出巨大贡献。伊中两国油气合作互补性强，合作领域不断拓展，期待未来深化与中方的合作"。[①]

（三）中伊新兴产业合作别开生面

除了传统的制造业、农业、商业合作外，新兴产业也成为中伊合作的重要内容，特别是新冠肺炎疫情出现以来，中国对数字化技术和信息网络的熟练运用，引起了伊拉克的关注。

作为中阿合作的重要内容，北斗系统早在 2016 年就被纳入《中国对阿拉伯国家政策文件》。文件明确提出加快推进北斗卫星导航系统落地阿拉伯国家，服务"一带一路"建设。[②]

2020 年 9 月 23 日晚，在中国国务院总理李克强和伊拉克政府总理阿卜杜勒·迈赫迪的见证下，中国卫星导航系统管理办公室主任冉承其和伊拉克通信部长鲁拜伊，在北京人民大会堂签署卫星导航领域合作谅解备忘录，标志着中国和伊拉克在卫星导航领域正式建立合作机制。该谅解备忘录的签署是落实习近平主席在中阿合作论坛第八届部长级会开幕式上提出的"推动中国北斗导航系统服务阿拉伯国家建设"倡议的重要举措，是北斗"走出去"的又一重大成果。根据谅解备忘录，双方将持续推动两国在卫星导航领域的交流合作，在公共安全、能源、农业、交通及港口管理等领域推动北

---

① 《伊拉克当地民众感叹——"中企来了，我们的油田变了模样"》，人民日报网站，2019 年 4 月 22 日，http://www.sasac.gov.cn/n2588025/n2588139/c11075193/content.html，访问日期：2020 年 9 月 4 日。

② 《中国北斗卫星导航系统拥抱阿拉伯国家》，中阿合作论坛网站，2020 年 7 月 6 日，http://www.chinaarabcf.org/chn/zagx/gjydyl/t1795392.htm，访问时间：2020 年 9 月 5 日。

斗应用合作，开展学术交流互访，联合建设北斗/GNSS 中心，加快推进北斗系统更好服务伊拉克国家建设和经济社会发展。①

三 中国－伊拉克文化交往频繁互动

美索不达米亚文明古国古巴比伦位于今天的西河流域（伊拉克境内），伊拉克也是古丝绸之路上的重要一站，中伊两国进行了一系列的经济和政治交流，当然其中也包含了文化交流。中国和伊拉克都有着丰富的文化遗产、悠久的历史，双方文化在历史上各放异彩，都有着相同或者相似的文化核心价值。

两国在官方文化交流上频繁，当地时间 2019 年 9 月 25 日，中国国务委员兼外长王毅在纽约联合国总部主持文明古国论坛外长会。伊拉克外长哈基姆、玻利维亚外长帕里、亚美尼亚外长姆纳察卡尼扬等多国外长出席了此次会议。

王毅表示，文化是最持久的力量，文明交流对话能使人们沉静下来，从历史长河中吸取教训，从交流互鉴中启迪未来，超越各种纷争和矛盾，寻找解决当今各种挑战的钥匙，夯实共建人类命运共同体的人文基础。作为拥有千年历史的文明古国，我们应增强文明自信，加强交流合作，为解决自身和现代世界难题贡献智慧。会议通过了《文明古国论坛外长会联合新闻公报》。②

2019 年 11 月，第三届文明古国论坛部长级会议在北京成功举办，伊拉克驻华大使阿赫迈德·贝瓦里、埃及文物部长哈立德·阿纳尼、希腊文化和体育部部长丽娜·门佐妮等多国政要出席会议。中国政府表示高度重视文化在推进国家现代化进程中的独特作用。文化和旅游部部长雒树刚强调，古老文明孕育着现代性，要推进各国传统文化的创造性转化和创新性发展，推动文化成为时代变迁、社会变革的先导。同时，要推动传统文化

---

① 《北斗"走出去"再传捷报：与伊拉克签署合作谅解备忘录》，北斗卫星导航系统，2019 年 9 月 24 日，http：//www.beidou.gov.cn/zt/gjhz/201909/t20190924_19026.html，访问时间：2020 年 9 月 5 日。

② 《王毅主持文明古国论坛外长会》，中华人民共和国外交部，2019 年 9 月 26 日，https：// www.fmprc.gov.cn/web/gjhdq_676201/gj_676203/yz_676205/1206_677148/xgxw_677154/t1701957.shtml，访问日期：2020 年 9 月 5 日。

与时代同步，充分运用日新月异的科学技术手段实现传统文化的活态传承和创新发展。① 中伊同为文明古国，都有着出彩的传统文化，同时也要顺应时代的变化，为中伊传统文化注入新的活力。

两国之间的民间文化交流也如火如荼，2019 年 7 月伊拉克驻华特命全权大使到南宁博物馆参观，对中国的水墨画表示了浓厚的兴趣，并收藏了泼墨作品《暮江雨霁图》。随着中国的一系列电视剧在海外的传播，"民心"进一步"相通"，伊拉克电视台长海德尔·法特拉维认为，伊拉克民众通过中国电视剧进一步感知中国民众的现代生活，加深了对中国的认识。同时，中国的名著也受到了伊拉克人民的喜爱。伊拉克籍专家阿巴斯继翻译了《三国演义》之后，阿巴斯还在 2011 年完成了《红楼梦》的阿拉伯文重译工作。在新华社2019 年的报道中，他说道："我喜欢文学和翻译，将阿中双方优秀的文学作品推介给对方。近年来双方的文学交流愈加频繁，这加深了彼此了解，使得我们之间的'距离'不再遥远。"同时他表示希望阿中之间的"距离"能进一步缩短。阿巴斯提道，目前伊拉克还没有孔子学院；如今伊拉克的巴格达、巴士拉和埃尔比勒等城市发展良好，希望今后能有孔子学院在伊拉克落户，加强伊中双方在语言、文学、学术等方面的交流，进一步推进中国文化"走出去"。②

四　疫情下的中伊关系守望相助

突如其来的疫情席卷了全球，国际油价猛跌，经济发展放缓，但中伊之间的互助友好关系没有因阻碍而停滞，在疫情面前，双方守望相助。

疫情暴发初期，伊拉克当局采取了严格的防疫措施，发布了一系列的疫情防控规定，积极借鉴中国的经验。2020 年 3 月 7 日下午，应伊拉克红新

---

① 《第三届文明古国论坛部长级会议在京成功举办》中华人民共和国文化和旅游部，2019 年11 月 30 日，https：//www. mct. gov. cn/whzx/whyw/201911/t20191130_ 849227. htm，访问日期：2020 年 9 月 5 日。

② 《我们之间的距离不再遥远——访伊拉克籍在华专家阿巴斯》，新华社，2019 年 8 月 15 日，https：//baijiahao. baidu. com/s？ id =1641920140008420062&wfr = spider&for = pc，访问日期：2020 年 9 月 5 日。

月会请求，中国红十字会总会派遣志愿专家团队一行 7 人从广州飞赴巴格达，携带核酸检测试剂盒等医疗用品和设备、中成药等人道救援物资，支援伊拉克新冠肺炎疫情防控工作。① 截至 2020 年 4 月 27 日，中方已向伊拉克援助三批防疫物资，向伊方提供从专家到技术，再到医疗设备、防护物资、药品试剂等的全方位援助。②

中国方面提供的抗击疫情的经验和帮助，得到了伊拉克社会各界的赞赏。伊拉克疾控中心主任锡南·迈赫迪表示，"我们受益于中国专家组建议的防控措施，尤其是封城（措施）和中国治疗方案"，基于从中国专家组那里了解的中国防控经验，伊方正在制订全国整体防控方案。伊拉克卫生部长阿拉维对新华社记者说，中国派来的专家组传递经验，培训医护人员，为伊拉克建造核酸检测实验室、架设 CT 设备和移动 X 光机，为伊拉克抗击疫情发挥了支持性作用，我们要对中国说声"感谢"。③

面对新冠肺炎疫情在伊拉克蔓延，坚守在伊拉克工作的近万名中资企业员工在艰苦的环境下努力克服各种困难，保质保量坚持生产建设。各中资企业积极做好防疫部署，同伊方携手抗疫，为伊拉克能源稳定供应、经济社会发展和抗击疫情作出了积极的贡献。④

伊拉克政治分析人士纳杜姆·阿卜杜拉说，阿拉伯人民对中国提供医疗援助及派遣医疗专家组帮助抗疫深表敬意和赞赏。阿拉伯人民不会忘记中国的人道主义立场，中国是真正的朋友。⑤ 新冠肺炎疫情发生以来，中国和阿

---

① 《中国专家团队支援伊拉克疫情防控》，《人民日报》（海外版）2020 年 3 月 9 日，第 2 版。
② 《特稿｜逆行战疫 50 天——记中国专家组助伊拉克抗击新冠肺炎疫情》，新华社，2020 年 4 月 27 日，https：//baijiahao. baidu. com/s？ id = 1665139429537666461&wfr = spider&for = pc，访问日期：2020 年 9 月 5 日。
③ 《特稿｜逆行战疫 50 天——记中国专家组助伊拉克抗击新冠肺炎疫情》，新华社，2020 年 4 月 27 日，https：//baijiahao. baidu. com/s？ id = 1665139429537666461&wfr = spider&for = pc，访问日期：2020 年 9 月 5 日。
④ 《海外中企坚持生产保障伊拉克民众电力供应》，中阿合作论坛网站，2020 年 8 月 11 日，http：//www. chinaarabcf. org/chn/zagx/gjydyl/t1805605. htm，访问日期：2020 年 9 月 6 日。
⑤ 《综合消息：携手打造中阿命运共同体 推动中阿合作迈上新台阶——阿拉伯国家人士积极评价习近平主席致中阿合作论坛第九届部长级会议贺信》，新华网，2020 年 7 月 7 日，http：//www. xinhuanet. com/world/2020 - 07/07/c_ 1126203721. htm，访问日期：20220 年 9 月 6 日。

拉伯国家同舟共济、守望相助，及时分享信息，采取果断措施，开展密切合作，中阿传统友谊和中阿战略伙伴关系不断深化和升华。

巴格达大学政治学教授萨巴赫·谢赫在接受《参考消息》记者采访时说，中国"一带一路"倡议促进各国互惠互利，伊拉克在战后基础设施损毁严重，百废待兴，中国公司拥有成熟的技术和先进经验，相信在伊拉克的中资企业定会为伊拉克重建与发展作出重大贡献。[①]

新冠肺炎疫情给世界各国带来了诸多挑战，但国家间合作、互助、共赢仍是大势所趋，中伊在疫情期间的互助合作正是体现了命运共同体精神。中国驻伊拉克共和国大使张涛发表《携手扬帆再起航，共建中阿命运共同体》署名文章指出中国将继续高举和平发展、合作共赢旗帜，不断深化中伊战略伙伴关系，统筹推进双方在能源、基础设施等重点领域项目复工复产和长期合作，保障全球产业链、能源供应链稳定，推动共建"一带一路"高质量发展。相信在中伊双方共同努力下，中阿合作论坛将越办越好，为建设中阿命运共同体，推动构建人类命运共同体增添更大助力。[②]

五 "一带一路"下中国－伊拉克
合作路径与发展展望

伊拉克战争之后，中国和伊拉克开展了多领域的合作，涉及经济合作、政治互信、文化交流等多个方面。双方在经贸、能源、产业等方面都有很强的互补性，中国－伊拉克合作将开启双方互利共赢的新局面。伊拉克是中东地区的热点和焦点地区之一，也是共建"一带一路"的重要国家。中国—伊拉克的友好合作将为中国进一步加强中阿之间的友好合作提供重要平台。

---

① 《海外中企坚持生产保障伊拉克民众电力供应》，中阿合作论坛网站，2020 年 8 月 11 日，http://www.chinaarabcf.org/chn/zagx/gjydyl/t1805605.htm，访问日期：2020 年 9 月 10 日。

② 《驻伊拉克大使张涛发表〈携手扬帆再起航，共建中阿命运共同体〉署名文章》，中华人民共和国驻伊拉克大使馆，2020 年 7 月 16 日，http://iq.chineseembassy.org/chn/sghd/t1798098.htm，访问日期：2020 年 9 月 12 日。

伊拉克战争之后，伊拉克境内百废待兴。中国作为国际上负责任的大国，积极参加伊拉克的战后重建工作，修建了多所电站，保证了伊拉克多座城市的电量供应和用电安全；中伊开展能源合作，中国的石油公司获得伊拉克油田的开采权，充分展示了两国在经济领域合作的相互信任和相互帮助。

中国和伊拉克同为文明古国，也都是当代世界不可忽视的力量。中国人民正在为实现伟大的中华民族复兴梦而努力奋斗，伊拉克人民也在追求国家的稳定和重建发展而不懈努力。中国智慧和中国方案将为伊拉克国家的发展提供经验，亚洲基础设施投资银行、"一带一路"倡议都将给走在国家重建道路上的伊拉克提供机遇，同时也给中国的发展带来新的动力。中伊合作将向更深、更广发展。

中国与伊拉克的合作机遇与挑战并存，伊拉克战争爆发后，恐怖主义袭击在世界各地不断蔓延，对国际社会造成了严重的威胁，反恐已经成为社会普遍关注的问题。由 Vison of Humanity 发布的 2020 年全球恐怖主义统计数据（Global Terrorism Index）来看，伊拉克的恐怖主义指数在 135 个国家和地区中位居第二。报告指出，根据 2019 年恐怖主义指数（GTI），恐怖主义造成的死亡人数在 2014 年达到顶峰后，四年来持续下降，死亡总数在 2018 年下降达 15% 以上，其中下降幅度最大的国家之中就有伊拉克。伊拉克国内局势有所改善，但中伊合作之间的不稳定因素仍然存在。

从整体上来看，尽管存在风险和很多不稳定因素，但中伊之间的合作仍然前景广阔，"一带一路"倡议的提出为伊拉克国家经济的重建和复苏作出了一定的贡献。中国和伊拉克在政治领域互信、经济领域合作、文化方面积极开展合作交流，以能源合作为切入点，带动了整个中国与伊拉克各领域、多方位的合作共赢。

B.15

中国－也门关系（2019~2020）

武桐雨*

摘　要： 在也门国内政局动荡以及新冠肺炎疫情影响下，也门经济发展愈发困难，但中也两国关系总体保持稳定发展。政治上，中国在也门问题上继续秉持公正、客观立场，与联合国安理会、阿拉伯国家一道为结束也门内战、解决也门问题作出贡献。经济上，中也经贸"暂停"但未停滞，依旧持续经贸往来且保持数量增长。在中也人文交流方面，受疫情影响，双方开展线上互动与媒体合作新形式交流。中国继续对也门提供人道主义援助。随着时代的发展与变化，中也关系将被赋予新的时代意义。未来中也两国将在"一带一路"框架下，在经贸、能源、基建、教育、职业技术培训、医疗等多领域继续进行多方面合作，共同推动也门战后重建。

关键词： 中国　也门　中也关系　经贸合作

也门占据得天独厚的地理位置，位于连接东西方国际贸易的海上交通要道，濒红海、亚丁湾和阿拉伯海。位于其西南的曼德海峡沟通印度洋和地中海，连接着非洲之角和中东，是国际重要通航海峡之一；其位于阿拉伯海的亚丁湾是世界上最重要的港口之一。作为欧亚非三大洲的海上交通要道，也

---

* 武桐雨，上海外国语大学国际关系与公共事务学院，上海外国语大学中东研究所博士研究生，研究领域为中东国际关系。

门具有重要战略地位，被称为"世界战略心脏"。

中也友谊源远流长，也门是古丝绸之路的重要一站，也是与中国建交最早的阿拉伯国家之一。新中国成立后，也门在联合国及其他国际事务中对中国采取友好态度。1956年9月24日，中国与也门穆塔瓦基利亚王国建立公使级外交关系。1963年2月13日升格为大使级（当时也门已是阿拉伯也门共和国，即北也门）。1968年1月31日，中国与也门民主人民共和国（南也门）建立大使级外交关系。1990年也门统一后，两国建交日期定为1956年9月24日。① 2008年6月，时任中国国家副主席习近平访问也门，并和也门副总统哈迪共同出席了两国政府经济技术合作以及卫生、教育等双边合作文件签字仪式。2013年11月，应中国国家主席习近平邀请，也门总统哈迪访华。习近平主席同哈迪总统举行了双边会谈，国务院总理李克强、全国政协主席俞正声分别会见了哈迪总统。哈迪总统访华期间，两国政府还签署了数个经济技术合作协定，两国领导人均表示要共同推动两国友好往来与各领域的合作。

2013年应中国国家主席习近平邀请也门总统哈迪访华，中也两国确定了双边关系发展方向，始终坚持中也关系稳中求进发展。习近平主席表示："中方高度重视发展中也友好合作关系，尊重也门主权和独立，尊重也门人民自主选择国家发展道路，支持也门政治过渡进程和经济重建。中方愿同也方加强政府、立法机构、政党友好交往，交流治国理政经验，重点开展电力、能源、通信、交通、基础设施建设等领域合作，在卫生、教育、文化、体育等领域向也门提供帮助。中方鼓励更多有实力的中国企业赴也门投资，希望也方为中国企业和人员提供安全、良好经营环境。中方支持也方打击恐怖主义、维护国家安全，愿加强双方反恐及打击海盗合作。中方将继续推动国际社会向也门提供支持和帮助。"② 2019~2020年中也关系在政治、经济、人文以及安全等领域继续保持稳定发展。

---

① 参见《中也关系概况》，中华人民共和国驻也门大使馆，http://ye.chineseembassy.org/chn/zygx/，访问日期：2020年9月3日。
② 《习近平同也门总统哈迪举行会谈》，新华网，2013年11月13日，http://www.xinhuanet.com/politics/2013-11/13/c_118130566.htm，访问日期：2020年9月3日。

一 中国－也门政治关系稳中求进

中也传统友好合作关系稳步向前发展。也门始终高度重视对华关系，是中国传统友好国家和阿拉伯半岛重要的全天候合作伙伴。中国在也门问题上坚定支持也门政治过渡进程，希望也门早日恢复和平稳定。

2015 年 9 月，中国外交部部长王毅出席在美国纽约联合国总部举行的安理会五个常任理事国外长与联合国秘书长工作会晤，主张政治解决也门问题。2019 年，中国全程积极参与也门瑞典和谈，与各方保持密切沟通，就相关问题进行坦诚讨论，为政治解决也门问题发挥积极建设性作用。2019年 11 月 22 日，在联合国安理会关于也门问题的会议上，中国常驻联合国代表张军发表了中国对也门冲突后发展前景的展望。中国呼吁国际社会提供有针对性的援助，强调发展是面临内部冲突国家实现和平与稳定的有效途径，中方愿多做造福也门人民的务实工作，积极参与也门经济重建，坚定也门人民对未来的信心，为也门早日实现长治久安作出建设性贡献。[1] 对此，也门总统哈迪表示感谢中国在也门问题上秉持的客观公正立场，中方给予也门政府大力支持，为瑞典和谈最终达成一些成果发挥了主要作用。[2]

同时，也门坚定支持中方维护国家主权、安全和领土完整，坚定支持中国和平统一大业。在涉疆、涉港、人权等问题上，也门表示完全支持中国在以上问题上的政策。2020 年 6 月，也门在联合国表态支持中国的《香港国家安全法》。康勇大使在利雅得与也门外长顾问、前驻华大使马尔旺视讯会见时，马尔旺表示"孰是孰非，公道自在人心，也门人民坚定站在中国一边，任何针对中国的攻击、丑化、抹黑都不会得逞"。[3]

---

① "Chinese Envoy Calls for Tailored Aid to Yemen," Xinhua Net, 23rd November, 2019, http：//www.xinhuanet.com/english/2019－11/23/c_ 138577341.htm，访问日期：2020 年 9 月 3 日。

② 《康勇大使会见也门总统哈迪》，中华人民共和国驻也门大使馆，2019 年 1 月 7 日，https：//www.fmprc.gov.cn/ce/ceyem/chn/sgdt/t1627366.htm，访问日期：2020 年 3 月 14 日。

③ 《康勇大使与也门外长顾问马尔旺视讯会见》，2020 年 9 月 9 日，https：//www.fmprc.gov.cn/ce/ceyem/chn/sgdt/t1813464.htm，访问日期：2020 年 9 月 15 日。

2020 年 9 月 15 日，安理会在联合国总部举行也门问题公开会，中国常驻联合国副代表耿爽大使表示政治解决也门问题的大方向不容改变，也门的主权、独立、统一和领土完整必须得到尊重和维护。中国鼓励地区国家对冲突各方施加正面影响，积极劝和促谈，发挥建设性作用。① 中也双方政治上相互信任，相互支持，在国际和地区事务中密切配合，共同谱写中也友好合作的新篇章。

二 中国-也门经贸合作持续发展

历史上，也门是一个农业富庶的国家，被称为阿拉伯半岛的"天堂"，获半岛"粮仓"的美誉。但是近年来，也门农业粮食不能自给，约有 1/2 依靠进口，沦为世界最贫困国家之一。也门主要农作物为棉花、咖啡、高粱、玉米、大麦、豆类、芝麻、蔬菜、水果、卡特和烟叶等。其中，也门"摩卡"咖啡与蜂蜜品质优良，成为也门特产。也门作为世界上最不发达国家之一，经济落后，属于典型的资源型国家。国内经济产业以石油、天然气、农业为主，主要出口石油以克服经济困难。但其石油产量和出口量不大，农业也常受到自然灾害影响。也门境内无河流，多港口。主要海港有亚丁港、荷台达港、穆卡拉港、穆哈港、沙里夫港和纳西图港。但随着也门内战爆发后，也门港口的正常运行受到较大影响。

2015 年也门内战爆发后，也门经济出现停滞甚至是倒退。随着近几年也门国内政治局势缓和以及国际社会的共同努力，其经济缓慢回升。在新冠肺炎疫情大背景下，各国之间经济活动减少且经济增长缓慢，但中也依旧坚持共同合作与发展。

---

① 《耿爽大使就也门问题阐述中方立场》，中华人民共和国常驻联合国代表团，2020 年 9 月 15 日，http://new.fmprc.gov.cn/ce/ceun/chn/hyyfy/t1815172.htm，访问日期：2020 年 9 月 19 日。

（一）也门经济概况

近年来，也门的宏观经济水平较低，波动较大，易受国内外形势影响。2011 年之前（2000～2010 年），也门 GDP 的年平均增长率为 4.45%，其中 2010 年为历年增长率最高（7.702%）。"阿拉伯之春"后，GDP 下降 12.715%（2011 年），随后三年 GDP 有所回升，基本恢复至"阿拉伯之春"之前水平（2012～2014 年，平均增长率为 2.34%）。但是，2015 年也门内战爆发，国家经济发展停滞，GDP 下降 27.994%。2016～2018 年，也门经济在逐年恢复上升中（见表 1、图 1）。①

表 1　2010～2018 年也门国内生产总值年增长率 （GDP）

年份	2010	2011	2012	2013	2014	2015	2016	2017	2018
国内生产总值年增长率(%)	7.702	-12.715	2.393	4.823	-0.189	-27.994	-9.375	-5.072	0.753

资料来源：笔者根据世界银行数据绘制。

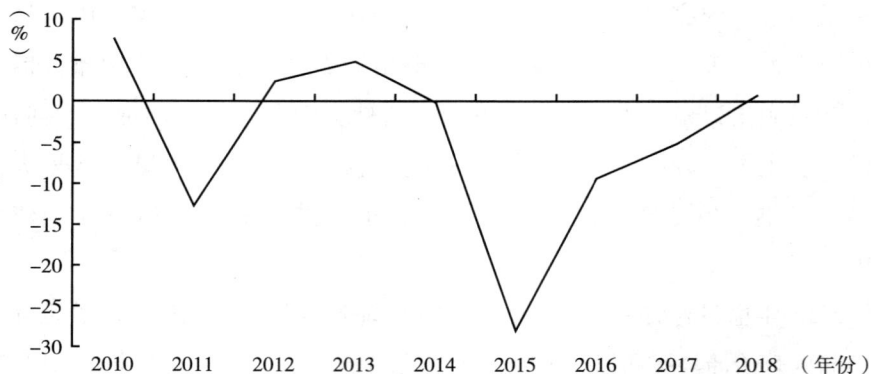

图 1　2010～2018 年也门国内生产总值年增长率 （GDP）

资料来源：笔者根据世界银行数据绘制。

① 世界银行（World Bank），https：//data.worldbank.org/indicator/NY.GDP.MKTP.KD.ZG? locations = YE，访问日期：2020 年 9 月 1 日。

也门通货膨胀率常年较高，预计未来有所缓解，但仍将保持高位。① 在世界银行发布的《2020 年营商环境报告》（2020 Doing Business Report）中，也门排名较低，在 190 个国家中排第 187 位。

表 2　2011～2021 年也门通货膨胀率

单位：%

年份	2011	2012	2013	2014	2015	2016	2017	2018	2019	2020	2021
通货膨胀率	19.5	9.9	11.0	8.1	23.9	11.9	18.0	30.7	14.7	12.3	11.7

资料来源：笔者根据联合国数据绘制。

在也门内战爆发之前，沙特阿拉伯是也门最大的贸易伙伴，也门进出口额的 30% 以上来自沙特。内战爆发后，情况发生了变化。根据美国中央情报局（CIA）数据，2017 年也门的主要贸易伙伴为埃及（29.4%）、泰国（16.7%）、白俄罗斯（13.5%）、阿曼（10.5%）、阿联酋（6.5%）和沙特阿拉伯（5%）；进口主要来自阿联酋（12.2%）、中国（12.1%）、土耳其（8.7%）、巴西（7.3%）、沙特阿拉伯（6.5%）、阿根廷（5.5%）和印度（4.7%）。②

根据世界贸易组织的数据，2018 年也门出口商品 25 亿美元（与 2017 年相比增长 67%，但与 2010 年相比下降 10%），进口为 84 亿美元。③ 世界银行（World Bank）数据显示，也门的对外贸易额曾占 GDP 的 80% 以上，但随着内战的爆发，其对外贸易额在 2016 年仅占 GDP 的 28%，近年来，也门对外贸易出现暂停，并且自 2016 年世界银行就停止发布也门贸易数据。在 2015 年内战爆发之前，也门主要出口鱼类、汽车、电动机以及汽车零部件和配件，进口的主要商品是小麦，其次是石油、汽车、大米和糖。内战爆

---

① "World Economic Situation and Prospects 2020," United Nations, 16th January, 2020, p. 186, https：//www.un.org/development/desa/dpad/wp-content/uploads/sites/45/WESP2020_FullReport. pdf，访问日期：2020 年 8 月 29 日。

② "The World Factbook-Yemen," CIA, https：//www.cia.gov/library/publications/the-world-factbook/ fields/241.html，访问日期：2020 年 8 月 29 日。

③ "Trade Profiles – 2019," WTO, https：//www.wto.org/english/res_e/booksp_e/trade_ profiles19_e.pdf，访问日期：2020 年 8 月 29 日。

发前，其对外吸引外资的优势主要是低关税以及由于其最不发达国家地位而享有进入大多数市场的免税或优惠待遇。

（二）也门经济发展下的中也经贸合作

中国是也门统一前最早在也门开展投资和开发项目的国家之一。20 世纪 50 年代，中国承担了萨那与荷台达之间 266 公里长的公路建设项目。2012 年，中国海外经济合作总公司（CCOEC）签署了在也门建设三座天然气发电厂的协议。2013 年，两国同意扩建也门南部城市亚丁和穆克哈的两个集装箱港口，总投资为 5.08 亿美元。

也门陷入内战，中国与也门大部分合作中断，但并未完全停滞。从数据中可以看到中也双边贸易仍同比增长。中国商务部数据显示，2019 年 1~9 月，中国与也门双边贸易额为 26.7 亿美元，同比增长 43.8%。其中，中方出口 20.7 亿美元，同比增长 46.6%，进口 6 亿美元，同比增长 35%。[1] 2020 年 1~6 月，中国与也门双边贸易额达 17.8 亿美元，同比增长 1.9%，其中，中方出口 13.7 亿美元，同比增长 4.1%，进口 4.1 亿美元，同比下降 5%。[2] 相比于 2018 年全年中国与也门双边贸易额 25.9 亿美元（增长 12.5%，其中，中方出口 18.7 亿美元，增长 15.1%，进口 7.2 亿美元，下降 8.7%），[3] 2019~2020 年中也双边贸易额仍然呈现增长趋势。其中，中国对也门出口商品主要是纺织品、机电产品、贱金属、粮油产品等，自也门进口商品主要是原油。

中国对也门投资数额上升。截至 2018 年底，中资企业对也直接投资存量为 6.2 亿美元。其中 2018 年，中资企业对也直接投资 1045 万美元。[4]

---

① 信息引自中华人民共和国商务部西亚北非司，2019 年 11 月 29 日，http://xyf.mofcom.gov.cn/article/tj/hz/201911/20191102917968.shtml，访问日期：2020 年 4 月 29 日。
② 信息引自中华人民共和国商务部西亚北非司，2020 年 8 月 19 日，http://xyf.mofcom.gov.cn/article/tj/hz/202008/20200802993698.shtml，访问日期：2020 年 4 月 29 日。
③ 信息引自中华人民共和国商务部西亚北非司，2019 年 2 月 27 日，http://xyf.mofcom.gov.cn/article/tj/hz/201902/20190202838589.shtml，访问日期：2020 年 4 月 29 日。
④ 信息引自中华人民共和国商务部西亚北非司，2019 年 11 月 29 日，http://xyf.mofcom.gov.cn/article/tj/hz/201911/20191102917968.shtml，访问日期：2020 年 4 月 29 日。

2020 年 1～6 月，中资企业对也门直接投资 1969 万美元。①

中国对也门承包工程合同额有所增加。2019 年 1～9 月，中国在也新签承包工程合同额 793 万美元，同比增长 54.6%，完成营业额 1664 万美元，同比增长 299%。② 2020 年 1～6 月，中国在也新签承包工程合同额 1673 万美元，同比增长 224.9%，完成营业额 1433 万美元，同比增长 387.4%。③

但是，近年来中也能源方面合作暂时停滞。中国在也门的石油生产中曾发挥积极作用。也门内战爆发前，中国国有石油公司中石化在也门的勘探和生产部门运营，每天生产 2 万桶，占也门总产量的 8%。也门陷入内战后，中石化暂时离开也门。值得注意的是，也门未参加任何石油组织，因而不受国际石油组织配额限制，在生产上较具自主性。④ 随着也门内部恢复正常国家运作，中也能源将逐步恢复合作。

随着也门内部和平进程的不断推进，也门政府也在不断改善投资环境，致力于国内经济发展，提出多个优先发展领域。也门希望加强中也双边投资合作。中国可积极考虑参与亚丁自由区、荷台达工业区和也门矿产、石油领域投资合作，以及用于矿产资源开发的铁路项目。其中，亚丁作为也门的经济贸易中心，是也门发展与稳定各国经贸关系的桥梁。自古以来就是海上丝绸之路的重要港口。也门政府 1991 年成立亚丁自由区管理委员会（简称"管委会"⑤），并于 1993 年宣布在亚丁正式建立亚丁自由区。自此，亚丁自由区成为也门与世界连接的海上交通枢纽。1995 年，也门亚丁与中国上海同作为拥有重要港口的沿海城市结为姐妹城市，多年来相互借鉴交流，促进

① 信息引自中华人民共和国商务部西亚北非司，2020 年 8 月 19 日，http：//xyf. mofcom. gov. cn/article/tj/hz/202008/20200802993698. shtml，访问日期：2020 年 8 月 29 日。
② 信息引自中华人民共和国商务部西亚北非司，2019 年 11 月 29 日，http：//xyf. mofcom. gov. cn/article/tj/hz/201911/20191102917968. shtml，访问日期：2020 年 8 月 29 日。
③ 信息引自中华人民共和国商务部西亚北非司，2020 年 8 月 19 日，http：//xyf. mofcom. gov. cn/article/tj/hz/202008/20200802993698. shtml，访问日期：2020 年 8 月 29 日。
④ 参见中国领事服务网，http：//cs. mfa. gov. cn/zggmcg/ljmdd/yz_ 645708/ym_ 648066/。
⑤ 该委员会为也门政府直属机构，拥有独立的财政权和行政权，其职责为负责自由区的发展建设事项。参见杨建荣《亚丁自由区的兴起与发展》，《阿拉伯世界》2000 年第 2 期，第 35～38 页。

彼此合作与发展。2020 年 8 月，也门亚丁省新任省长拉马拉斯表示将让亚丁具有得天独厚的地理位置优势转化为经济发展动力，与中国优势互补，在"一带一路"倡议下开展合作。①

三 中国－也门人文交往密切互动

中国与也门的文化交流合作始于 19 世纪 60 年代。中国援助也门建立多所学校并提供奖学金。其中，萨那大学已开设中文系，致力于孔子学院的建设。中阿合作论坛下中也合作使得如今的也门年轻人热衷学习中文，为加强两国的进一步合作作出贡献。② 培养现代化人才对也门的经济社会发展能起到重要的促进作用，为此，中国为也门学生提供留学机会以及优质的教育资源。同时，中国在也门建立了萨那技校等教育培训机构，并向也门长期提供大量政府奖学金名额，帮助也门培养国家建设人才。③

中也两国文化教育合作在中阿合作论坛机制下快速发展。中国和也门在2009 年签署了《中华人民共和国教育部和也门共和国高等教育和科学研究部 2009～2011 年教育合作协议》，以巩固和深化两国在文化教育领域的友好合作。也门在华留学生学习期间，通过学习专业知识，研究中国文化，借鉴中国经济发展、国家治理的经验，不断充实自己，力争回国后用自己在中国所学、所得、所悟报效祖国，成为参与也门国家建设的栋梁与增进中也两国友谊的桥梁，携手为促进中也民心相通、推动构建人类命运共同体贡献力量。新冠肺炎疫情出现以来，中国有关方面在健康、生活、心理三方面为也

---

① 《康勇大使会见新任亚丁省长拉马拉斯》，中华人民共和国驻也门大使馆，2020 年 8 月 20日，https://www.fmprc.gov.cn/ce/ceyem/chn/sgdt/t1807856.htm，访问日期：2020 年 8 月23 日。

② 殷亮：《也门大使认为中阿合作论坛有效推动了也中两国的合作》，国际在线，2010 年 5 月7 日，http://news.cri.cn/gb/27824/2010/05/07/2225s2843750.htm，访问日期：2020 年 9月 1 日。

③ 《驻也门大使田琦在也门媒体发表署名文章〈中国将继续为政治解决也门问题、缓解也门人道主义灾难而努力〉》，中阿合作论坛网站，2018 年 2 月 1 日，http://www.chinaarabcf.org/chn/zagx/yyzs/t1530908.htm，访问日期：2020 年 8 月 27 日。

门在华留学生提供全方位保障，帮助学生纾解困难、渡过难关。截至目前（2020 年 7 月 12 日）尚无也门在华留学生感染新冠肺炎。①

中也双方借助中阿改革发展研究中心作为双方交流改革开放、治国理政经验的思想平台。2019 年 3 月 9 日至 3 月 17 日，也门共和国 30 名外交官来华参加中阿改革发展研究中心举办的第六期阿拉伯国家官员研修班，中国外交政策、民族宗教政策、改革开放经验，以及中阿共建"一带一路"、中也产能合作成为其赴华研修交流的主要内容。②

两国合作未受阻，交流领域拓边疆。媒体合作成为推动中也关系不断前进的强大动力。受也门国内战争影响，两国大部分合作中断，但在媒体领域仍保持联系与合作。也门政府萨巴社与中国新华社签署媒体合作协议，推动两国媒体合作迈上新台阶。也门政府萨巴社进一步表示愿与更多中国媒体开展合作，为推动两国关系不断发展作出贡献。③

四　新冠肺炎疫情下的中国对也积极援助

受新冠肺炎疫情与沙漠蝗虫入侵影响，也门人道主义危机进一步加剧，出现严重的粮食安全问题，也门至今依然是世界上粮食最匮乏的国家之一。同时战争、疾病继续笼罩着也门人民。2015 年也门内战爆发以来，近 2 万名也门民众丧生，7537 名非战斗人员确认死亡。也门人道主义状况堪忧。2019 年初，联合国人道主义事务协调办公室（the United Nations Office for the Coordination of

---

① 《康勇大使参加也门在华毕业生网上毕业联欢会》，中华人民共和国驻也门共和国大使馆，2020 年 7 月 13 日，https：//www. fmprc. gov. cn/ce/ceyem/chn/sgdt/t1797215. htm，访问日期：2020 年 8 月 3 日。

② 《也门外交官来华研修：望中方参与战后重建并共建"一带一路"》，澎湃新闻网，2019 年 3 月 20 日，https：//www. thepaper. cn/newsDetail_ forward_ 3167227，访问日期：2020 年 8 月 29 日。

③ 《康勇大使会见也政府萨巴社社长阿卜杜拉》，中华人民共和国驻也门大使馆，2020 年 9 月 10 日，https：//www. fmprc. gov. cn/ce/ceyem/chn/sgdt/t1813896. htm，访问日期：2020 年 9 月 15 日。

Humanitarian Affairs 2019）表示，也门的人道主义危机是世界上最严重的。[1] 近2500万人需要人道主义援助（相当于也门全国人口总数的80%），全境超过2000万人面临严重的粮食短缺问题。[2] 为帮助也门改善人道主义危机，中国向也门提供粮食援助。2019年3～5月运送两批共1200吨大米。[3]

2020年新冠肺炎疫情期间，中也两国秉承"同舟共济、守望相助"理念，相互合作、相互支持。中国继续向也门提供力所能及的粮食及医疗物资等人道主义援助，特别是在抗击新冠肺炎疫情中与也门加强合作，为减轻也门人民苦难作出贡献。在也门国内新冠肺炎确诊人数持续增多、疫情蔓延范围不断扩大之时，中国驻也门大使馆紧急从国内采购一万只N95口罩，并于2020年5月6日捐赠给也门卫生部，帮助也门防控疫情。[4] 随后，针对也门不断加剧的新冠肺炎疫情，中国多次向也门捐赠抗击新冠肺炎疫情医疗援助物资，[5] 为也门国内检测疫情、遏制疫情传播等提供巨大帮助。

中国作为联合国安理会常任理事国，为维护世界和地区和平稳定发挥着负责任大国作用。中国继续在力所能及范围内向也门人民提供援助。2015年以来，中国已通过双边援助以及与世界卫生组织、联合国世界粮食计划署等合作向也门提供了总共1.5亿元人民币的人道援助，以缓解也门饥荒和霍乱疫情。[6]

---

[1] "World Economic Situation and Prospects 2020," United Nations, 16th January, 2020, p. 148, https：//www. un. org/development/desa/dpad/wp-content/uploads/sites/45/WESP2020_ FullReport. pdf.

[2] 黄培昭：《也门人道主义形势不容乐观》，《人民日报》2019年10月24日，第7版。

[3] 《中国代表呼吁增加对也门人道援助》，新华社，2019年5月16日，https：//baijiahao. baidu. com/s？ id＝1633672231452601098&wfr＝spider&for＝pc，访问日期：2020年8月25日。

[4] 《我馆向也门捐赠一万只N95口罩》，中华人民共和国驻也门共和国大使馆，2020年5月7日，https：//www. fmprc. gov. cn/ce/ceyem/chn/sgdt/t1776832. htm，访问日期：2020年8月3日。

[5] 《我馆向也门捐赠一批抗击新冠肺炎疫情医疗援助物资》，中华人民共和国驻也门共和国大使馆，2020年7月17日，https：//www. fmprc. gov. cn/ce/ceyem/chn/sgdt/t1798571. htm，访问日期：2020年8月3日。

[6] 《常驻联合国副代表吴海涛大使在安理会也门问题公开会的发言》，中阿合作论坛网站，2018年4月18日，http：//www. chinaarabcf. org/chn/zagx/zgsd/t1552035. htm，访问日期：2020年9月3日。

五 "一带一路"下中国－也门合作路径与发展展望

从国内看，近年来也门面临内部冲突，社会骚乱，政局动荡与分裂，国内政治重建与转型，恐怖主义与分离主义盛行及人道主义危机等问题；从国际看，地区局势动荡，多国多重博弈激烈，地区政治关系复杂，外部势力趁机扩大自身地缘政治影响力等，并且对中东地缘政治产生深远影响。2011 年阿拉伯剧变前，中也两国务实合作成果丰硕。但自 2011 年阿拉伯剧变之后，也门国内不安全驱动因素较多且复杂。并随着 2015 年也门内战爆发，迫使中方人员撤出也门，两国合作项目中断，影响了中也间经贸关系稳定合作与发展。

其一，政治风险高的国家往往伴随着较高的经济和社会风险。[①] 当前也门的政治局势和持续的冲突，国内不安全、政治腐败、脆弱的司法制度等因素损害了也门经济商业活动。极端组织的发展，不仅对政府的合法性构成重要挑战，而且进一步恶化了也门的经济和社会形势，激化了政治对抗和教派冲突，导致也门反恐形势更趋复杂，并严重影响地区安全局势。[②]

和平稳定是发展的基石。也门国内冲突是影响中也经贸合作不安全的关键驱动因素。也门国内冲突直接影响也门国内经济危机且通货膨胀居高不下。联合国粮农组织数据显示，2019 年 12 月中旬至 2020 年 6 月中旬，也门本国货币（也门里亚尔）兑美元汇率平均贬值 19%，较 2018 年危机水平更为恶化。[③] 本币汇率暴跌，粮价上涨，以及外汇储备几乎耗尽成为也门面临的经济问题。

因此，也门保持长期政治稳定是国内及国际社会的共同愿望，也是也门实现经济稳定发展的重要前提。也门希望在内战平息后积极参与"一带一

[①] 参见刘海猛、胡森林、方恺、何光强、马海涛、崔学刚《"一带一路"沿线国家政治—经济—社会风险综合评估及防控》，《地理研究》2019 年第 12 期，第 2966～2984 页。

[②] 参见刘中民、任华《也门极端组织的演变、成因及其影响》，《阿拉伯世界研究》2017 年第 2 期，第 3～18 页。

[③] 《也门粮食不安全形势再次告急》，《世界农业》2020 年第 8 期，第 130 页。

路"建设，实现互利共赢。中国也表示中国愿积极参与也门战后经济重建，与也方共建"一带一路"，造福两国人民。①

其二，近年来，两国双边贸易中存在较多问题。在对外贸易上，中国对也门外贸产品仍以中低端为主，同时中国产品的品牌效益尚未形成、缺乏对也门市场情况的充分调研、出口产品严重同质化等问题多有出现，② 亟待双方恢复正常经济交往后重新构建新型中也经贸合作关系与合作模式。

另外，也门基础设施建设较为落后，其交通、电力、通信基础设施建设不足。中国可利用在基础设施建设领域明显的比较优势，通过与也门在基础设施建设领域开展广泛的合作，实现中国与也门的合作共赢。但也应当注意到，援建与基建项目除有政治风险、资金需求大、时间周期长、回报率低等特点外，还需要以国家政策支持。因此，中也合作若以基建合作为主则有可能被外界授以"政治目的挂帅"的口实。所以，未来中也合作应尽量做到多样化，积极探索全新合作模式。

其三，也门极端组织对也门造成重要影响。其中，也门极端组织的发展对亚丁湾的海运安全构成重要威胁。中国将继续支持也门打击恐怖主义、维护国家安全，加强双方反恐及打击海盗合作。

2020 年 7 月 22 日，联合国粮农组织（FAO）、联合国儿童基金会（UNICEF）、世界粮食计划署（WFP）和伙发布的最新粮食安全阶段综合分类分析警告称，经济冲击、冲突、洪水、沙漠蝗灾和新冠肺炎疫情正在形成一场"大风暴"，可能使也门费尽艰辛才得以改善的粮食安全形势出现倒退。③ 对此，国际社会应积极采取措施向也门提供人道主义援助和支持。

未来也门情势发展，很大程度上受到外部角力结果的影响，这也是也门内战地区化、国际化的必然结果。④ 在对外政策上，近些年也门加大改善与

---

① 《康勇大使会见也门总统哈迪》，中华人民共和国驻也门大使馆，2019 年 1 月 7 日，https：//www.fmprc.gov.cn/ce/ceyem/chn/sgdt/t1627366.htm，访问日期：2020 年 3 月 14 日。
② 参见〔也门〕艾马《后疫情时代也门与中国经济合作存在的问题及发展策略》，郑立新译，《商场现代化》2020 年第 9 期，第 128~129 页。
③ 《也门粮食不安全形势再次告急》，《世界农业》2018 年第 8 期，第 130 页。
④ 李亚男：《也门问题谈判能否带来和平新希望》，《世界知识》2019 年第 5 期，第 45 页。

周边海湾国家发展关系，通过加入海湾合作委员会（GCC）来更加积极地参与阿拉伯事务，以此维护阿拉伯国家团结，增加也门对地区事务的影响力。在联合国和地区国家斡旋下，也门冲突各方通过对话谈判，先后达成《斯德哥尔摩协议》和《利雅得协议》。但协议落实不尽如人意，冲突各方矛盾盘根错节，互信严重缺失，全面政治进程一再搁浅。[①] 当前，中国应继续保持与也门各方的紧密联系。中国将与国际社会一道继续支持也门问题政治解决进程，并向也门人民提供力所能及的帮助，并为推动瑞典和谈达成的有关协议尽快得到落实发挥积极作用。中国支持各方通过协商就下一步行动达成一致，继续推进落实重新部署安排；支持联合国在也门问题上继续发挥斡旋作用，推进协议执行，寻求政治解决。[②]

鉴于新冠肺炎疫情的未来走向及其经济和社会后果的不确定性，也门在公共卫生和财政措施方面的力度可对也门经济发展产生重要影响，由此带来的巨额财政赤字和高水平的公共债务将对也门构成重大挑战。中也两国应在中阿合作论坛框架下携手抗疫。中国应加强与也门的发展合作，共同努力遏制疫情，加快经济复苏和推动世界重返可持续发展轨道。随着也门局势缓解，政治恢复稳定，中国将返回也门继续参与战后重建。中国应从政府和企业两个层面共同努力，做好风险防控，建立多维度动态风险预警机制，逐步打造"一带一路"利益共同体、责任共同体和命运共同体。[③] 推动中也展开全方位合作，助力共建"一带一路"，与也门共同翻开中也关系的崭新一页。

---

① 《耿爽大使就也门问题阐述中方立场》，中华人民共和国常驻联合国代表团，2020 年 9 月 15 日，http：//new. fmprc. gov. cn/ce/ceun/chn/hyyfy/t1815172. htm，访问日期：2020 年 9 月 19 日。

② 参见《中国代表呼吁认真落实也门问题和谈成果》，新华网，2018 年 12 月 15 日，http：//www. xinhuanet. com/2018 - 12/15/c_ 1123858305. htm，访问日期：2020 年 8 月 30 日。

③ 参见乌东峰《"一带一路"的三个共同体建设》，《人民日报》2019 年 5 月 22 日，第 7 版。

附 录

Appendixes

附录一
中阿学者视角下的中国－海合会国家
政治与人文交流

刘利华*

摘　要：　地处丝绸之路经济带和 21 世纪海上丝绸之路汇合处的海合会
　　　　　国家，是"一带一路"建设的天然和重要合作伙伴。"一带
　　　　　一路"倡议提出以来，中国和海合会国家在此倡议框架下的
　　　　　合作取得了良好成绩，特别是在政治、人文领域，成果颇丰。
　　　　　笔者就中国－海合会国家在政治人文领域共建"一带一路"
　　　　　这个题目，对若干著名中阿学者①进行了访谈。通过整理、

---

　*　刘利华，中山大学外国语学院博士研究生，中山大学"一带一路"研究院研究员，研究领
　　　域为阿拉伯语言文化、中阿关系、阿拉伯国别区域。
　①　访谈学者名录如下。
　　　1）吴思科，中国政府前中东问题特使。
　　　2）丁俊，上海外国语大学中东研究所教授、博士生导师。
　　　3）孙德刚，复旦大学国际问题研究院研究员、博士生导师。（转下页注）

归纳、总结学者们的观点，较为全面地呈现了学者们对中国
与海合会国家共建"一带一路"，特别是在政策沟通与民心
相通方面的优势、挑战进行的深度分析，以及就此提出的一
些宝贵建议。

关键词： 海合会国家　政策沟通　民心相通

2013 年，习近平主席提出"一带一路"倡议，获得了许多国家和国际
组织的积极响应。海合会国家地处丝绸之路经济带和 21 世纪海上丝绸之路
汇合处，是"一带一路"建设的天然和重要合作伙伴。不少海合会国家的
发展战略都和"一带一路"倡议高度契合。当今世界正经历百年未有之大
变局，2020 年新冠肺炎疫情全球大流行使这个大变局加速演进。中国提出，
要推动形成以国内大循环为主体、国内国际双循环相互促进的新发展格局。
在此背景下，高质量共建"一带一路"将具有更加重要的意义。

一　中国－海合会国家政治人文交流基础

专家们普遍认为中国与海合会国家政策沟通与民心相通在历史、政治、
现实和文化等方面具有较好的基础。

（一）具有深厚的历史基础

在国内外学者的论述当中，学者们普遍认为古代丝绸之路为中国与海湾

（接上页注①）4）陈杰，中山大学中东研究中心教授、博士生导师。

　5）安瓦尔·艾勒阿卜杜拉，巴林驻华大使。

　6）希沙姆·格尔威，卡特尔外交学院顾问、海湾未来研究中心研究员。

　7）赛义德·古乃姆，阿联酋全球安全与防务研究院院长。

　8）阿卜杜拉，沙特知识交流中心研究员。

国家政治人文交流提供了良好的历史基础，例如，中国政府前中东问题特使吴思科先生与中山大学陈杰教授都简要回顾了历史上的中国与海合会国家交流历程，认为双方交往源远流长。在唐代，唐王朝与大食（阿拉伯）是当时世界范围内文明高度发达的两大帝国。"大食在西域为强，自葱岭尽西海，地几半天下。"双方交流十分频繁，自唐永徽二年（651）至贞元十四年（798）的百余年，大食向唐遣使多达 40 次。唐朝中后期，大量阿拉伯商人以"蕃客"身份定居中国，在广州、泉州等都市形成"蕃坊"。宋、元时期，中外文化交流和人员流动空前频繁和密集。宋人周去非《岭外代答》中专列《大食诸国》一卷，介绍了阿拉伯地区的情况。元代航海家汪大渊两度远涉重洋穿行阿拉伯海和红海，撰有《岛夷志略》一书，记述了当时阿拉伯地区的风物形胜，称"天堂"国（麦加）地多旷漠，"气候暖，风俗好善"。明代，著名航海家郑和率领庞大船队七次远渡重洋，到访沙特阿拉伯、也门等地。新中国成立后，中国与海合会国家交往进入新的繁荣发展阶段。

（二）具有扎实的政治基础

中国与海合会国家彼此尊重对方的发展道路。中国政府前中东问题特使吴思科先生认为：中国与海合会国家近代都受到外来势力的侵略，都有过一段屈辱的历史，双方都主张不干涉内政，支持对方维护主权、领土完整。在遇到一些重大问题时，能够相互理解和支持。"9·11"事件之后，西方推行的反恐战略，一度把阿拉伯国家跟恐怖主义挂钩，但是中国明确反对把恐怖主义同特定的民族宗教联系在一起。中国强调不同文明之间的相互差异，交流互鉴，引起海合会国家强烈的共鸣。当前，针对新疆问题，海合会国家在联合国人权委员会上，对中国的立场表示支持理解。2019 年海合会代表对新疆进行参观后，认为中国在"去极端化"方面做出了有益的探索；在南海问题、香港国安法问题上，海合会国家对中国的立场表示支持；除此之外，新冠肺炎疫情出现之后，海合会国家元首对习近平主席表示慰问；而在海合会国家遭受疫情袭击的时候，中国也迅速对其进行援助。上海外国语大学中东研究所丁俊教授认为，长期以来，中国奉行独立自主的和平外交政策，坚持和平共处五项原则，反对霸权主义和强权政治。在国际事务特别是中东事务中，中国一贯秉持客观公正的立场，主张通过政治对话途径解决各种争端，积极劝和促谈，赢得了包括海合会国家在内的阿拉伯国家的普遍信赖。今天，中国政府与海合会国家政府之间的多层次交往日益频繁，互信不断加深，各方都在积极倡导和推动双边、多边交往，建立或参与了多个双边和多边交流机制和平台，如"中阿合作论坛""中国－海合会战略对话""中阿博览会"等。

（三）具有良好的现实基础

中国政府前中东问题特使吴思科大使认为，在共建"一带一路"的政策沟通过程中，中国与海合会国家得益于政策沟通的不断增强，经济合作、技术合作在不断扩大，人文交流也在稳步发展。沙特和阿联酋对中文教学越来越重视，并将中文教学纳入国民教育体系当中，学中文在阿联酋已成为一种风尚。巴林驻华大使安瓦尔·艾勒阿卜杜拉博士认为："一带一路"将迎来一段持续的投资、创新、贸易、协作和伙伴关系的时期，并且双方伙伴关系将持续发展。他还指出，在与海合会领导人最近的会晤中，习近平主席谈到发展两国伙伴关系。安瓦尔认为需要加快签署将"一带一路"倡议与海合会国家愿景联系起来的实施计划。复旦大学国际问题研究院孙德刚研究员认为，海合会国家是整个西亚北非地区的和平绿洲，政局相对稳定，政权更迭，街头政治比较少，为双方开展合作提供了良好基础。

（四）具有相通的文化基础

国内外许多学者认为，中阿文化具有较多的共通之处。阿拉伯文化和中华文化具有极强的包容性。学者们指出，阿拉伯伊斯兰文化由阿拉伯人的固有文化、伊斯兰教文化、波斯印度希腊罗马等外族的文化组成。中华传统文化以儒家思想为核心和主体，以释、道为其必要补充。这一文化不仅包容诸家学说和不同区域的文化精华，还长期汲取其他少数民族文化的优秀文明。阿拉伯文化与中华文化都倡导和谐。阿拉伯文化倡导人与人、人与社会以及人与自然的中正和谐。中华文化倡导"中庸之道",强调"敬天法祖",追求"天人合一""和而不同"的和谐之境。阿拉伯文化和中华文化均弘扬真善美。

二 中国与海合会国家政治人文交流的潜在挑战

(一)美国等西方国家的影响

中国政府前中东问题特使吴思科先生认为,海合会国家所在区域非常重要、敏感,是美国等西方国家的长期势力范围。以美国为首的西方国家一直秉持零和思维,认为自身与海湾地区的合作关系容易受到外来国家的影响,是此消彼长的关系,这对中国与海合会国家共建"一带一路"可能起到非常消极的阻碍作用。上海外国语大学中东研究所丁俊教授认为,长期以来,西方世界奉行文化霸权主义,凭借其强大的舆论宣传工具,在人权、民族宗教甚至于当前国际合作抗疫等一系列问题上抹黑中国,这些舆论严重误导民意,带来负面影响。阿联酋全球安全与防务研究院院长古乃姆博士认为,中美两国在该地区几个领域面临的贸易摩擦和战略竞争,其中最重要的部分是在经济和能源领域、地缘政治领域、军事和安全领域以及信息环境领域的竞争。卡塔尔外交学院顾问、海湾未来研究中心研究员希沙姆博士认为,中国与海合会国家关系发展一个很大障碍来自美国方面,或者更确切地说,是因为海湾国家对华盛顿的依存度很高,这是在历史上形成的。他还指出,部分海湾阿拉伯人认为,美国正在保护他们,因此美国可能将按照自己的逻辑和国家安全战略,以各种方式阻挠或破坏中国在海湾地区日益增长的影响力。他举例说,美国近东事务助理国务卿戴维·申克尔告诉路透社:"海湾国家在与中国打交道时应考虑与美国的关系,并要对此保持警惕。这些(海湾)国家应该考虑与美国建立伙伴关系的价值。"

（二）海合会内部矛盾的影响

中国政府前中东问题特使吴思科先生认为，沙特、阿联酋和卡塔尔的断交，实际上对中国与海合会整体的合作会造成一些影响。阿联酋全球安全与防务研究院院长古乃姆博士认为，六个海合会国家在该地区某些问题如威胁来源的判断不尽相同，这导致了一些挑战和障碍。海合会国家，特别是卡塔尔与沙特阿拉伯、阿联酋、巴林这三国之间仍然存在断交问题。沙特东部几乎不断受到胡塞民兵的导弹袭击，其目标是军事设施、石油设施和一些基础设施。

（三）中国与伊朗关系的影响

卡塔尔外交学院顾问、海湾未来研究中心研究员希沙姆博士重点指出，海湾国家（卡塔尔和阿曼等国除外）对中国和伊朗之间的关系发展存在疑虑，是基于它们将伊朗作为敌对国家的事实。即便这些国家甚至与以色列公开或秘密地进行对话，但仍未做好与伊朗对话的准备。这也对中国与海合会国家关系构成一定潜在障碍。沙特等海湾国家希望中国站在它们的一边，也就是说，希望中国专门捍卫它们的利益免遭伊朗的侵害，但是中国似乎还没有准备好对伊朗实施敌对性政策，因为这超出了其思想、逻辑，因为与任何一方为敌都不符合"一带一路"倡议的宗旨，中国愿意看到团结而不是分裂。

（四）双方交流认知赤字的影响

上海外国语大学中东研究所丁俊教授以中国和地区大国沙特为例指出，基于种种原因，中沙双方对对方的研究都很不够，双方媒体对对方的报道也不够准确、全面，双方往往通过西方获取认知对方的信息，面对面的直接认知不足，导致相互之间社会认知存在较大赤字。双方人文交流的机制平台建设不足。开展人文交流需要有良好的双边和多边交流机制和平台，而中沙人文交流尚缺乏运行有效的高端双边人文交流机制和平台。

三　对中国与海合会国家现实"政策沟通"与"民心相通"的建议

（一）增强政治互信

受访的国内外学者普遍表示，要继续保持中国与海合会国家高层交往和对话势头，充分发挥领导人会晤对中国与海合会国家关系的引领作用，就双边关系和共同关心的重大问题加强沟通，充分发挥战略对话、政治磋商等双多边机制的统筹协调作用，坚持政治解决地区热点问题，加强国际事务磋商，就重大国际和地区问题保持沟通协调，在涉及彼此核心利益和重大关切问题上相互支持。

（二）深化战略对接

中国政府前中东问题特使吴思科先生认为，要从长远的角度来看待中国与海合会国家双方之间的合作，推动合作理念的更新。巴林驻华大使安瓦尔·艾勒阿卜杜拉博士认为，需要以外交为纽带，将"一带一路"倡议的目标和计划与海合会国家的经济愿景对接起来，此外学者们均指出，中国与海合会国家战略对接需聚焦"1+2+3"合作格局，即以能源合作为主轴，以基础设施建设和贸易投资便利化为两翼，以核能、航天卫星、新能源三大高新领域为突破口的"1+2+3"合作格局，加强产能合作，深化共建"一带一路"。

（三）加强传统安全与非传统安全的合作

中国政府前中东问题特使吴思科先生认为，中国与海合会国家合作，特别是在传统安全领域以及包括卫生在内的非传统领域的合作，要放到靠前的位置。在双方政治、经济关系获得良性发展的同时，安全领域合作要进一步加深，在去极端化反对恐怖主义方面，双方有广泛的合作空间。阿联酋全球安全与防务研究院院长古乃姆博士认为，中国在应对新冠肺炎疫情方面拥有先进的专业知识，可为海湾国家的卫生系统提供支持和帮助。还有许多学者表示，要在打击极端势力方面加强沟通，坚决谴责和反对一切形式的恐怖主义，旗帜鲜明地反对将恐怖主义同特定国家、民族与宗教挂钩。学者们还指出，需切实加强多边交流与合作，在执法领域，加强打击毒品走私和跨国有组织犯罪、网络犯罪等传统与非传统安全领域的共同合作。

（四）密切民间交往

学者们普遍认为，中国与海合会国家民间交往与民心相通是中国与海合会国家合作的润滑剂，甚至是催化剂。中国政府前中东问题特使吴思科先生表示，要大力推进民心相通，尤其加大双方在新闻、旅游、考古以及教育方面的交流。巴林驻华大使安瓦尔·艾勒阿卜杜拉博士认为，中国和海合会国家双方的非政府组织应致力于推动双方的公职人员、商人、艺术家乃至普通百姓之间建立互动关系，以促进全球友谊，实现商业发展，并推动社会文化交流。中山大学陈杰教授认为，当前中国的阿拉伯语教育方兴未艾，海合会国家的中文教育也驶上了快车道，未来中国与海合会国家都应该加强国际理解教育，为新时代中国与海合会国家共建"一带一路"以及构建中阿命运共同体营造良好的民心基础。上海外国语大学中东研究所丁俊教授认为，要进一步开拓人文外交空间，多层次、全方位讲好中国故事，多渠道、多方面倾听海合会国家的声音；要进一步加强对海合会国家的全面研究；通过建立相关机制和平台，进一步推动中华文明与伊斯兰文明的对话；有效发挥宗教交往的人文交流作用，通过宗教间交往，开展去极端化合作，有效宣传中国的民族宗教政策、讲好中国民族宗教故事，介绍中国各民族穆斯林的真实生活，抵御和防范极端思想的渗透，正本清源、扬正抑邪、增信释疑、加深友谊。

附录二
中阿学者视角下的中国－海合会国家
经贸交流

杨 帆*

摘 要： 通过对海湾合作委员会国家有深入研究的中外专家学者①的
访谈，本文对中国与海合会国家 2019 年至 2020 年在共建
"一带一路"经贸交往领域所取得成果进行概述，总结了中
国与海合会各国在经贸合作方面的亮点，并从"内观"和
"外观"两种视角阐释国内外专家和学者对海合会国家与中
国共建"一带一路"过程中存在的挑战和机遇的分析，以及
提出的针对性的建议和解决方法。

关键词： 海合会国家 "一带一路" 经贸往来 学者访谈

在"一带一路"倡议提出后，海合会国家与中国在政治、经济和文化
领域的合作都取得了丰硕的成果，双方存在巨大的合作空间。海合会国家也

＊ 杨帆，中山大学国际翻译学院讲师。
① 受访中外专家、学者名录如下。
　　1）吴思科，前驻沙特阿拉伯大使、驻埃及大使兼驻阿拉伯国家联盟全权代表，曾任中
国政府中东问题特使。
　　2）孙德刚，复旦大学国际问题研究院研究员。
　　3）王琼，中国社会科学院西亚非洲所副研究员。
　　4）陈杰，中山大学国际翻译学院教授，博士生导师。
　　5）安瓦尔·艾勒阿卜拉拉，巴林王国驻华大使。
　　6）希沙姆·格尔威，海湾未来中心高级研究员兼首席执行官。
　　7）赛义德·古乃姆，阿联酋全球安全与防务研究院院长。

积极探索将本国的中长期发展战略与"一带一路"倡议实现对接,① 比如沙特、阿联酋、卡塔尔、巴林的"2030 愿景",阿曼的"2040 愿景",科威特的"2035 愿景"等。在"一带一路"的创新合作模式"五通"中,设施联通、贸易畅通和资金融通都与经贸密切相关,海合会国家和中国的经贸关系随着双方共建"一带一路"的不断深入而快速提升。

一 中国与海合会国家经贸合作总体不断深化

(一)中国与海合会国家经贸合作具备良好基础

实现贸易畅通、加强贸易合作是"一带一路"建设中的重点内容,也是促进共建"一带一路"国家共同发展与共同繁荣的重要方式之一。在"一带一路"倡议提出以前,中国已经是海合会国家最大的贸易伙伴之一,近年来海合会国家与中国贸易合作规模更是不断提升。孙德刚教授认为,海合会国家地理位置优越、国内政治环境相对稳定、拥有丰富的主权财富基金,与中国的合作更务实。安瓦尔大使指出,中国－海合会国家经贸合作在中国－阿拉伯国家双边贸易合作中占有较大比重。其中,2019 年中国－海合会国家双边贸易额占中国与阿拉伯国家贸易额的 62.5%,占出口额的53.3%,占进口额的 59.7%(具体数据见表1)。

表1 中国－海合会国家贸易额占中阿总贸易额比例 (2019)

经贸合作额(亿美元)	阿拉伯国家	海合会国家/占比
双边贸易额	2664	1665.7/62.52%
中国对外出口额	1204	641.3/53.26%
中国对外进口额	1460	871.8/59.71%

资料来源:中华人民共和国商务部。

---

① 孙德刚、张丹丹:《"一带一路"与中阿战略伙伴关系新定位》,《当代世界》2018 年第 10 期,第 68~71 页。

（二）中国与海合会国家经贸合作规模稳中有升

在 2018～2019 年，中国对海合会国家的出口年平均增长率为 5.4%，而海合会国家对中国的出口年均增长率为 25.8%，2019 年双向商品贸易额超过 1600 亿美元，同比增长 8.5%（具体数据见图 1）。

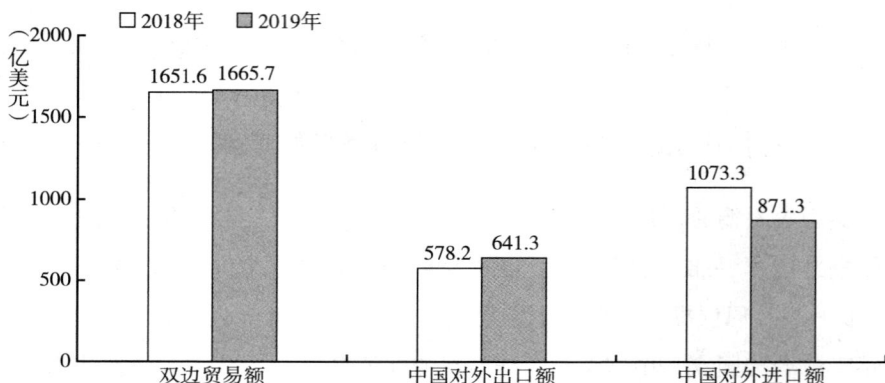

图 1　中国 - 海合会国家近年双边贸易额情况（2018～2019 年）

资料来源：中华人民共和国商务部。

在中国对海合会国家投资方面，2019 年中资企业对海合会国家全行业直接投资 11.812 亿美元，同比增长 35.2%（2018 年中资企业对海合会国家全行业直接投资为 8.7377 亿美元），且 99.2% 的投资都属于非金融类，主要投资合作涉及能源、电信、基础设施、高新产业等多个领域。中国与海合会国家双方投资的增长为共建"一带一路"打下了坚实基础。安瓦尔大使认为，共同投资的增长体现了双方互相信任的伙伴关系，也是对命运共同体理念真实可靠的阐释。同时他指出，在 21 世纪的前 20 年中，海合会国家与中国双边投资流量大幅增长，并为创新、技术、资源、能源、商品和服务的交流创造了一个广阔的平台。

二　中国与海合会国家经贸合作亮点频现

（一）贸易合作相互依存

古乃姆博士指出，贸易上的相互依存已经成为以沙特和阿联酋为代表的海湾合作委员会国家拥抱并参与共建"一带一路"的有力动力。海合会国家与中国在投资和贸易方面具有良好的历史和现实基础，近年在各方面得到不断深化。以沙特为例，中国是沙特第一大贸易伙伴，2019 年中沙贸易额达到 781.8 亿美元，同比增长 23.29%。2019 年，中国与卡塔尔双边贸易额为 111.1 亿美元，中国与科威特双边贸易额达到 172.8 亿美元，中国与巴林的双边贸易额为 16.8 亿美元，中国与也门的双边贸易额为 36.9 亿美元。他还认为，由于商品贸易以能源和运输基础设施、金融、工程、建筑和其他所有服务为前提，因此相互依赖的网络将变得更加广泛。

（二）能源合作不断深化

从经贸规模上看，中国与沙特之间的经贸规模体量位居海合会国家，甚至西亚北非国家之首，孙德刚教授指出其原因是沙特不仅具有优良的石油资源，而且有明确的国家发展战略和强大的主权基金，在政策定力和资金实力上都强于其他国家。

从石油资源的依存度上看，希沙姆博士认为，当今中国从中东进口能源的依赖程度比美国强，沙特等国在中国的能源战略布局中变得越来越重要。这也导致中美在该地区的战略互动发生了微小变化，而这些变化也可能为中美在中东地区开展双赢合作提供了新的机遇。

（三）投资规模逐年增长

孙德刚教授指出，中国与海合会国家合作在基础建设这种传统合作项目上更容易进行推动。以阿联酋的阿布扎比哈利法港为例，其定位为共建

"一带一路"的重要港口，当前以中远海运、中国港湾等中资企业为代表进行投资和项目建设。沙特也积极参与共建中巴经济走廊，据报道投资额为100亿美元左右，主要用于港口、化工厂等重点项目建设，可能成为三方共建"一带一路"项目的典型案例。孙德刚教授指出这种"第三地合作"的模式，为中国与海合会国家在其他国家和地区进行合作提供了新的思路。

安瓦尔大使认为海湾国家正在成为中资企业的重要物流和出口门户。在2019年4月在中国举行的"一带一路"国际合作高峰论坛上，阿联酋签署了价值34亿美元的协议，巩固了迪拜作为中国全球物流和转运中心之一的地位。沙特阿拉伯的吉赞港、阿布扎比的哈里发港和阿曼的杜克姆港，以及埃及的赛义德港，预计将成为中国宣布的工业园区—港口互联项目的一部分。

卡塔尔近年除保持与中国的传统的石油和天然气贸易外，一直加大在中国的投资力度。2010年卡塔尔投资局就成为中国农业银行的基石投资者，并与阿联酋一起同中国设立100亿美元的共同投资基金，主要投资中东传统能源、基础设施建设和高端制造业等。2019年至2020年上半年，中国在卡塔尔获得多项大型建设项目承建资格，如中国铁建承建2022年卡塔尔世界杯主体育场、中铁十八局卡塔尔公司中标约合21亿元人民币的格湾岛房建及室外工程项目、中国能建葛洲坝集团承建的卡塔尔供水E标项目、中国船舶集团获得总金额超200亿元人民币的卡塔尔石油公司液化天然气（简称LNG）船订单等，这些大型项目成功实现了中国优质基建和制造工业的输出。

中国与巴林和也门的经贸合作尽管体量不大，但多年保持较快增长，这得益于中国与这两国在基建方面良好的开发合作。安瓦尔大使说，"中国承包商在海合员会国家的基础设施项目中稳步发展，巴林的东斯特拉住房项目是住房基础设施开发合作的一个例子"。此外，"跨国公司越来越意识到海合员会国家城市作为区域总部的竞争优势。例如，华为选择了巴林的麦纳麦作为其区域总部"。

三 存在的问题与挑战

（一）对石油的依赖仍长期存在

长期以来，能源出口占其总出口的 90% 以上的沙特阿拉伯正面临保持经济增长和经济多样化的挑战。同时，由于人们担心油价快速上涨会加速石油替代品的开发及石油勘探，从而增加能源供应，沙特阿拉伯不支持大幅度的原油价格上涨。由此，古乃姆博士认为减少对石油依赖的计划是沙特阿拉伯摆脱石油市场这一长期困境的唯一途径。

另外在投资方面，沙特阿拉伯拥有价值 1168 亿美元的美国国债，是美国在中东的最大贸易伙伴。沙特的经济转型计划沙特"2030 愿景"中，有数十个大型项目有美国公司的参与。美国总统特朗普在 2017 年访问沙特期间，签署了价值 4600 亿美元的合作协议。希沙姆博士指出，美国认为其在沙特的投资与贸易地位，当前正在受到来自中国的挑战，美国正在寻求将来自中国的投资和经济活动排除在沙特等海湾国家之外。

阿联酋虽然是海湾地区经济最多样化的国家，但其经济仍然严重依赖石油，石油为其食品进口提供资金。古乃姆博士认为，由于阿联酋依靠进口来满足其粮食需求，而购买粮食的外汇又主要来自石油，当石油价格出现较大波动时，将面临石油和食品之间贸易波动的风险，这导致阿联酋不得不面临现实的粮食安全问题。

（二）高科技合作存在影响和阻挠

中国与沙特、阿联酋的高科技合作不断推进，但也受到一些影响和阻挠。在 5G 应用方面，沙特与阿联酋都是第一批应用 5G 的阿拉伯国家，华为也进入了相应市场，但已经受到来自美国的打压与围堵。在核能和平利用方面，中国技术还未能进入海湾国家的核电站项目，而日本早在 2012 年前便与阿联酋在核电站建设方面签署了备忘录。在生物医药方面，中国与阿联酋在联合研制疫苗方面取得了较好的进展。孙德刚教授指出，这些高科技方面的合作可能会受到大国关系的影响。

受到因全球经济进一步放缓导致的能源需求和能源价格下降的影响，卡塔尔 2019 年实际国内生产总值温和收缩，增速较前一年度有所下降，因此中国和卡塔尔的贸易额有所下降。古乃姆博士认为，"由于航空、旅游业和商业部门受到严重影响，海湾其余三国对卡塔尔的抵制，给卡塔尔造成了巨大的经济损失"。同时他还提到卡塔尔在申办 2022 年世界杯上下了很大赌注，"但仍然有着巨大的挑战，例如需要 10 万名安保人员来确保比赛进行，而随着安全条件的增加，预期收入恐无法获得预期回报，而且周边地区的紧张也会使举办世界杯所需的保费增加一倍"。总之，古乃姆博士认为，"尽管世界对天然气的需求在不断增长，但安全状况及该地区和世界所遭受的冲击，可能会威胁到卡塔尔赖以生存的唯一商品作为其庞大经济收入来源的转移"。①

（三）新冠肺炎疫情导致经济放缓

新冠肺炎疫情出现后，因项目停工以及旅游、航空、运输及承包部门和所有依赖大众传播的经济项目的影响，海合会国家的经济增速下降，海合会国家居民习惯的密集性互访减少。吴思科先生指出，在当今世界海合会国家也意识到单一的石油经济难以为继，必须寻求多元发展，开展工业化、综合性的服务业和旅游业，而中国整体向好的制造业和愈发强大的综合国力，与海合会国家的经济形成较好的互补性，符合它们的经济发展预期。

中国始终重视与海合会国家的自贸区谈判，2016 年 1 月中国与海合会国家双方宣布重启第九轮谈判，并在货物贸易、服务贸易、双向投资以及贸易便利化等领域都取得了积极进展，但尚未达成最终协定。安瓦尔大使表示，海合会国家须重振和优先考虑海合会与中国之间旨在达成

---

① مروان قبلان: سياسة قطر الخارجية: النخبة في مواجهة الجغرافيا، سياسات عربية، العدد 28، أغسطس – سبتمبر 2017، ص. 15–18.

全面经济贸易协定的谈判。海合会国家和中国致力于加入世贸组织的多边贸易体系，区域贸易协定是该体系的重要特征。该体系为数十年来的世界经济增长和发展作出了贡献，但是过去几年中主要贸易伙伴之间日益加剧的冲突给多边体系带来了压力，该压力可以通过区域协议得到部分弥补。孙德刚教授也表示，尽管海合会国家近年都制订了中长期发展计划，能够与中国实现中长期战略对接，但中国与海合会国家自贸区谈判仍需加快进程。

四　中国与海合会国家高质量共建"一带一路"的发展建议

（一）看好"一带一路"倡议，积极拓展合作

安瓦尔大使提出，"一带一路"框架下，习近平主席是国际新秩序的有远见的建筑师和推动者，影响深远的"一带一路"倡议和"命运共同体"计划是为建立新秩序进行国际合作创造条件的蓝图。"一带一路"将迎来一段长期的投资、创新、贸易协作和伙伴关系的时期。他还指出，尽管交流和互动的历史由来已久，但中阿关系的未来仍将由几个关键因素来塑造，包括"一带一路"倡议、亚洲相互协作与信任措施会议（CICA）、中阿部长级合作论坛以及潜在的海合会与中国全面区域经贸协定。吴思科先生认为，"一带一路"倡议是继中阿合作论坛后中国与阿拉伯国家，包括与海合会国家经贸交往更大的平台。希沙姆博士指出，中国提出的"一带一路"倡议是面向21世纪的项目，该倡议不仅彰显了中国自身地位的崛起，也因其产生的良好作用和影响力而受到阿拉伯国家的欢迎和支持。中国的目的是团结并非分裂，它希望建立一个通过国家之间的合作来完成的伟大项目，以建立相互信任、和平对话与兄弟情谊的框架。

（二）拓展合作领域，填补潜在空白

古乃姆博士认为，中国与海合会国家双方需加强讨论在旅游业、航空运输和投资领域的合作发展，以填补当前和潜在的行业合作空白。中国坚持与经济发展上较为协调的海湾国家如沙特、阿联酋等国家的合作，继续实施"一带一路"倡议的基础设施项目。孙德刚教授表示，中国与海合会国家的经贸合作除了之前的能源、贸易和新能源领域外，还可以在高科技、核能、航空航天、电子商务领域进行合作。沙特、阿联酋和卡塔尔都存在创造富含高科技含量智慧城的意愿，意图成为海湾地区的样板和标杆，中国具备相关实力，能够与这些国家在经贸合作上形成互补。

安瓦尔大使指出，中国人民和海湾阿拉伯人民有大量机会建立新的经济、文化、社会和知识网络，以实现双方在可持续环境中实现和平、安全、繁荣与幸福的难以实现但共同的目标。这种愿景具有全球性和包容性，并建立在人文主义和平等相互尊重的基础上，力求使双方的人文条件和自然条件协调一致。面向未来，中国和海合会国家应继续加强共建"一带一路"合作，共同致力于疫后复苏和经济发展，维护双方人民福祉和可持续发展。

附录三
大事记

（2019 年 8 月至 2020 年 8 月）

曾 记　盘嘉蕙＊

2019年

8月

8 月 4 日　驻巴林大使安瓦尔会见巴林国防大臣阿卜杜拉上将，双方就进一步推动两国军事领域交流与合作进行了亲切友好的交谈。

伊拉克总统巴尔哈姆约见驻伊拉克大使张涛，双方就双边关系等交换意见。

8 月 20 日　驻科威特大使李名刚会见科威特外交部人权事务代理大臣助理塔拉勒。李大使向塔拉勒介绍了香港当前局势和中国政府立场。塔拉勒表示，科方理解中国政府在香港问题上的立场。

驻阿曼大使李凌冰会见阿曼商工部顾问、阿曼－中国友好协会秘书长穆赫辛。双方就两国下阶段友好交往及当前香港局势深入交换意见。

海合会政治与谈判事务副秘书长阿卜杜·阿齐兹·哈马德·欧维什格会见了驻沙特大使陈伟庆。双方主要讨论了海合会与中国之间的关系，尤其是经贸领域的关系和共同关心的双边、地区和国际问题。

8 月 21 日　驻科威特大使李名刚会见科威特文化、艺术与文学委员会秘书长卡米勒·苏莱曼，双方就推动中科文化领域合作和人文交流交换意见。

＊ 曾记，中山大学国际翻译学院副教授；盘嘉蕙，中山大学国际翻译学院硕士研究生。

8 月 27 日 驻科威特大使李名刚会见科威特新闻大臣兼青年事务国务大臣穆罕默德，就加强中科新闻、媒体、青年等领域交流合作交换意见。

8 月 28 日 驻阿曼大使李凌冰会见阿曼公务员部大臣马尔胡恩，双方就加强人力资源培训合作充分交换意见。

8 月 29 日 阿联酋官方阿拉伯文媒体《联邦报》、主流英文媒体《国民报》刊登中国驻阿联酋使馆发言人题为《香港局势当务之急是止暴制乱、恢复秩序》的新闻谈话。

9月

9 月 2 日 驻阿联酋大使倪坚会见阿国际合作事务国务部部长兼迪拜世博局主席莉姆·哈希米，表示中方大力支持迪拜举办 2020 年世博会，愿与阿方就中国参加迪拜 2020 年世博会保持密切沟通和协调。

9 月 4 日 驻科威特大使李名刚会见阿拉伯海港联盟主席、科港口局局长优素福亲王，双方就推进中阿、中科在共建"一带一路"框架内的港口物流合作交换意见。

9 月 5 日 驻科威特大使李名刚会见科威特民航总局局长萨勒曼，就深化中科民航合作、促进人员往来等交换意见；会见即将赴任科威特驻上海首任总领事米沙勒，就加强中科经贸、人文等各领域交流合作交换意见。

驻阿联酋大使倪坚会见阿布扎比交通局主席迪亚卜亲王，就中阿关系和两国交通领域务实合作广泛、深入交换意见。

驻卡塔尔大使周剑拜会卡塔尔国务大臣兼自由区管理委员会主席艾哈迈德·赛义德，双方就推进中卡两国投资合作深入交换意见。

9 月 8~9 日 武警湖南总队副参谋长薛继良大校率中国武警部队代表团访问科威特。

9 月 9 日 驻阿联酋大使倪坚应邀出席在阿布扎比展览中心举行的第二十四届世界能源大会。

全国政协常委、港澳台侨委员会主任朱小丹率团访问卡塔尔，并在卡举办侨界座谈会。

驻卡塔尔大使周剑拜会卡塔尔文化与体育大臣萨拉赫，就进一步扩大双方人文交流、促进民心相通，不断丰富中卡战略伙伴关系内涵等进行交流。

驻伊拉克大使张涛主持召开中伊安全保障三方协调机制联席会议，与会各方围绕伊安全形势及在伊中资企业关心的安全问题进行深入交流。

9月11日　驻阿联酋大使倪坚会见国际反暴力极端主义示范中心主席阿里。国际反暴力极端主义示范中心（Hedayah）于2012年12月在阿布扎比成立，是在"全球反恐论坛"（GCTF）倡议下筹建的首个国际反暴力极端主义机构，旨在通过加强研究、培训和国际研讨推进国际反恐合作，防范极端思想传播。

9月16日　驻卡塔尔大使周剑拜会卡塔尔天然气公司首席执行官哈立德，就加强两国能源领域合作进行交流。

9月17日　驻卡塔尔大使周剑拜会卡塔尔交通与通信大臣苏莱提，双方就加强两国交通与通信领域合作进行交流。

驻阿曼大使李凌冰会见阿曼商工会主席优素福。

9月20日　国家主席习近平应约同沙特阿拉伯王国国王萨勒曼通电话。

9月21~25日　驻阿联酋大使倪坚陪同率团访阿的最高人民法院周强院长分别会见阿联邦国民议会议长艾迈勒、联邦最高法院院长穆罕默德、阿布扎比司法局副主席优素福、迪拜国际金融中心法院大法官阿里和迪拜酋长国法院院长塔尔什。

9月22日　驻卡塔尔大使周剑到任拜会卡塔尔首相兼内政大臣阿卜杜拉，转达了李克强总理的亲切问候，阿卜杜拉首相请周剑大使转达对李克强总理的良好祝愿。

9月24日　国务委员兼外长王毅在美国纽约联合国总部集体会见海湾阿拉伯国家合作委员会"三驾马车"外长。海合会现任轮值主席国阿曼外交事务主管大臣阿拉维、候任轮值主席国阿联酋外交事务国务部长卡尔卡什、海合会秘书长扎耶尼以及科威特副首相兼外交大臣萨巴赫等出席。

9月26日　驻卡塔尔大使周剑会见卡塔尔金融中心首席执行官优素福，双方就加强金融合作进行交流。

9 月 29 日 驻卡塔尔大使周剑会见卡塔尔国家旅游委员会秘书长、卡塔尔航空集团公司首席执行官巴克尔，双方就加强中卡旅游和航空合作进行了深入交流。

9 月 30 日 国家主席习近平就科威特埃米尔萨巴赫不幸逝世向科威特新任埃米尔纳瓦夫致唁电。

国务院总理李克强就萨巴赫不幸逝世向科威特首相萨巴赫致唁电。

驻巴林大使安瓦尔会见巴林内政部次大臣兼移民局局长拉希德，就进一步推动中巴双方人员往来便利化深入交换了意见。

10月

10 月 1 日 国家主席习近平向科威特国新任埃米尔纳瓦夫致贺电，愿同纳瓦夫埃米尔共同努力，推动中科战略伙伴关系全面深入发展，造福两国和两国人民。

10 月 2 日 驻阿联酋大使倪坚赴哈伊马角酋长国拜会阿联酋最高委员会成员、哈伊马角酋长沙特·本·萨格尔·卡西米。

驻卡塔尔大使周剑会见卡塔尔证券交易所首席执行官拉希德，双方就加强两国金融合作进行交流。

10 月 3 日 由中国武警部队教官组执教的科威特国民卫队军事培训班在萨穆德兵营举行结业仪式。

驻阿曼大使李凌冰出席 2019 年度华为通信与信息技术大赛（Huawei ICT Competition 2019）启动仪式并致辞。

10 月 5 日 驻科威特使馆与科威特外交妇女委员会在科威特国家图书馆共同举办"丝路上的科威特"主题文化交流活动。

10 月 7 日 驻卡塔尔大使周剑拜会卡塔尔商工大臣阿里·库瓦里，双方就加强两国经贸合作进行深入交流。周剑大使同日拜会了卡塔尔内政部公安总局局长胡莱菲少将，双方重点就加强两国安全领域合作交换意见。

10 月 8 日 驻卡塔尔大使周剑到任拜会卡塔尔中央银行行长阿卜杜拉·阿勒萨尼，双方就加强两国金融合作进行深入交流。

10月9日 驻卡塔尔大使周剑拜会卡塔尔宗教基金与伊斯兰事务大臣库瓦里，介绍了中国民族宗教政策和新疆职业技能教育培训中心有关情况，库瓦里赞赏中国民族宗教政策以及维护穆斯林合法权益的重要举措。

10月12日 驻阿曼大使李凌冰会见阿曼交通、通信和信息技术大臣赛义德，双方就两国关系及双边务实合作交换意见。

10月15日 驻卡塔尔大使周剑拜会卡塔尔传媒集团董事会主席兼半岛新闻网董事会主席哈马德·阿勒萨尼。

10月16日 外交部部长助理陈晓东会见卡塔尔新任驻华大使杜希米，就中卡关系和共同关心的问题交换意见。

10月17日 驻卡塔尔大使周剑到任拜会卡塔尔副首相兼外交大臣穆罕默德，卡方表示愿同中方一道，以落实两国元首重要共识为契机，不断密切各层级人员交往，深化"一带一路"框架下各领域合作。

10月19~20日 中国政府中东问题特使翟隽访问沙特，分别会见沙外交大臣阿萨夫、外交国务大臣朱贝尔及班达尔亲王，就中东局势及地区热点问题深入交换了意见。

10月21日 2019"美丽中国"旅游推介会在迪拜举办。

10月22~25日 博鳌亚洲论坛副理事长周小川应邀访问阿联酋，出席"第三届阿布扎比金融科技峰会"开幕式、"亚洲贸易、投资、金融合作阿布扎比圆桌会"及金融科技政府闭门论坛。

10月22日 驻卡塔尔大使周剑到任拜会卡塔尔能源事务国务大臣、卡塔尔石油公司董事会副主席兼首席执行官卡阿比，双方就加强两国能源领域合作进行交流。

10月23日 驻沙特大使陈伟庆会见沙特新闻大臣谢巴纳。双方积极评价中沙全面战略伙伴关系，并就进一步推进两国新闻和媒体交流与合作，促进两国民心相通交换了意见。

10月27日 科威特外交部副大臣贾拉拉接受新华社采访时强调，科威特政府支持中方在涉港问题上的立场。

由博鳌亚洲论坛研究院与沙特费萨尔国王学术与伊斯兰研究中心共同举

办的国际经济形势座谈会在利雅得召开。周小川副理事长作主旨发言。

驻卡塔尔大使周剑拜会卡塔尔教育与高教大臣穆罕默德，卡方欢迎中方在卡开设孔子学院。同日，周剑大使拜会卡塔尔行政发展、劳动和社会事务大臣法赫鲁。

10 月 28 日 驻沙特大使陈伟庆会见沙特环境、水资源和农业大臣阿卜杜拉赫曼。沙方欢迎中资企业在沙特环境、水资源和农业领域投资兴业。

驻卡塔尔大使周剑会见卡塔尔国务大臣兼卡塔尔电信集团董事会主席阿卜杜拉·阿勒萨尼，双方就加强中卡两国通信领域合作进行交流。

10 月 30 日 中国驻沙特大使陈伟庆在利雅得会见沙特国家反腐败机构主席马赞。沙方表示愿同中方继续加强反腐败交流与合作，不断充实沙中关系内涵。

11 月

11 月 3 日 驻阿曼大使李凌冰出席由中国贸促会与阿曼商工会共同举办的经贸推介会。

11 月 7 日 科威特副首相兼外交大臣萨巴赫表示，科和伊斯兰合作组织（OIC）其他成员国均认同中国涉疆政策。OIC 曾派团于今年 1 月赴新疆实地考察，代表团报告结论认为，中国没有区别对待维吾尔族穆斯林，并赞赏中方为关怀中国穆斯林所作努力。上述报告在 OIC 外长理事会第 46 次会议上审议通过。科威特遵守 OIC 决议，并据此同其他海合会、阿拉伯、伊斯兰国家联名致函联合国人权理事会主席和人权高专支持中方在涉疆问题上的立场。

11 月 9 ~ 11 日 中共中央委员、陕西省委书记胡和平率中共代表团访问阿联酋，分别会见阿外交事务国务部部长卡尔卡什、阿布扎比执行局主席哈勒敦、迪拜经济发展局主席萨米·卡米齐，并在阿联酋战略研究中心做中共十九届四中全会精神主题宣讲。

11 月 11 日 中国驻沙特大使陈伟庆会见沙特通信与信息技术大臣苏瓦哈，双方就中沙通信领域合作交换了意见。

11 月 13 ~ 14 日　中国 – 科威特经贸联委会第六次会议在科威特首都科威特城召开。中国商务部副部长钱克明与科威特财政部助理次大臣纳比勒共同主持会议。

11 月 13 ~ 16 日　应阿曼国家委员会主席蒙泽里邀请，全国政协主席汪洋对阿曼进行正式访问。

11 月 15 ~ 17 日　中国政府中东问题特使翟隽出席在阿联酋举行的第十届锡尔巴尼亚斯论坛。论坛期间，翟隽特使会见了阿联酋外交与国际合作部部长阿卜杜拉。

11 月 16 ~ 17 日　中国 – 卡塔尔经贸联委会第二次会议在卡塔尔首都多哈召开。中国商务部副部长钱克明和卡塔尔商工大臣阿里·库瓦里共同主持会议。

11 月 17 日　驻阿曼大使李凌冰拜会阿曼遗产和文化大臣海塞姆亲王。李大使介绍了全国政协主席汪洋率重要代表团对阿曼进行正式友好访问的有关情况。

11 月 18 日　卡塔尔中资企业协会成立大会在卡塔尔首都多哈举行，在卡工作访问的商务部副部长钱克明、驻卡塔尔大使周剑出席成立大会并致辞。

11 月 17 ~ 18 日　中国新疆文化交流团访问卡塔尔，与卡塔尔各界代表进行交流，介绍新疆维护稳定、经济发展、民生改善、民族团结、宗教和谐，以及反恐、去极端化斗争等方面取得的显著成效。

11 月 19 ~ 20 日　中国新疆文化交流团访问科威特。访问期间，交流团会见科外交部有关官员，接受科威特国家电视台和《消息报》采访，与科威特大学专家学者举行座谈，介绍新疆在维护社会稳定、增强民族团结、促进宗教和谐以及反恐、去极端化斗争等方面取得的显著成效。

11 月 19 日　中国石油集团董事长王宜林会见了访华的卡塔尔能源事务国务大臣、卡塔尔石油公司总裁兼首席执行官萨阿德·卡阿比一行，双方就天然气等领域的合作深入交换了意见。

11 月 21 ~ 25 日　中国新疆文化交流团访问沙特阿拉伯首都利雅得和第二大城市吉达。访问沙特期间，交流团与伊斯兰合作组织、伊斯兰青年世界联盟，沙特有关部门、智库、媒体等座谈。

11 月 22～24 日 中阿合作论坛事务大使李成文出席在巴林举行的第十五届"麦纳麦对话会"，并在 23 日全体大会上发言，表示中方始终致力于做中东和平的建设者、中东发展的推动者、中东稳定的支持者。

11 月 25 日 外交部部长助理陈晓东在外交部会见来华举行中科双边合作执行机制首次会议的科威特外交部亚洲事务大臣助理阿里。

11 月 27 日 由中国国际问题研究院主办的中东安全论坛在京开幕。来自中东及域外有关国家的近 200 名中外代表围绕"新形势下的中东安全：挑战与出路"主题，共商热点解决之道，共议安全合作之计，共谋稳定发展之策。

12月

12 月 2 日 驻阿曼大使李凌冰拜会阿曼财政大臣顾问阿卜杜·马立克。阿方高度重视发展对华合作，愿继续扩大合作范围，优化合作水平。

12 月 3 日 驻沙特大使陈伟庆拜会沙特新任外交大臣费萨尔亲王。

12 月 5 日 巴林主要阿文媒体《海湾消息报》以《中方愿同有关各方携手努力为维护中东稳定发展发挥建设性作用——中国举办主题为"新形势下的中东安全：挑战与出路"的中东安全论坛》为题刊发整版专刊，登载陈晓东部长助理在中东安全论坛开幕式上的讲话，并配发国务委员兼外长王毅集体会见参会代表的图片。

12 月 4～6 日 应科威特国家文化艺术文学委员会邀请，中央文史研究馆代表团访问科威特，开展文化交流考察。

12 月 9 日 驻沙特大使陈伟庆访问塔布克省，会见省长法赫德亲王。塔布克省作为沙特北方门户，是 NEOM（未来新城）项目、阿玛拉项目等沙特战略项目所在地。中方愿同沙方共同开拓合作新空间。

12 月 10 日 驻阿联酋大使倪坚拜会阿联酋联邦国民议会新任议长萨格尔·古巴什，祝贺其当选并转交中国全国人大常委会委员长栗战书的贺电。

12 月 12 日 外交部部长助理陈晓东应邀出席卡塔尔驻华使馆举办的国

庆招待会并致辞。

12月15日 中国国家电网公司在阿曼首都马斯喀特与阿曼纳马电力公司签署协议，根据协议，中国国家电网公司将收购阿曼国家电网49％的股权。

12月17日 驻沙特大使陈伟庆会见沙特国务大臣、二十国集团（G20）协调人穆巴拉克，双方就明年G20利雅得峰会筹备及在G20框架下合作交换意见。

12月19日 外交部领事司司长崔爱民与沙特外交部领事次大臣塔米姆在利雅得举行中沙第六轮领事磋商。双方重点就有关人员往来便利化安排、中国公民赴沙旅游、朝觐问题、本国公民和机构安全及合法权益等议题深入交换意见和看法，达成广泛共识。

12月23日 第四届"中国与伊斯兰文明——中国阿曼历史关系典范"国际学术研讨会在马斯喀特千禧酒店举行，李凌冰大使应邀出席开幕式。本次研讨会由中国社会科学院，伊斯兰合作组织伊斯兰历史、艺术和文化研究中心以及阿曼国家文献档案局联合举办。

12月24日 驻科威特大使李名刚会见科威特国民卫队副司令米沙勒亲王，就推动两国军事交流与合作等交换意见。

驻沙特大使陈伟庆会见伊斯兰世界联盟秘书长伊萨。陈伟庆表示，中国同伊斯兰世界关系源远流长，双方友谊沿古丝绸之路和古香料之路传承发展至今。中国没有"伊斯兰恐惧症"，伊斯兰世界也没有"中国恐惧症"，双方有共同的原则和利益。

12月30日 驻阿曼大使李凌冰会见阿曼国家委员会主席蒙泽里。蒙泽里高度评价汪洋主席访问成果，欢迎中国投资者来阿考察投资。

2020年

1月

1月1日 驻沙特大使陈伟庆会见沙特财政大臣杰德安，双方就中沙关系以及双边财经合作等交换了意见。双方表示将共同庆祝建交 30 周年，并在双边和二十国集团等多边框架下加强协调合作。

1月6日 驻也门大使康勇在利雅得会见也门副外长巴贾西，就也门及地区局势、中也友好关系等进行交流。

伊拉克看守政府总理阿卜杜·马赫迪会见驻伊拉克大使张涛，双方就两国关系等交换意见。

1月7日 驻阿联酋大使倪坚会见阿联酋国际合作事务国务部部长、迪拜世博局主席莉姆·哈希米。

1月8日 驻巴林大使安瓦尔会见巴林外交部助理次大臣陶菲克。巴方强调支持中方在涉疆问题上的立场。

驻沙特大使陈伟庆出席沙特外交部举办的二十国集团（G20）领导人利雅得峰会吹风会。

1月9日 驻阿联酋大使倪坚会见阿联酋外交与国际合作部国际组织事务部长助理侯赛尼。同日，倪大使会见孔子学院总部阿联酋中文教学专家组。专家组表示，将根据阿布扎比王储穆罕默德提出的在阿 200 所学校开设中文课程的设想，了解需求并推动实施。

1月12日 国家主席习近平就阿曼苏丹卡布斯不幸逝世向阿曼新任苏丹海赛姆致唁电。

巴林发行量最大、影响力最大的阿文媒体《海湾消息报》在重要版面以两整版篇幅刊登驻巴林大使安瓦尔就中巴关系和涉疆问题等接受该报专访。

巴林众议长兼国民议会议长泽娜发表声明，强调巴众议院支持中方为发展新疆地区付出的努力，支持中方在新疆问题上的立场，支持伊斯兰合作组织第 46 届外长会所作涉中国决议，赞赏中国为关怀穆斯林所做的努力。

驻也门大使康勇在利雅得会见也门新闻部副部长哈米迪、也门外长顾问马尔旺及也门驻沙特使馆新闻官阿里夫，就新疆问题、增进中也友好关系等进行交流。

1月14日 习近平主席特使、科技部部长王志刚赴阿曼首都马斯喀特出席阿曼苏丹卡布斯吊唁活动，阿曼新任苏丹海赛姆会见王志刚。

驻也门大使康勇在利雅得会见也门青年与体育部部长白克里，就中也友好关系尤其是两国在青年与体育领域的合作等进行交流。

1月15日 驻也门大使康勇在利雅得与也门卫生部部长拜欧姆就中国对也门医疗援助进行换文，并就中也友好关系、两国在医疗卫生领域的合作等进行交流。

1月19日 驻巴林大使安瓦尔会见巴林王宫典礼局局长哈利法，向哈利法转交中方领导人致哈马德国王的生日贺信和新年贺卡。

1月20日 驻巴林大使安瓦尔赴巴林众议院就涉疆问题与众议院外交、国防和国家安全委员会议员座谈交流。

1月26日 沙特外交大臣费萨尔亲王向驻沙特大使陈伟庆表示，沙特关注中国抗击新冠肺炎疫情，赞赏中方的透明态度，对中国采取的有力措施表示支持。

1月28日 驻科威特大使李名刚会见科威特外交部领事事务大臣助理哈马德，双方就新冠肺炎疫情和防控工作进行交流。

驻巴林大使安瓦尔会见巴林外交大臣哈立德。安大使应询通报了新冠肺炎疫情情况，并重点介绍了中方加强防控工作所采取的措施。

沙特国王萨勒曼主持召开内阁会议。会议强调，沙特政府相信中国政府和国际社会有能力战胜新冠肺炎疫情。

2月

2月2日 驻科威特大使李名刚接受科威特国家通讯社及科威特国家电视台专访，介绍了中国和有关国家及地区新冠肺炎疫情传播情况，以及中国政府和社会各界采取的防控疫情重大举措及取得的积极成效。

李凌冰大使拜会阿曼卫生大臣赛义迪，通报中国政府积极采取措施防控新冠肺炎疫情工作进展情况。

2月3日 驻巴林大使安瓦尔会见巴林安全总局局长兼国家灾害管理委员会主席塔利克。安大使通报了中国新冠肺炎疫情情况，并重点介绍了中方加强疫情防控所采取的措施及与世界卫生组织加强合作的情况。

驻也门大使康勇在利雅得应约与也门总理穆因通电话,就新冠肺炎疫情进行交流。

2月5日 驻沙特大使陈伟庆会见沙特内政大臣阿卜杜勒阿齐兹亲王。双方就进一步加强中沙关系特别是两国执法安全合作等问题交换了看法。

2月6日 国家主席习近平同沙特国王萨勒曼通电话。习近平指出,在中国抗击新冠肺炎疫情的关键时刻,国王陛下和沙方多次表示予以中方坚定支持,充分体现了中沙两国的真挚友谊和全面战略伙伴关系的高水平。习近平强调,中方采取的强有力措施,不仅在对中国人民健康负责,同时也是对世界公共安全的巨大贡献。萨勒曼代表沙特政府和人民向中国正在进行的抗击新冠肺炎疫情斗争表示坚定支持,相信中国一定会取得抗击疫情的胜利。沙方高度重视同中国的全面战略伙伴关系,在任何情况下都将同中方坚定地站在一起。在当前中国面临困难之际,沙方愿全力以赴,向中方抗击疫情提供支持和帮助。

驻科威特大使李名刚会见科卫生部次大臣穆斯塔法,双方就开展中科卫生领域合作交换意见。

驻巴林大使安瓦尔在使馆会见巴林众议院外交、国防与国家安全事务委员会主席穆罕默德。安瓦尔大使同日会见巴林卫生大臣法耶卡。

驻阿曼大使李凌冰会见阿曼外交部秘书长巴德尔,就中国政府全面推进新冠肺炎疫情防控工作有关情况进行通报。

驻沙特大使陈伟庆向沙特卫生大臣拉比阿介绍了中国众志成城抗击新冠肺炎疫情情况。

2月9日 驻巴林大使安瓦尔就新冠肺炎疫情防控举行专题记者会,巴林各大英、阿文媒体记者出席,巴卫生部公共卫生司高级官员和专家应邀参加。

驻伊拉克大使张涛会见伊外长哈基姆,伊方高度赞赏中方为抗击新冠肺炎疫情所做努力,双方就双边关系、中方抗击新冠肺炎疫情等交换意见。

驻卡塔尔大使周剑应约会见卡塔尔慈善组织首席执行官费萨尔。

2月11日 国家主席习近平应约同卡塔尔埃米尔塔米姆通电话。塔米姆向中国政府和人民奋力抗击疫情表示坚定支持,赞赏中方采取的强有力措施。

科威特萨巴赫埃米尔就新冠肺炎疫情向习近平主席致慰问电，表示慰问并赞赏中方采取的预防措施。

沙特国王萨勒曼主持召开内阁会议。萨勒曼国王向内阁介绍了他同中国国家主席习近平通话情况，强调沙方相信中国有能力战胜疫情，并指示向中国提供医疗防护物资，支持中国抗击疫情。

驻沙特大使陈伟庆会见沙特卫生大臣拉比阿。拉比阿表示，沙方高度关注疫情动态，将落实好萨勒曼国王有关指示，尽快向中国提供支持和帮助。

驻阿曼大使李凌冰会见阿曼杜库姆经济特区管委会主席叶海亚·贾比利。

2月13日　驻科威特大使李名刚会见科外交部副大臣贾拉拉，就新冠肺炎疫情防控工作交换意见。

驻巴林大使安瓦尔会见巴林最高卫生委员会主席穆罕默德亲王。

驻沙特使馆与沙特萨勒曼国王人道救援中心举行沙特援华防控物资签字仪式。

2月17日　国家主席习近平向科威特埃米尔萨巴赫致贺电，祝贺科威特国庆59周年。

2月18日　驻科威特大使李名刚在使馆就抗击新冠肺炎疫情举行记者会。

驻阿联酋大使倪坚接受阿联酋官方通讯社阿通社采访，就中国抗击新冠肺炎疫情、中阿关系等回答提问。

李凌冰大使会见阿曼民航总局局长祖阿比。祖阿比赞赏中方为抗击疫情付出的巨大努力和为全球公共卫生安全所做的积极贡献。

2月20日　巴林国王哈马德就中国出现新冠肺炎疫情向习近平主席致慰问电，并重申巴方支持中方为抗击疫情和研发药物所采取的措施。

巴林首相哈利法、巴王储萨勒曼就中国出现新冠肺炎疫情向李克强总理致慰问电。

也门总统哈迪向习近平主席致慰问信，也门总理穆因向李克强总理致慰问信，支持中国抗击新冠肺炎疫情。

驻也门大使康勇在利雅得会见也门外长哈德拉米，就新冠肺炎疫情进行交流。

2月23日 驻巴林大使安瓦尔就防控新冠肺炎疫情接受了巴林电视台新闻频道"今日对话"栏目专访，介绍中方为防控疫情采取及时高效和坚决有力的措施、加强与世卫组织和各方的国际合作的情况。

2月24日 驻巴林大使安瓦尔会见巴林新任外交大臣扎耶尼，就中巴双边关系和疫情防控合作等问题深入交换意见。

2月25日 国家主席习近平应约同阿联酋阿布扎比王储穆罕默德通电话，向阿联酋政府和人民多次向中方提供医疗物资帮助表示感谢。

2月26日 驻阿联酋大使倪坚应邀出席第十八届谢赫哈利法卓越奖颁奖礼。

2月27日 驻阿联酋大使倪坚就中国国家主席习近平同阿联酋阿布扎比王储穆罕默德通话接受中阿媒体联合采访。

驻沙特大使陈伟庆会见沙特广播总局首席执行官哈里德、沙特电视台台长萨阿德。双方表示将进一步加强两国广播电视领域合作。

驻巴林大使安瓦尔会见巴林副首相穆罕默德，双方表示愿加强合作，分享防治经验，共同维护全球卫生安全。

3月

3月4日 也门纳赛尔人民统一组织总书记阿卜杜拉·努曼·穆罕默德向中国共产党中央委员会总书记习近平致慰问信，支持中国抗击新冠肺炎疫情。

3月5日 驻科威特大使李名刚会见科外交大臣哈迈德，双方就加强两国合作和共同抗击新冠肺炎疫情进行了交流。

3月8日 驻也门大使康勇在利雅得会见也门总理穆因，就新冠肺炎疫情、也门当前形势等进行交流，并转交李克强总理的感谢信，感谢穆因在中国全力抗击新冠肺炎疫情之际致信慰问。

由中国红十字会总会派遣的中方医疗专家组和中方援助的防疫物资抵达伊拉克巴格达国际机场，以援助伊拉克新冠肺炎疫情防控工作。

3月9日 国务委员兼外长王毅应约同伊拉克外长哈基姆通电话，双方就共同抗击疫情、深化共建"一带一路"合作、协助伊拉克推进经济重建、推动两国战略伙伴关系取得新进展等进行了交流。

驻沙特大使陈伟庆会见海合会新任秘书长纳伊夫·哈吉拉夫。陈伟庆转达了国务委员兼外长王毅对纳伊夫的亲切问候，祝贺他就任海合会秘书长。

3月11日　中国国家电网公司与阿曼那玛控股公司在阿曼首都马斯喀特完成股权交割，阿曼国家电网公司49％股权投资项目取得圆满成功。

3月15日　驻也门大使康勇在利雅得会见也门卫生部部长拜欧姆，就新冠肺炎疫情及两国就抗击疫情开展合作等进行交流。

中国援助伊拉克医疗物资交接证书签字仪式在中国驻伊拉克使馆举行，中国支援伊拉克抗击疫情志愿专家组组长陶中权同伊拉克卫生和环境部代表医学城医院院长哈桑签署物资交接证书。

3月23日　驻阿曼大使李凌冰应邀会见阿曼卫生大臣赛义迪，就两国疫情防控合作交换意见。

3月24日　驻巴林大使安瓦尔会见巴林最高卫生委员会主席穆罕默德亲王。

3月25日　中国援建伊拉克新冠病毒核酸检测实验室在伊拉克首都巴格达医学城医院揭牌。中国驻伊拉克大使张涛、伊拉克卫生和环境部部长贾法尔·阿拉维出席揭牌仪式并致辞。

3月26日　中国同西亚北非地区国家举行新冠肺炎疫情卫生专家视频会议。科威特、卡塔尔等16个西亚北非地区国家以及海合会的卫生官员和专家等共约200人通过网络在线与会。

驻卡塔尔大使周剑应约会见卡塔尔商工大臣阿里·库瓦里，双方就加强疫情防控物资采购国际合作进行交流。

4月

4月1日　国务委员兼外长王毅应约同卡塔尔副首相兼外交大臣穆罕默德通电话，就共同抗击疫情问题进行交流。

4月2日　中国国家卫生健康委与沙特卫生部共同举办应对新冠肺炎疫

情卫生专家视频交流会。

4月7日 驻科威特大使李名刚应约会见科威特商工部次大臣阿卜杜拉·阿法西，双方就中科两国深入开展抗疫合作及物资采购等方面进行交流。

4月9日 中国同阿拉伯国家联盟举行新冠肺炎疫情卫生专家视频会议。阿盟秘书处和巴林、也门、阿联酋、科威特、卡塔尔等12个阿拉伯国家卫生部负责人和专家，世界卫生组织应对新冠肺炎疫情特使等逾百人通过网络在线与会。

4月10日 驻也门大使康勇在利雅得与胡塞领导人穆罕默德·阿里通电话，就新冠肺炎疫情、也门局势进行交流。

4月14日 驻科威特大使李名刚出席上海市卫生领域专家同科威特卫生部就抗击新冠肺炎疫情举行的视频交流会。

4月15日 中国银行卡塔尔金融中心分行与卡塔尔慈善组织举行抗疫物资捐赠仪式，中国银行向卡塔尔慈善组织捐赠医用手套、防护服等物资。

中国政府派出的抗击新冠肺炎疫情医疗专家组抵达利雅得。专家组共8人，由国家卫生健康委组建，宁夏回族自治区卫生健康委选派。

驻也门大使康勇在利雅得与也门外长哈德拉米通电话，就新冠肺炎疫情、也门和平进程等进行交流。同日，康勇大使也在利雅得与也门总统顾问马赫拉菲通电话。

4月22日 中国船舶集团有限公司与卡塔尔石油公司在中国北京、上海及卡塔尔多哈三地以"云签约"方式联合签署"中国船舶 – 卡塔尔石油液化天然气（LNG）船建造项目"协议，所涉订单总金额超过200亿元人民币。中国船舶集团董事长雷凡培、卡塔尔能源事务部部长兼卡塔尔石油总裁萨阿德·谢里达·阿尔卡比出席签约仪式并分别代表双方在协议文本上签字。

驻也门大使康勇在利雅得与也门农业部部长奥斯曼通电话，就粮食安全问题进行交流。

驻伊拉克大使张涛与伊拉克国防部部长沙姆里共同出席中国新疆维吾尔自治区人民政府援助伊国防部防疫物资交接仪式。

4月23日 中国红十字会与驻伊拉克使馆共同举行中伊新冠肺炎防治

专家视频交流会。

4月26日　驻沙特大使陈伟庆与沙特王宫顾问、萨勒曼国王人道主义援助和救济中心总监阿卜杜拉·拉比阿共同出席华大基因与沙特全国统一采购公司关于新冠病毒检测合作协议签字仪式。

4月28日　由国家卫生健康委组建、宁夏回族自治区选派的中国政府赴科威特抗击新冠肺炎疫情医疗专家组抵达科威特。

5月

5月7日　驻科威特大使李名刚应约同红十字国际委员会海合会国家地区代表处主任奥戴通电话，双方就新冠肺炎疫情和国际抗疫合作等进行交流。

5月9日　驻沙特大使陈伟庆应邀出席沙特阿卜杜勒阿齐兹国王公共图书馆、阿拉伯统一索引中心举办的中国－阿拉伯文化关系视频研讨会，就中国与阿拉伯国家文明对话、文化教育合作、青年交流等问题进行交流。

5月20日　巴林主要媒体《天天报》专版全文登载习近平主席在第73届世界卫生大会视频会议开幕式上的致辞——《团结合作战胜疫情 共同构建人类卫生健康共同体》。

5月26日　巴林发行量和影响力最大的阿文媒体《海湾消息报》开设专版，图文摘要刊发国务委员兼外长王毅在十三届全国人大三次会议记者会上就中国外交政策和对外关系回答中外记者提问的要点。

6月

6月4日　驻卡塔尔大使周剑就香港国家安全立法接受《卡塔尔论坛报》书面采访。

6月7日　驻沙特大使陈伟庆与沙特商务大臣卡斯比举行视频会议，就两国克服疫情影响，在双边、二十国集团等框架下加强经贸合作交换意见。

6月9日　中国外交部部长助理陈晓东同阿曼外交部秘书长巴德尔举行两国外交部视频磋商，双方就抗疫合作、双边关系及共同关心的国际地区问题等交换意见。

6月16日　中国和科威特两国军队召开新冠肺炎防疫经验交流视频会议。

6月21日　驻阿联酋大使倪坚接受阿布扎比电视台纪录片《新型冠状病毒》摄制组采访。倪坚大使介绍了中国抗击新冠肺炎疫情最新进展和有关经验做法，并就中阿关系、疫苗研发进展等回答记者提问。

6月23日　国药集团中国生物宣布，全球首个新冠灭活疫苗国际临床（Ⅲ期）试验正式在阿联酋启动。当天，阿联酋卫生部长向中国生物颁发了临床试验批准文件。

6月25日　巴林发行量和影响力最大媒体《海湾消息报》刊发中阿合作论坛事务大使李成文署名文章《为战胜疫情作出"中阿贡献"》。

6月27日　教育部部长陈宝生出席由 2020 年二十国集团（G20）主席国沙特阿拉伯教育部发起举办的二十国集团（G20）教育部长特别视频会。

7月

7月3日　沙特第一大报纸《利雅得报》、巴林主要媒体《海湾消息报》和《天天报》全文刊发国务委员兼外长王毅署名文章《加强抗疫合作，打造中阿命运共同体》。

中国国务委员兼外长王毅同沙特外交大臣费萨尔通电话，对沙方支持中方在涉港、涉疆问题上的正当立场表示高度赞赏。

7月5日　驻阿联酋大使倪坚出席"中国－阿联酋文化周"开幕式视频会议，阿联酋国务部长努赛贝、阿联酋驻华大使扎希里应邀出席。

7月6日　中国－阿拉伯国家合作论坛第九届部长级会议通过视频连线方式召开，习近平主席向会议致贺信。会议发表了《中国和阿拉伯国家团结抗击新冠肺炎疫情联合声明》，通过了《中国－阿拉伯国家合作论坛第九届部长级会议安曼宣言》和《中国－阿拉伯国家合作论坛 2020 年至 2022 年行动执行计划》。

7月8日　受卡塔尔政府邀请，中国工程院院士、国家卫健委高级别专家组组长钟南山带队中国专家组，同卡塔尔卫生部次大臣萨利赫带领的卡塔尔专家组进行视频交流会，分享中国抗击疫情的经验，并讨论新冠肺炎疫情的发展态势。

7月12日 驻科威特大使李名刚在科发行量最大的阿文报《消息报》和英文报《科威特时报》上发表题为《携手推动中科战略伙伴关系迈上新台阶》的署名文章，纪念中科建立战略伙伴关系两周年。

7月13日 巴林发行量和影响力最大的媒体《海湾消息报》刊发专版，摘要报道国务委员兼外长王毅在中阿合作论坛第九届部长级会议上的主旨发言。

7月14日 驻沙特大使陈伟庆与伊斯兰合作组织（OIC）助理秘书长巴希特共同举行中国外交部向OIC秘书处捐赠抗疫物资线上交接仪式。

中国–阿联酋经济贸易数字展览会开幕。

7月16日 驻阿联酋大使倪坚应邀出席国药集团中国生物新冠灭活疫苗国际临床（Ⅲ期）试验疫苗注射仪式。

7月21日 沙特阿拉伯阿卜杜·阿齐兹国王公共图书馆举办庆祝中沙建交30周年视频研讨会。

7月22日 国家主席习近平同沙特国王萨勒曼互致贺电，庆祝两国建交30周年。双方就双边关系、合力抗击新冠肺炎疫情以及"一带一路"倡议和沙特"2030愿景"对接等进行了交流。

7月23日 中车长江集团与阿联酋铁路公司"云签约"仪式在线上成功举行。中车长江集团获得阿联酋铁路二期项目1600余辆铁路货车整车和长期维保服务订单合同，总金额约3.5亿美元。

7月24日 中国晶科与阿联酋水电公司（EWEC）正式签署为期30年的购电协议（PPA）。阿布扎比国家能源公司和马斯达尔将占项目60%的股权，中国晶科和法国EDF占40%。

7月25日 阿联酋航空恢复迪拜往返广州的定期客运服务。

7月28日 亚洲基础设施投资银行（AIIB）第五届理事会年会举行，阿联酋当选第六届理事会主席国，决定于2021年10月27日至28日在迪拜主办第六届AIIB理事会年会。

7月29日 驻阿曼大使李凌冰会见阿曼投资局主席穆尔西迪，双方就两国各领域务实合作交换意见。

8月

8 月 10 日 中国国药集团在巴林启动新冠灭活疫苗国际临床（三期）试验。

8 月 11 日 巴林发行量和影响力最大的媒体《海湾消息报》网络版全文刊发中共中央政治局委员、中央外事工作委员会办公室主任杨洁篪就当前中美关系发表的署名文章《尊重历史面向未来坚定不移维护和稳定中美关系》。

8 月 25 日 驻科威特大使李名刚应邀接受科国家电视台英语频道《阳光》（Sunshine）栏目直播连线采访，介绍中国抗疫经验做法、新冠疫苗研发进展、疫情下的中国经济形势、中科抗疫合作等情况。

沙特学界举办庆祝中沙建交 30 周年 "中沙友谊源远流长" 主题征集作品活动。

驻卡塔尔大使周剑会见卡塔尔交通与通信大臣苏莱提，就深化两国在交通与通信领域合作进行交流。

Abstract

Development Report on the Relations between China and Gulf Arab Countries (*2021*) mainly reviews and analyzes bilateral relations between China and Gulf Arab Countries (including six GCC countries, Iraq and Yemen) from 2019 to 2020. It carries out an all-round study and constructs an analytical framework that takes country studies as the "longitude" and field studies as the "latitude".

As the *report* points out, from 2019 to 2020, the relationship between China and Arab countries in the Gulf continues to develop and move forward steadily under the framework of the "Belt and Road" initiative and the regional development vision. Affected by COVID – 19 pandemic, cooperation between the two sides was suspended in some areas, but anti-epidemic cooperation has created a new space in bilateral relationship, consolidating political mutual trust and generating popular support for resuming and deepening cooperation in various fields and forms in the post-epidemic era. It is worth mentioning that 2020 marks the 90th anniversary of the founding of Saudi Arabia, a regional power, and the 30th anniversary of the establishment of diplomatic relations between China and Saudi Arabia. Over the past 30 years, China and Saudi Arabia have achieved remarkable results in pragmatic cooperation by transcending ideological differences, which has gone through three stages: energy cooperation partnership, strategic friendly partnership and comprehensive strategic partnership and pragmatic cooperation. Such cooperation from 2019 to 2020 becomes increasingly global and comprehensive with China's "Belt and Road" further aligned with Saudi Arabia's "Vision 2030" goals. Security and high-tech cooperations keep growing besides energy and political cooperation. In addition, new progress has been made in multi-field cooperation between China, the UAE, Qatar and other regionally active countries. Although affected by the COVID – 19, the economic and trade cooperation between China and Yemen has still achieved quantitative growth, and cultural exchanges have also had a new form of online interaction.

With regard to key areas of bilateral relations between China and the Gulf Arab countries from 2019 to 2020, energy trade between the two sides maintained a stable development, and a number of energy cooperation agreements and contracts were signed. It demonstrates the characteristics of multi-dimensional expansion of cooperation fields and diversified patterns. In terms of cooperation in infrastructure construction, as the top-level design of China's infrastructure diplomacy gets mature, the development plans of the Gulf Arab countries are highly compatible with the Belt and Road Initiative put forward by China. Multilateral cooperation mechanism has been formed between China and regional organizations. Chinese infrastructure enterprises have numerous potential development opportunities in this region. As for people-to-people exchanges, governmental exchanges parallel non-governmental ones in both directions. Official institutions have been undertaking the tasks of promoting the institutionalization of intergovernmental cultural cooperation, building brands of cultural exchange, promoting the exchange of ideas and dialogue, and exploring new ways to connect the hearts and minds of the people in accordance with top-level design and overall planning. The people-to-people exchanges promoted by the non-governmental organizations on multiple subjects are more inclusive and flexible. In the context of COVID – 19 pandemic, accelerating the construction of a China-Arab health community and the Health Silk Road becomes a new task of people-to-people exchanges between China and the Gulf Arab countries. In addition, media exchanges and cooperations with various forms and rich contents are an important window for mutual understanding between peoples of China and the Gulf Arab countries, which consolidate the social foundation for the cooperation between both sides and the establishment of a China-Arab community with a shared future as well.

In 2019, with the global economic slow down, the real GDP growth rate of the Gulf Arab countries, except the United Arab Emirates, decreased to varying degrees. However, business environment in most Gulf Arab countries has improved to various extents in 2019, especially in Saudi Arabia. In 2020, the impact of the COVID – 19 pandemic and the decline in oil prices have a double shock on the economies of the Gulf Arab countries, and the loose fiscal policy has imposed financial pressure on some of them. In addition, security problems still plague the Gulf region with frequent unusual events, where the United States has always caused the key uncertainty and instability. China is entering the stage of pursuing high-quality development and building a new development pattern of "taking domestic great cycle as the main body and making domestic and international cycles promote each other". When developing relations with the Gulf Arab countries, China should weigh the overall trend in the region, seek advantages and avoid disadvantages, and take the promotion of regional peace and common development as the fundamental purpose.

Keywords: Gulf Arab Countries; Bilateral Relations; Cooperation in Various Fields; China-Arab Strategic Partnership; Anti-epidemic Cooperation

Contents

I General Report

Abstract: The year from 2019 to 2020 has witnessed stable development of relations between China and Gulf Arab states, as marked by the consolidation of strategic links, the advancement of Five-Pronged Approach and smooth progress of significant existing cooperation projects. Although the spreading of Covid-19 pandemic worldwide has created certain setbacks in certain fields of bilateral cooperation, cooperation in key items on global agenda of public health, which further consolidated political base and strengthened people-to-people ties. However, challenges to bilateral cooperation cannot be neglected. Uncertainty and instability brought by geo-political crisis and severance of diplomatic ties between GCC countries has added to the difficulty of coordination between China and Gulf Arab countries. Global economic downturn also cast a shadow over Belt-and-Road projects. In the future, China will promote the construction of a tighter community of shared destiny with Gulf Arab countries, enhance bilateral coordination and cooperation in international and regional affairs, broaden the range and create new models of cooperation and attach greater importance to exchanges and mutual learning among civilization as a pillar in bilateral cooperation.

Keywords: Gulf Arab States; Cooperation between China and Gulf Arab States; Community of Shared Destiny for Mankind; China-Arab Relations

Ⅱ Topical Reports

Abstract: The Gulf Arab countries are important sources of China's oil and gas imports, and China is the main energy market of the Gulf Arab states. From 2019 to 2020, Bilateral energy trade has maintained a stable development trend, and a number of energy cooperation agreements and projects have been signed. Bilateral energy cooperation is characterized by multi-dimensional expansion of cooperation fields and diversification of cooperation patterns. For a long time, The energy cooperation between China and the Gulf Arab States will face direct challenges, such as the continuously turbulent regional situation and the interference of the United States and other major powers outside the region. The only way to build a sustainable, secure, mutually beneficial and win-win energy cooperation between China and the Gulf Arab states is to continue to strengthen bilateral dialogue mechanisms and platforms, enhance innovation cooperation in the field of renewable energy, strength the political and cultural exchanges, and seize the opportunities.

Keywords: China; Gulf Arab States; Oil; Natural Gas; Energy Cooperation

Abstract: The Gulf Arab states are one of the first overseas infrastructure markets that China has entered, and it is also one of the markets with the greatest potential for infrastructure development in the areas along the "Belt and Road". After 40 years of exploration and development, Chinese infrastructure companies have accumulated rich experience in the region and have created many high-quality Chinese infrastructure brands. At present, as the top-level design of China's infrastructure diplomacy becomes increasingly mature, the development plans of the Gulf Arab states are highly compatible with China's Belt and Road Initiative, and as China and the region have formed multilateral cooperation mechanisms, Chinese infrastructure companies are likely to obtain new development opportunities. In this context, focusing on the Gulf Arab States and promoting the upgrading of infrastructure cooperation between China and the region under the framework of the Belt and Road Initiative is an important task of China's economic diplomacy.

Keywords: Infrastructure; Gulf Arab States; the "Belt and Road"

B. 4   People-to-People Exchanges between China and

Gulf Arab States   *Bao Chengzhang* / 041

Abstract: The political mutual trust, progress in people-to-people exchanges between China and Gulf Arab states, constitutes basic prerequisites for long-term and stable cooperative relationship between the two sides, thus has further promoted the overall cooperation between China and Islamic countries at subregional, regional and cross-regional levels. The two sides carry out cultural exchanges with a parallel path, taking both governmental and non-governmental approaches. According to the top-level design and overall planning drawn, the official agencies undertake tasks of promoting institutionalization of intergovernmental cultural cooperation, building cultural exchange brands, deepening exchange of ideas and dialogue, and exploring new paths for people-to-people communication. Multiple non-governmental actors are more inclusive and flexible in participating in people-to-people exchanges. An emerging trend of increased flourishing youth exchanges, growing global popularity of Chinese learning, joint archaeological fieldwork to revive civilizations along the ancient Silk Road, and the digital transformation of cultural exchanges driven by digital economy, is shaping the new future of cultural cooperation and people-to-people exchanges between China and Gulf Arab states. In the context of the COVID-19 pandemic, building China-Arab Community of Health and mapping a Health Silk Road are injecting new impetus into people-to-people exchanges and cooperation between China and Gulf Arab states.

Keywords: Arab Gulf States; China-Arab Relation; People-to-People Exchanges

III　Special Reports

B. 5　Analysis of Business Environment in GCC Countries

Huang Yuzhi / 054

Abstract: With the slowdown of the world economy in 2019, real GDP of the GCC (Gulf Cooperation Council) countries decreases to different extent except UAE (the United Arab Emirates). The COVID-19 pandemic leads to economic recession worldwide, with substantial reduction in external demand and disruption on supply chain. To worsen the situation, as the major oil exporters, GCC countries suffer from both the shrinking external demand and slumping oil price. As the economy goes into recession in 2020, inflation rate is low or even negative, and unemployment rate is high. PMI in UAE and Saudi Arabia starts increasing in the middle of 2020, signaling the recovery of the economy. In addition, Saudi Arabia implements a series of reform in 2020, with the aim of promoting its Vision 2030. Based on PEST, the macro business environment includes the economic factor discussed above, as well as political, cultural and technological factors. The Ease of Doing Business Score and Index provided by the World Bank (which focus on political factors) indicate that the ranking of all the GCC countries except UAE have increased in 2019. GCC governments implement expansionary fiscal and monetary policies in 2020 to boost the economies and improve business environment. Yet with a large amount of government expenditure, fiscal burden will be significant in some GCC countries, i. e., fiscal deficit will widen significantly. In terms of the cultural factor, international investors need to pay attention to the unique culture in Arab countries. Additionally, human capital index that represents the knowledge and skill of labor is between 0. 5 and 0. 7 in GCC countries (with 0 as the lowest and 1 as the highest). Technological development in GCC countries varies, and high-technology export (calculated as the proportion to manufacturing output) is the highest in UAE. Overall, business environment in most GCC countries improves to different extents in 2019, improvement in Saudi Arabia being the most prominent. Yet at the same time, the pandemic brings great impact to the GCC economies and expansionary fiscal policies may lead to fiscal burden and risk.

Keywords: GCC Countries; Business Environment; Economic Development

B. 6　China's Cooperation with Gulf Arab States in Fighting COVID-19　　　　　　　　*Zhang Dandan* / 078

Abstract: The outbreak of COVID-19 has led to global economic recession and frequent secondary disasters, which have a profound impact on the international political and economic landscape. The impact of COVID-19 on Gulf Arab countries is obvious. They are faced with multiple challenges such as economic recession, sharp increase in unemployment and difficulties in people's livelihood. In response to the epidemic crisis, the Chinese government and the Gulf Arab countries have supported each other and worked side by side to fight the epidemic. They have taken actions to deepen the bilateral health cooperation, to build the "Silk Road of Health" and the "China-Arab Health Community". In the post-COVID-19 era, China and the Gulf Arab States could strengthen the institutionalization of public health security and safeguard global public health security under the framework of multilateral mechanisms such as the World Health Organization. They will provide more regional public goods under the framework of the China-Arab States

Cooperation Forum and the Belt And Road Initiative to foster a sense of community with a shared future between China and Arab countries.

Keywords: Gulf Arab States; Health Cooperation; Silk Road of Health; China-Arab Health Community; China-Arab Community with a Shared Future

Abstract: The media cooperation and exchanges are important parts of the relations between countries. The Chinese government attaches importance and supports mutual cooperation and exchanges in the media field with Arab countries, including the Gulf Arab states, and encourages the use of the media in enhancing China-Arab friendly relations, which play a unique role in promoting the construction and development of China-Arab strategic partnership. Under the framework of the China-Arab States Cooperation Forum, the media exchange mechanism between China and the Gulf states has gradually matured and improved. The media cooperation and exchange channels of the two sides are diversified and the official and the non-governmental develop simultaneously. These diverse and rich media exchanges and cooperation become the important window of mutual understanding between the people of China and the Gulf states, which consolidate the social and public foundations for China-Arab friendly cooperation and build a China-Arab community with a shared future.

Keywords: Gulf Arab States; China-Arab Press Cooperation; Media Cooperation

IV　National Reports

Abstract: The year 2020 marks 90th anniversary of the founding of the

Kongdom of Saudi Arabia, and the 30th anniversary of the building of China-Saudi diplomatic relations. Since 1990, the two countries have transcended ideological differences and gone through three stages: energy cooperation partners, strategic and friendly partners and comprehensive strategic partners, thus forging an integrated and interdependent cooperative relationship. China's "Belt and Road" is highly compatible with the Saudi "Vision 2030" in their respective strategic objectives. The comprehensive strategic partnership between China and Saudi Arabia is affected by the Fourth Industrial Revolution, the Middle Eastern geopolitical rivalry and complementarity of China's and Saudi developmental strategies. Such partnership is characterized by top-level design, mechanism docking, multi-dimensional cooperation and global outreach. The comprehensive cooperation between the two countries will help emerging powers to explore ways of interconnectivity, shift the focus of world political and economic power center from Europe and the United States to Asia, thus help non-Western powers to explore unique roads of modernization, and enhance the awareness of the Asian Community.

Keywords: China and Saudi Arabia; China-Saudi Arabia Cooperation; China's Middle East Diplomacy

B. 9　China-UAE Relations 2019 −2020　　　　　*Yu Zhen* / 128

Abstract: The bilateral relations between China and the UAE have continued to maintain comprehensive and rapid development from 2019 to 2020, based on establishing a comprehensive strategic partnership. On one hand, the UAE has conducted federal National Assembly elections and federal government reorganization in 2019 and 2020, respectively with its stable domestic political situation. On the other hand, not only are the high-level exchanges between China and the UAE frequent, but also their political cooperation in fighting against the current pandemic is in-depth. With the continuous development of the bilateral relations, the two countries have made new progress in economic cooperation, such as labour contracts, traditional energy and new energy cooperation, capacity cooperation, and cooperative investment. Besides, China and the UAE are constantly deepening and promoting bilateral cooperation in cultural exchanges and science and technology.

Keywords: China; UAE; Comprehensive Strategic Partnership; the "Belt and Road"

B. 10　China-Qatar Relations 2019 −2020　　　　　*Lin Xinyu* / 141

Abstract: With the mutual promotion of the "Belt and Road" and Qatar National Vision 2030, the bilateral relations between China and Qatar have maintained a comprehensive development from 2019 to 2020. In the area of political communication, China and Qatar have enhanced political mutual trust, and top-level visits of the two countries have been deepened; in the area of economy and trade, both sides have contributed to the cooperation in the aspect of energy, infrastructure, finance and investment and digital economy; in the area of cultural communication, two countries have achieved substantial results in tourism promotion, culture and education, sports events and media interactions. During the pandemic of COVID-19 in 2020, China and Qatar have worked together for the economic recovery and the health of citizens. Jointly fighting against the COVID-19 between China and Qatar have offered an outstanding example for fighting the pandemic between China and other Arab countries. China and Qatar will continue normal exchanges and cooperation to build a community with a shared future for both countries, from where to infuse new energy of shared future for China and all Arab countries as well.

Keywords: China; Qatar; the "Belt and Road"; Energy Cooperation

B. 11　China-Kuwait Relations 2019 −2020　　　*Feng Lulu* / 160

Abstract：As a country co-constructing the "Belt and Road", Kuwait actively supports the "Belt and Road". Within the framework of the Belt and Road, China-Kuwait relations have achieved significant progress. The two sides continue to strengthen development cooperation and effective implementation with remarkable results. Under the influence of the epidemic in 2020, the two sides have watched for mutual assistance and cooperated to fight the epidemic. This report aims to explore the dynamic relationship between the two countries in recent years from the perspective of politics, diplomacy, economy, energy, culture, etc. , and look forward to the future development vision of China-Kuwait.

Keywords：China; Kuwait; the Belt and Road; China-Kuwait Relations

B. 12　China-Bahrain Relations 2019 −2020

Wang Guangda, *Li Xueting* / 175

Abstract：As the pace of China and Bahrain's joint building of the "Belt and Road" continues to accelerate, China-Bahrain's political mutual trust has continued to increase, economic and trade cooperation has been steadily progressing, and cultural exchanges have achieved fruitful results. China and Bahrain's cooperation has been developed continuously in the fields of production capacity, infrastructure, communications, technology, international logistics and agricultural technology. And bilateral friendly cooperative relations have developed healthily and stably. After the outbreak of the epidemic, bilateral trade has been affected, but China and Bahrain continue to cooperate to jointly build the "Belt and Road" and realize the "Economic Vision 2030" to jointly overcome the difficulties, promote the prosperity and development of the two countries, and build a community of shared future for mutual benefit.

Keywords：China; Bahrain; the "Belt and Road"; "Economic Vision 2030"

B. 13　China-Oman Relations 2019 − 2020　　　　*Wu Tongyu* / 194

Abstract: Under the Belt and Road, China-Oman cooperation has become a model in the Middle East. Since 2019, the two countries on the basis of strategic partnership, build the "area" under the framework, the deepening in the political, economic, cultural and other fields of cooperation, especially further expansion in trade, investment, energy, culture, tourism, human resources development in areas such as communication and cooperation, made great development and fruitful results, the two sides achieve mutual benefit and common development. In 2020, due to the impact of COVID-19, the economic and trade volume between China and Argentina has declined somewhat, but the economic and trade relations between the two countries remain stable and have not yet stalled. During the COVID-19 outbreak, China and Oman have deepened cooperation in the fight against COVID-19, sent a positive signal to the international community that we should work together to overcome difficulties, further deepened the strategic mutual trust between the two countries, and added new connotations to the China-Oman strategic partnership. In the future, China-Oman relations will continue to deepen and improve to build a China-Oman community of Shared future.

Keywords: China; Oman; Strategic Partnership; Economic and Trade Cooperation

B. 14　China-Iraq Relations 2019 − 2020　　　　*Ma Yanzhe* / 212

Abstract: After the Iraq War, China has played an active role in the post-war reconstruction of Iraq. As a hotspot on the Belt and Road, Iraq is a Central-Asian country that cannot be ignored in China-Arab cooperation. China an Iraq aim at mutual benefit and win-win outcomes in trade, energy, infrastructure, labor, and culture etc. . With the sudden outbreak of COVID-19 in 2020, the economic and trade relations between China-Iraq have been affected to a certain extent, but still stable. In the fight against the epidemic, China and Iran- a community with a shared future, have always stood by and helped each other, which has further strengthened their strategic cooperation and mutual trust. China-Iraq relations have withstood the epidemic-tested. In the future, China-Iraq relations will be further sublimated and write a new chapter.

Keywords: China; Iraq; the "Belt and Road"; Energy

B. 15　China-Yemen Relations 2019 −2020

Wu Tongyu / 228

Abstract: Under the impact of Yemen's domestic political turmoil and COVID-19, Yemen's economic development has become increasingly difficult, but China-Yemen relations have generally maintained stable development, Politically, China continues to uphold a just and objective position on the Yemeni issue, and makes contributions to ending the War in Yemen and resolving the Yemeni issue together with the UN Security Council and Arab countries. Economically, the economic and trade exchanges between China and the rest of the world have been "suspended" but not stagnated. People and cultural exchanges between China and Yemen have not been affected by the epidemic, and the two sides have conducted new forms of online interaction and media cooperation. China continues to provide humanitarian assistance. With the development and changes of the times, China-Yemen relations will be endowed with new epochal significance. In the future, the two countries will continue to carry out cooperation in various fields such as economy and trade, energy, infrastructure construction, education, vocational and technical training and medical treatment under the "Belt and Road" framework to jointly promote the post-war reconstruction of Yemen.

Keywords: China; Yemen; China-Yemen Relations; Economic and Trade Cooperation

Appendixes

Abstract: Located at the confluence of the Silk Road Economic Belt and the 21st Century Maritime Silk Road, the GCC countries are natural and important partners in the construction of the "Belt and Road". In the seven years since the "Belt and Road" initiative was put forward, cooperation between China and the GCC countries under the framework of this initiative has achieved good results, especially in the political and cultural fields. The author interviewed a number of well-known Chinese and Arab scholars on the subject of the Belt and Road jointly built by China and the GCC countries in the political and humanistic fields. This article has compiled, summarized, and concluded the interview records of scholars to present, more comprehensively, scholars' in-depth insights into the advantages and challenges concerning China and GCC countries jointly building the "Belt and Road", with specific focus on policy coordination and people-to-people ties, as well as their valuable suggestions in this regard.

Keywords: the GCC Countries; Policy Communication; People-to-People Ties

Appendix 2   China-GCC Economic and Trade Exchanges from
the Perspectives of Chinese and Arab Scholars

Yang Fan / 250

Through interviews with Chinese and foreign experts and scholars who have conducted deeply research on the Gulf Cooperation Council countries, this article firstly interviews the achievements of China and the GCC countries during the period from January 2019 to June 2020 in the joint construction of the "Belt and Road" in the field of economic and trade cooperation. Secondly, this article has summarized the highlights of economic and trade cooperation between China and the GCC countries, and then give a clear explanation of the views of domestic and foreign experts and scholars on the GCC countries' cooperation from inside and outside besides the challenges and opportunities in the process of China's joint construction of the "Belt and Road", and finally put forward targeted suggestions and solutions.

Keywords: GCC Countries; the "Belt and Road"; Economic and Trade Exchanges; Scholar Interviews

Appendix 3   Key Events

Zeng Ji, Pan Jiahui / 259

权威报告·连续出版·独家资源

皮书数据库
ANNUAL REPORT(YEARBOOK)
DATABASE

分析解读当下中国发展变迁的高端智库平台

所获荣誉

- 2022年，入选技术赋能"新闻+"推荐案例
- 2020年，入选全国新闻出版深度融合发展创新案例
- 2019年，入选国家新闻出版署数字出版精品遴选推荐计划
- 2016年，入选"十三五"国家重点电子出版物出版规划骨干工程
- 2013年，荣获"中国出版政府奖·网络出版物奖"提名奖

皮书数据库　　"社科数托邦"
微信公众号

成为用户

　　登录网址www.pishu.com.cn访问皮书数据库网站或下载皮书数据库APP，通过手机号码验证或邮箱验证即可成为皮书数据库用户。

用户福利

- 已注册用户购书后可免费获赠100元皮书数据库充值卡。刮开充值卡涂层获取充值密码，登录并进入"会员中心"—"在线充值"—"充值卡充值"，充值成功即可购买和查看数据库内容。
- 用户福利最终解释权归社会科学文献出版社所有。

数据库服务热线：010-59367265
数据库服务QQ：2475522410
数据库服务邮箱：database@ssap.cn
图书销售热线：010-59367070/7028
图书服务QQ：1265056568
图书服务邮箱：duzhe@ssap.cn

数据库充值卡

S 基本子库
UB DATABASE

中国社会发展数据库（下设 12 个专题子库）

紧扣人口、政治、外交、法律、教育、医疗卫生、资源环境等 12 个社会发展领域的前沿和热点，全面整合专业著作、智库报告、学术资讯、调研数据等类型资源，帮助用户追踪中国社会发展动态、研究社会发展战略与政策、了解社会热点问题、分析社会发展趋势。

中国经济发展数据库（下设 12 专题子库）

内容涵盖宏观经济、产业经济、工业经济、农业经济、财政金融、房地产经济、城市经济、商业贸易等 12 个重点经济领域，为把握经济运行态势、洞察经济发展规律、研判经济发展趋势、进行经济调控决策提供参考和依据。

中国行业发展数据库（下设 17 个专题子库）

以中国国民经济行业分类为依据，覆盖金融业、旅游业、交通运输业、能源矿产业、制造业等 100 多个行业，跟踪分析国民经济相关行业市场运行状况和政策导向，汇集行业发展前沿资讯，为投资、从业及各种经济决策提供理论支撑和实践指导。

中国区域发展数据库（下设 4 个专题子库）

对中国特定区域内的经济、社会、文化等领域现状与发展情况进行深度分析和预测，涉及省级行政区、城市群、城市、农村等不同维度，研究层级至县及县以下行政区，为学者研究地方经济社会宏观态势、经验模式、发展案例提供支撑，为地方政府决策提供参考。

中国文化传媒数据库（下设 18 个专题子库）

内容覆盖文化产业、新闻传播、电影娱乐、文学艺术、群众文化、图书情报等 18 个重点研究领域，聚焦文化传媒领域发展前沿、热点话题、行业实践，服务用户的教学科研、文化投资、企业规划等需要。

世界经济与国际关系数据库（下设 6 个专题子库）

整合世界经济、国际政治、世界文化与科技、全球性问题、国际组织与国际法、区域研究 6 大领域研究成果，对世界经济形势、国际形势进行连续性深度分析，对年度热点问题进行专题解读，为研判全球发展趋势提供事实和数据支持。

法律声明

"皮书系列"（含蓝皮书、绿皮书、黄皮书）之品牌由社会科学文献出版社最早使用并持续至今，现已被中国图书行业所熟知。"皮书系列"的相关商标已在国家商标管理部门商标局注册，包括但不限于LOGO（ ）、皮书、Pishu、经济蓝皮书、社会蓝皮书等。"皮书系列"图书的注册商标专用权及封面设计、版式设计的著作权均为社会科学文献出版社所有。未经社会科学文献出版社书面授权许可，任何使用与"皮书系列"图书注册商标、封面设计、版式设计相同或者近似的文字、图形或其组合的行为均系侵权行为。

经作者授权，本书的专有出版权及信息网络传播权等为社会科学文献出版社享有。未经社会科学文献出版社书面授权许可，任何就本书内容的复制、发行或以数字形式进行网络传播的行为均系侵权行为。

社会科学文献出版社将通过法律途径追究上述侵权行为的法律责任，维护自身合法权益。

欢迎社会各界人士对侵犯社会科学文献出版社上述权利的侵权行为进行举报。电话：010-59367121，电子邮箱：fawubu@ssap.cn。

社会科学文献出版社

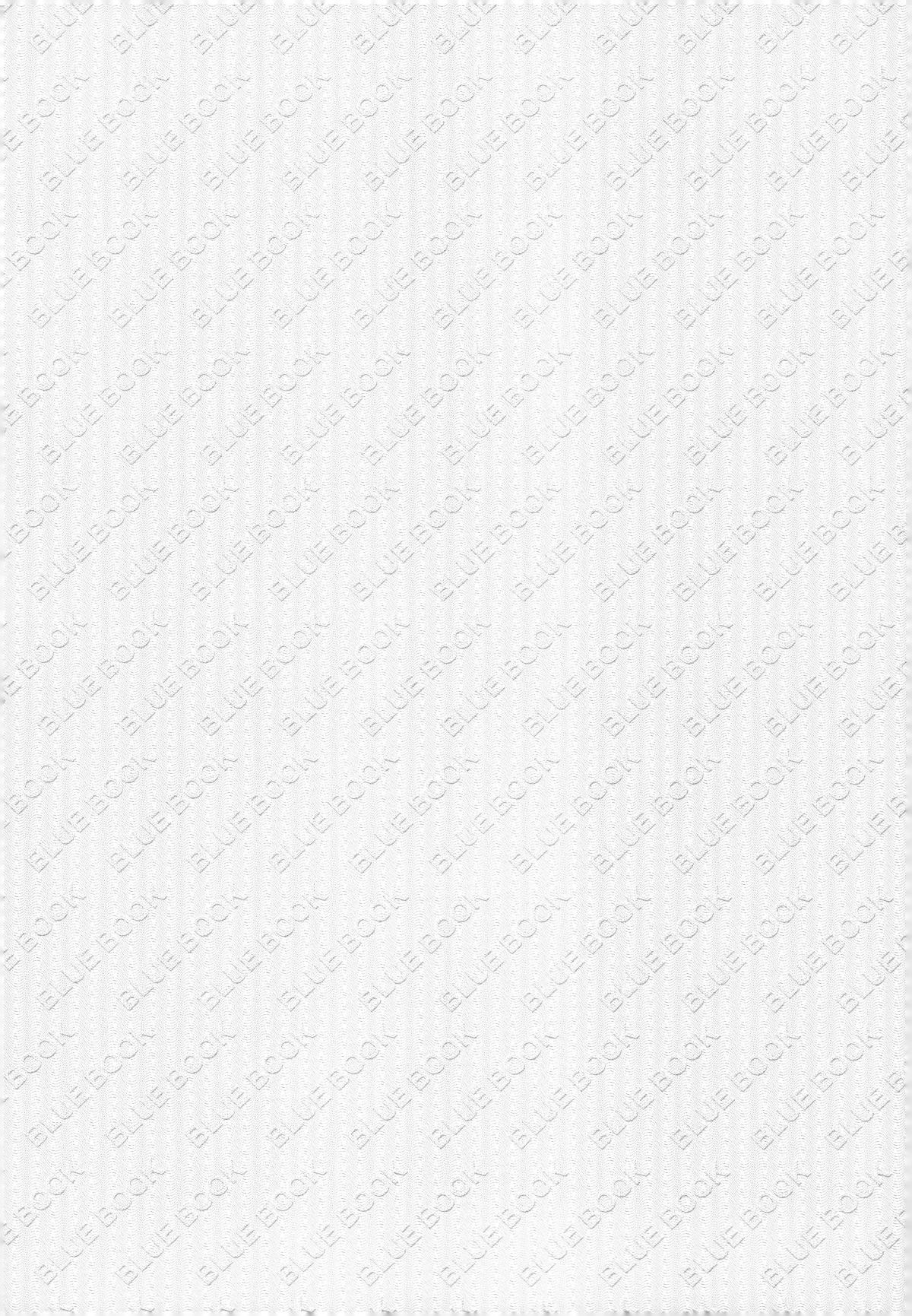